NSCA 运动表现提升训练丛书

美国国家体能协会
力量训练指南

第2版

[美] 美国国家体能协会（National Strength and Conditioning Association）
[美] 李·E. 布朗（Lee E. Brown）◎编著　　王 雄◎译

人 民 邮 电 出 版 社
北 京

图书在版编目（CIP）数据

美国国家体能协会力量训练指南 : 第2版 / 美国国家体能协会，(美) 李·E. 布朗 (Lee E. Brown) 编著 ; 王雄译. -- 北京 : 人民邮电出版社, 2019.7
(NSCA运动表现提升训练丛书)
ISBN 978-7-115-49877-9

Ⅰ. ①美… Ⅱ. ①美… ②李… ③王… Ⅲ. ①力量训练一指南 Ⅳ. ①G808.14

中国版本图书馆CIP数据核字(2019)第055724号

内容提要

不论对于专业运动员还是普通健身爱好者，力量训练都是不可或缺的练习项目。本书所有章节均由该领域的专业人士撰写，书中不仅结合了最新的科学研究成果，而且所列举的训练讲解与案例分析都是经过科学验证的，旨在为练习者提供有关力量训练的各种有效指导信息。本书内容从力量的起源讲起，循序渐进地讲解了力量评估、力量及爆发力的训练类型、训练计划的制定和损伤预防，以及包括上肢、下肢和躯干在内的全身性的力量训练技巧，同时为不同水平和不同年龄段的练习者提供了针对性的训练计划，致力于帮助练习者更好地理解力量训练，并能够在后期建立起一个完善的体能训练架构，以终身受益。

◆ 编　　著　[美] 美国国家体能协会
　　　　　（National Strength and Conditioning Association）
　　　　　李·E. 布朗（Lee E. Brown）
　译　　　王　雄
　责任编辑　林振英
　责任印制　周昇亮

◆ 人民邮电出版社出版发行　　北京市丰台区成寿寺路 11 号
　邮编　100164　　电子邮件　315@ptpress.com.cn
　网址　http://www.ptpress.com.cn
　北京捷迅佳彩印刷有限公司印刷

◆ 开本：700×1000　1/16
　印张：24.5　　　　2019 年 7 月第 1 版
　字数：402 千字　　2025 年 10 月北京第 19 次印刷

著作权合同登记号　图字：01-2017-2575 号

定价：168.00 元

读者服务热线：(010)81055296　印装质量热线：(010)81055316
反盗版热线：(010)81055315

目录

第三部分　训练技术

第四部分　训练计划示例

译者序

力量训练历史悠久，在中文中，“力量”不仅指身体力气，而且引申到能力和作用的含义。在身体训练领域，力量不仅是一项极其重要的身体素质，也是其他各类身体素质的基础和本源，有人说“力量乃运动之父”，这种评价并不为过。国内还有句传统习语，叫作“一力降十会”，强调的也是力量至关重要的影响作用。

这本力量训练的著作由美国国家体能协会的前主席李·E. 布朗博士组织，与22位运动科学专家、体能训练专家、运动医学专家、营养学专家一起倾力合著而成，其中包括威廉·克雷默博士、斯蒂芬·弗莱克博士这样的世界知名专家。这本书不仅是NSCA在力量训练板块的官方指导教材，具有严谨的科学性和高度的实用性，也是NSCA出版的系列图书中关于力量训练的极具权威性和系统性的一本经典指导书。

书的内容分为四部分：第一部分讲述力量产生的解剖学、生理学原理，以及肌肉的基本训练方式和营养补剂知识；第二部分“抗阻训练指南”阐述了力量评估的一般性方法，力量和爆发力的训练类型及多样化训练方法，力量训练计划组成的变量元素，以及力量训练的损伤预防和损伤处理方案；第三部分按照上肢、下肢和躯干的身体组成部位，详细讲解了常见力量练习动作的技术要领，以及结合全身的爆发力练习；第四部分重点论述了训练计划的制定，按照初、中、高三个层级，以及儿童、青少年和老年人等群体的个性化需求，提供了针对性训练方案。

这本书内容全面、细致、清晰，适用范围广泛。无论是刚入门举铁的健身练习者，还是从事竞技体育的职业运动员，都可以从中得到所需的知识和参考。早在20世纪七八十年代，美国力量训练专家埃林顿·达登在其《力量训练原则》一书中，就提出了这样一个观点：“提高一种运动项目的技术，并不需设计与这种技术相似的力量练习。”强调的是力量训练的基础性和普适性。这个观点在现在来说也许仍有在争议，因为当前关于专项化力量训练的方式和模式都发生了翻天覆地的变化，但始终不变的是对基础性力量训练的需求。所有运动项目及所有个体都需要基础力量训练，只是针对个体需求的力量训练更具有针对性，这也是本书的重要特点之一。事实再一次证明，力量不仅是人体进行日常活动和基本运动的基础，也是各种身体素质和专项运动表现的根基。

保持谦卑，坚持训练。愿每一个读者都能从中获益，投身力量训练的实践，将知识的力量转化为身体的力量。

前言

我们十分荣幸你能选择本书来帮助和指导自己进行力量训练。本书结合了最新的科学研究结果，向你详细介绍有关力量训练的各种指导信息。书中所有章节都由该领域的权威人士撰写。训练讲解与案例分析都是经过科学证实的，这些讲解与分析为训练者提供了最佳的训练方案。此外，本书中的相关信息都得到了世界体能训练权威机构——美国国家体能协会的肯定。

我们在本书的编排上旨在帮助你更好地理解力量训练，并在后期能够建立起一个完善的体能训练架构。第一部分，我们详细地介绍了力量的科学基础。你可以看到身体各大主要肌群的解剖图，也可以通过控制训练变量，最大限度地完成你的训练。通过第二部分的介绍，你能在学习评估力量与爆发力方法的同时，解读每个评估测试结果。这个部分还对损伤预防进行了介绍，掌握了这一部分的知识，你就能够正确地制定自己的健身计划了。本书的核心内容是在第三部分。这一部分涵盖了十分全面的训练技术，并以图文结合的方式进行介绍。训练涵盖了人体的上半身肌群、下半身肌群以及核心肌群。此外，在第三部分的末尾还简要总结了爆发力训练的相关问题。第四部分展示了针对从初学者到高手的进阶方案，以及青少年与老年人力量训练的范例。

我们衷心地希望，本书详尽的图片、训练指导以及力量训练方案，能够帮助你探寻力量训练的精髓，达到你的健身目标。

第一部分

力量的来源

本部分主要讲解有关力量的科学知识和理论基础。首先，你需要了解肌肉的工作原理和生长机制，以便开始制定你的力量训练计划。第1章到第4章将介绍有关肌肉生理学的基础知识、各种形式的训练计划设计以及促进肌肉增长的合理营养补剂。

第1章主要讨论不同类型的肌肉及其功能以及肌肉的收缩与肌纤维的募集方式。这些知识可以帮助你选择针对特定部位的训练，了解不同运动类型所带来的好处，如推拉练习。

第2章主要讲述肌肉适应过程的生理学基础，这一点很重要。当你制定自己的力量训练计划时，相关知识就能够帮助你按照训练需求，选择正确的训练途径并合理安排休息间隔。

第3章主要介绍抗阻训练计划中的各种变量。同时也介绍了不同类型的训练计划和方式，便于你选择适合自己的训练。最后，这一章推荐了与你的锻炼目的相关的训练计划。

第4章主要描述新陈代谢、身体运行机制以及如何有效且迅速地增强肌肉力量。这一章进一步解释了食物和水是如何在体内相互作用的，从而为肌肉的最大化发展提供燃料。

1

肌肉解剖学结构基础

威廉·J.克雷默
雅各布·L.文格伦

当我们试图设计不同类型的力量训练计划时，很重要的一点是要对协调身体不同功能的人体基础结构有一定的了解。因此，了解人体基本解剖学知识，是理解人体运行机制的根本。骨骼肌的整体结构以及某块肌肉的特殊组成，都决定了肌肉功能的各不相同。本书所阐述的大部分训练原则都是根据这些解剖学知识制定的。所以，学习这些知识能够帮助你更好地理解训练原则，并帮助你在力量训练中正确应用它们。

约40%的人体组织都是由骨骼肌构成的（基于质量计算）。骨骼肌多附着于骨，来牵引关节产生运动。我们先从肌肉最小的解剖级别——组成肌纤维的蛋白质开始讲起，然后再解释其如何在每个构造上逐步扩展，来展示它们是如何聚集到一起并构成结构完整、功能正常的肌肉。并且还介绍了人体肌肉解剖的大致情况以及主要肌肉群的功能。

本章还阐述了肌肉是如何受到神经系统刺激而反应的。你会发现这对力量训练而言非常重要，因为在训练的过程中只有经过刺激的肌肉才能得到锻炼，进而得到增强。而且，我们解释了不同阻力负荷如何通过激活不同类型肌纤维来刺激不同数量的肌肉的原理。最后，本章涵盖了不同的肌肉机制以及这些机制和肌肉结构是如何影响力量和爆发力产生的。

肌肉组织

骨骼肌包含许多非收缩性蛋白，这些蛋白为收缩性蛋白——肌动蛋白和肌球蛋白，提供了最佳的结构排列，这对肌肉功能至关重要。如图1.1所示，各种非收缩性蛋白构成网格，收缩性蛋白处于结构的适当位置上。因此可以有严格的空间定位，有利于肌纤维最优化的相互作用以及肌肉力量和爆发力的产生。

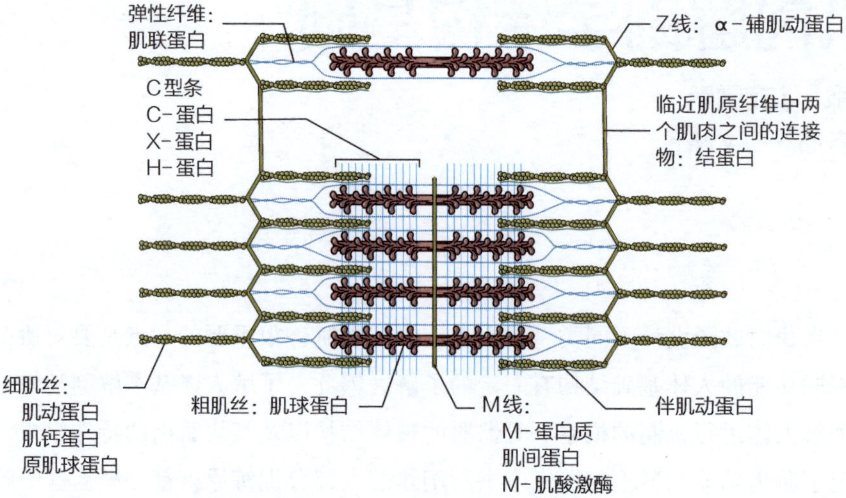

图1.1 肌节由非收缩性蛋白质网组成，网中镶嵌有两个收缩性蛋白——肌动蛋白和肌球蛋白，在肌肉产生力的时候，使其处在最佳的排列位置

组成肌肉的最小单位为肌节，而肌节是由非收缩性蛋白（如肌联蛋白、伴肌动蛋白、Z蛋白等，图1.1所示为非收缩性蛋白的排列）以及两个收缩性蛋白（肌动蛋白和肌球蛋白）构成的，它们可以产生不同的肌肉收缩以及相应的力量和爆发力输出。肌原纤维构成了单一肌纤维，亦称为肌细胞。这些肌纤维聚集成束后形成完整的肌肉组织。图1.2展示了不同类型的结缔组织，我们称为筋膜，这些筋膜包裹在肌纤维束和肌肉的外周。

非收缩性蛋白和结缔组织属于肌肉的弹性元件。如同橡皮筋拉伸然后恢复那样，结缔组织能够拉伸和恢复，拉伸外力越大，肌肉缩短力越大。这是肌肉伸展收缩循环的一部分内容，包括肌肉快速向心收缩之后的离心拉伸。遍布全身肌肉的非收缩性蛋白和结缔组织的主要功用就是保持肌肉弹性，在进行伸展收缩循环时，帮助产生额外的15%到30%的爆发力（Kraemer et al., 2016）。跳跃练习和跳深这类的快速伸缩复合训练之所以能够如此高效地增强肌肉力量，是因为它锻炼的是肌肉的弹性部分（即拉伸收缩循环）。

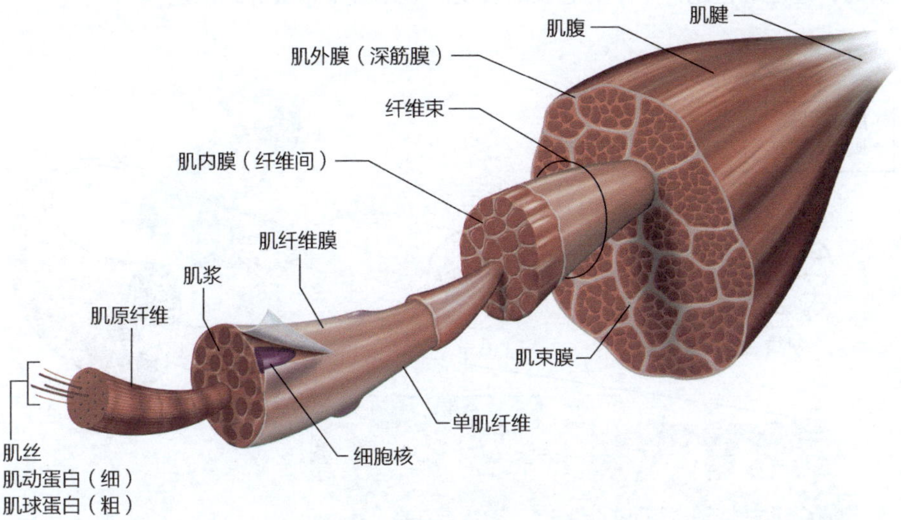

图1.2 肌腱使肌肉附在骨骼上，使骨骼可产生运动。完整的肌肉整体由肌纤维束构成，每束肌纤维周围都有结缔组织鞘。肌纤维由肌原纤维构成，包含许多不同的收缩性蛋白，其中较为重要的是肌动蛋白和肌球蛋白

肌节

肌节是骨骼肌的基本收缩单位。人类运动过程中力量的产生源于肌节中肌动蛋白和肌球蛋白的相互作用。肌节在两条相邻Z线之间来回运动，是最小的功能性缩短单位。每个肌节都有一些可区分的明带（I带）和暗带（A带），这些区域使肌肉在特殊显微镜下呈现条纹状（图1.3），因此，骨骼肌又叫横纹肌。这些区域反映的是肌动蛋白和肌球蛋白丝的分布。暗带中有一段相对较亮的区域为H区，其只有肌球蛋白而没有肌动蛋白。I带在肌节末端，包含少量肌动蛋白丝。A带既有肌动蛋白又有肌球蛋白丝，交替重叠。肌节之间在Z线上互相纵向连接形成肌原纤维，而肌原纤维相互平行堆叠在一起则构成了肌纤维（图1.2）。

肌肉收缩的本质是缩短肌节——肌球蛋白固定不动，肌球蛋白丝交叉形成横桥，推动肌动蛋白丝从对侧汇聚过来，引起肌动蛋白向肌球蛋白的移动。神奇的是，这个被称为肌丝滑行学说的过程，于1954年由两支科研队伍提出，包括剑桥大学的安德鲁·F. 赫胥黎和罗尔夫·尼德格克以及麻省理工学院的休·赫胥黎和

吉恩·汉森。他们证实了力实际是通过肌肉的肌动蛋白和肌球蛋白丝相互作用而产生的，这是20世纪一个不可思议的发现。本章接下来会详细阐述。

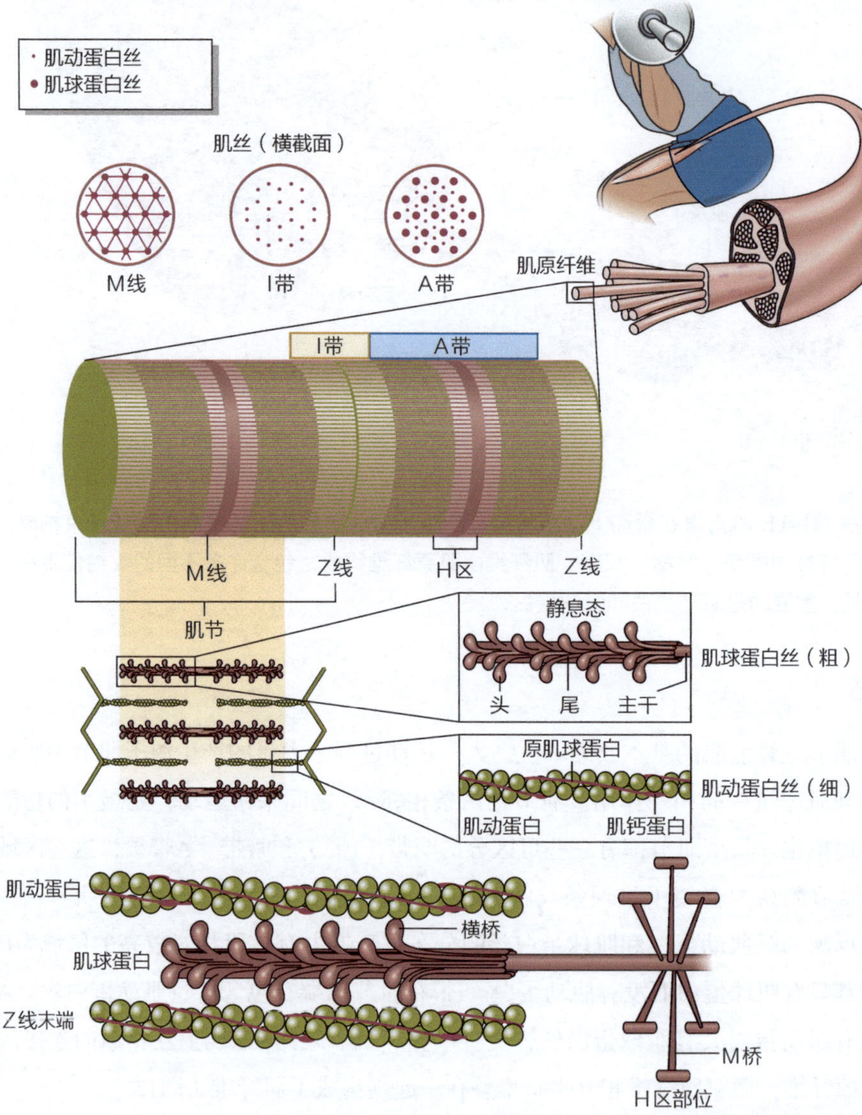

图1.3 肌节是肌肉的基本收缩单位，在Z线之间来回运动。肌动蛋白和肌球蛋白的相互作用产生力量，从而带动肌肉的收缩

肌纤维

数以千计的肌纤维构成了骨骼肌，长度为1.9到3.5英寸（1英寸约为2.54厘米）不等。在较短的肌肉中，有些纤维会从肌肉的起点延伸至止点，如肱二头肌。结缔组织固定肌纤维和血管，且组织中有神经穿过。肌纤维的独特之处在于它们是独立的多核细胞，DNA就存在于细胞核中。这让肌纤维拥有通过合成蛋白质来自我修复和增粗的巨大潜能，因为每个细胞核仅控制一小段细胞。

肌纤维分两种：Ⅰ型纤维（慢肌纤维）和Ⅱ型纤维（快肌纤维）。此外，这些类型各有分支，本章不详细讨论（Fleck and Kraemer, 2014；Kraemer et al., 2016）。Ⅰ型纤维有很强的氧化作用（即高氧能力），能够提供持久的耐力和较低的收缩力。Ⅱ型纤维则有很强的糖酵解作用，能够提供力量、爆发力和较高的收缩力。每个人的每块肌肉中，Ⅰ型纤维和Ⅱ型纤维的比例各不相同。例如，像腹部这样的维持姿势的肌肉，Ⅰ型纤维占很大比例。这些比例反映了肌肉在人体运动中扮演的角色。基因决定了Ⅰ型纤维和Ⅱ型纤维占肌肉的比例。有趣的是，训练只对特定的肌纤维有潜在增长能力（如氧化电位、纤维长度、酶类含量等）。我们现在已经知道个体是无法改变Ⅰ型和Ⅱ型纤维在自己体内所占的比例的，我们也知道个体无法显著地增加体内肌纤维的数量，尽管关于肌肥大（肌纤维增粗）和肌肉增生（肌纤维数量增多）在20世纪70年代和80年代有过长久的争论。因为运动员无法改变肌纤维类型，所以过去的数十年中才会出现耐力型运动员和爆发力运动员这样的学术名词。如前所述，人体内不同的肌肉占有的肌纤维类型比例各不相同。此外，通过比较男性和女性的肌纤维类型的差别时发现两者并没有显著差异（如优秀的男性和女性运动员）。但是，如果对比相同数量的男性和女性就会发现，男性通常会有数量更多以及更粗壮的肌纤维（特别是上肢肌肉）。

如前面所提到的，运动员体内所含有的肌纤维的类型不同，这在某种程度上诠释了他们在不同运动领域有独特能力的原因。例如，具有优秀的耐力水平的运动员下肢肌肉含有较高比例的Ⅰ型纤维（即大腿和小腿肌肉），而举重运动员有较高比例的Ⅱ型纤维，但维持躯干姿势的肌肉中仍以I型纤维为主。

运动员体内的不同肌纤维构成归根于基因遗传，他们之所以能够在某一特定运动领域中有所建树，是因为他们天生就具有适合该领域的肌纤维类型。虽然训练可能会造成肌纤维组成的细微变化（或者说是子类型的纤维转换），但是提升运动表现的主要原因还是肌纤维体积增加导致的肌肉含量增长和代谢途径的改善。而且，人即使通过训练也无法改变基因所给予的肌纤维类型，也就是说，他无法将Ⅰ型纤维变成Ⅱ型纤维。但是当人体进行运动时，运动单位受到训练负荷刺激，能够使子类型纤维发生转变（如ⅡX型到ⅡA型）。无论运动员是力量训练还是耐力训练，子类型纤维似乎只会向增加纤维氧化能力的方向进行转变。例如，ⅡX型纤维（快肌纤维酵解）可以通过抗阻训练或耐力训练转变成ⅡA型肌纤维（快肌纤维氧化酵解）。抗阻训练能够让肌纤维更具氧化特性，这可能违背常识；但是，抗阻训练本身可能不会让肌纤维更具氧化特性，就像这些肌纤维从一个未受训练的状态到一个更加具有条件化和功能性的状态，也就是说这些氧化作用是肌纤维在恢复过程中产生的。除非运动员身上所携带的基因早已展现，否则肌纤维的转变数量并不足以改变运动员身上的纤维组成比例。

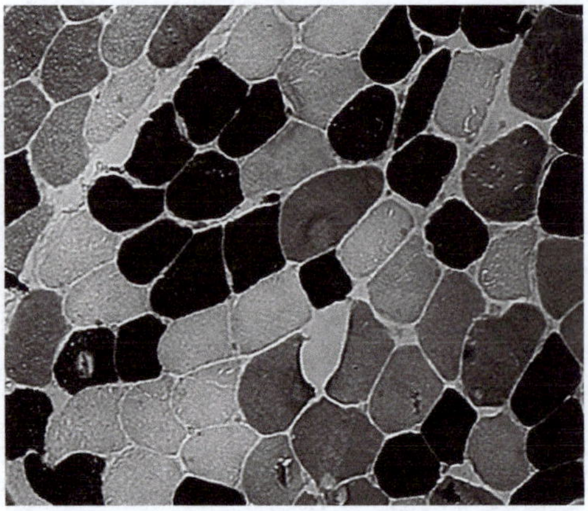

图1.4 通过实验室里的人为染色，我们能够更清晰地分辨Ⅰ型纤维和Ⅱ型纤维所占的比例。在这张图上，肌纤维类型Ⅰ是黑色的，类型Ⅱ中的子类型IIA是浅灰色的，而子类型IIX则是深灰色的

源自：J. Wilmore and D. Costill, 2004, Physiology of sport and exercise, 2nd ed. (Champaign, IL: Human Kinetics), 39. By permission of D. Costill.

图1.4展示了Ⅰ型纤维和Ⅱ型纤维染色后在显微镜下的成像。由于肌纤维类型的组成不同，每个人具有不同的由基因决定的力量、爆发力和耐力表现。因为Ⅰ型纤维无法通过训练转变成Ⅱ型纤维（反之亦然），因此人无法制定改变整个肌纤维组成的训练计划。但是，本章的后面也会讨论到，变换负荷训练和运动速度训练能够影响参与肌纤维的类型，从而影响肌肉产生力的能力。

运动单位

肌肉组织的激活和募集在任何训练尤其是抗阻训练中，都是不可忽视的重要因素。肌肉组织激活得越多，力量表现就越强。神经系统通过激活运动单位来激活肌肉组织，同时肌纤维受到募集。大小原则体现了运动单位的募集方式（本章后续将会讨论），这对理解抗阻训练甚至所有的训练方案都至关重要。

肌肉组织激活和募集是从运动单位开始的。一个运动单位包含α神经元以及其所支配的所有肌肉纤维。运动单位只包含Ⅰ型纤维（慢肌纤维）或Ⅱ型纤维（快肌纤维）两者中的一种。不可能同时包含两种肌纤维。

运动单位内的肌纤维并不是相邻分布的，而是分散在含有3到15个肌纤维的肌束内。也就是说，相邻的肌纤维并不需要属于同一个运动单位。由于运动单位内的肌纤维在肌肉中是分散分布的，所以当运动单位被激活后，整块肌肉的肌纤维都会被激活。但如果运动单位内的肌纤维都是相邻分布的，那么激活运动单位只会刺激到肌肉的某一部分。当肌肉运动时，那些没有被激活的运动单位（以及相关的肌纤维）不会产生力量；被激活的运动单位带动肌肉运动，而那些没有被激活的运动单位则是在运动范围内随着肌肉运动而被动运动。

身体肌肉

人体包含超过600块大小、形状和功能各不相同的骨骼肌（图1.5a和图1.5b）。骨骼肌的主要功能是按运动的不同方向或平面移动身体关节。有些关节称为铰链关节，只能在一个平面内做伸展运动，比如膝关节和指关节。其他关节，如肩关节和髋关节，属于球窝关节，可在多个平面内运动，包括拉伸、屈曲、内收、外展和旋转运动。每一个关节每个运动都由一块或多块肌肉共同完成。这些肌肉或肌肉群通常是成对存在的，因此它们可以反方向运动。如一块肌肉引起关节屈曲时，其对侧的肌肉就能够伸展关节。如此，肌肉只有主动缩短而没有主动伸长的功能。因此，关节移动的每个围度或平面都会要求有两块功能相对的肌肉或肌肉群。

带动关节向某一方向完成运动的肌肉称为主动肌，辅助关节运动的肌肉则称为协同肌，与运动完全相反的肌肉称为拮抗肌。如肱二头肌弯举训练中，肱二头肌和肱肌就是主动肌，肱桡肌是协同肌，肱三头肌则是拮抗肌。

肌肉通常附着于骨并有两个附着位点。一个附着位点称为肌肉的起点。这个起点既可以是一个很小但在骨上可见的点，也可以是覆盖骨骼一部分范围的大片区域。起点通常在最靠近身体核心的骨上。另一个位点称为止点。肌肉的止点通常与肌腱相连，肌腱贯穿关节使肌肉发挥作用。肌肉可能不止一个起点或止点，在这个前提下，肌肉被分区成段，称为头。头的作用是微调肌肉功能（几个头作用于同一个关节，但角度不同）或跨越多个关节，但仍能够独立控制这些关节。例如，肱三头肌有三个头且全部作用于肘关节，但是，其中只有两个头作用于肩关节。

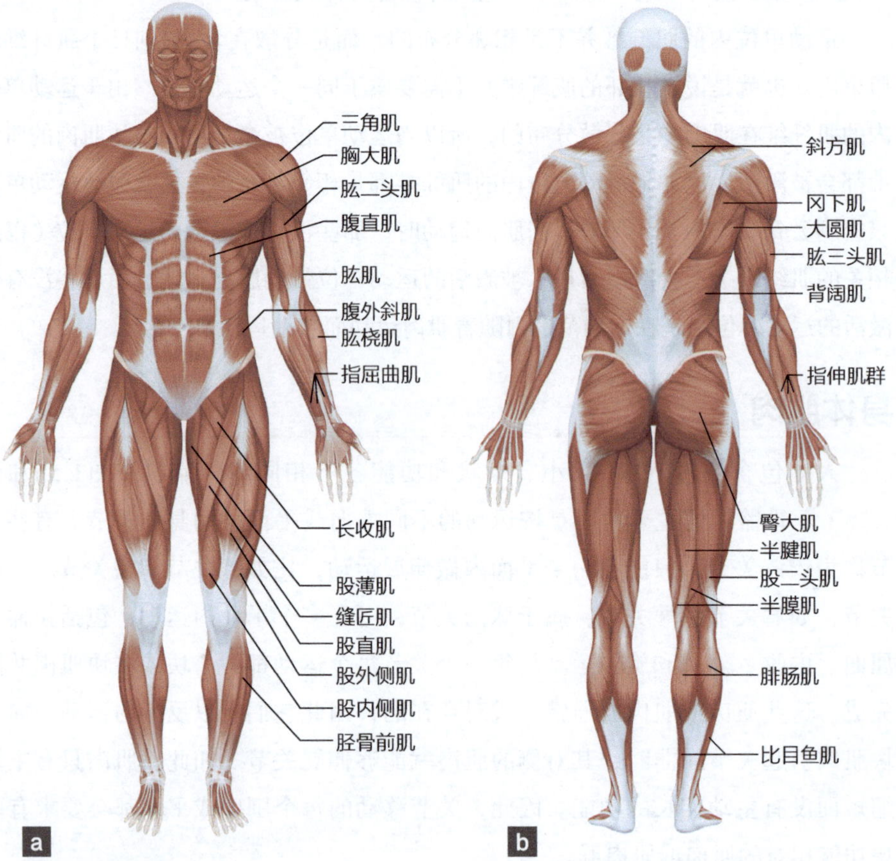

图1.5 身体主要肌肉：a. 前面观；b. 后面观

图1.5a和图1.5b、表1.1和表1.2展示了人体参与抗阻练习的主要肌肉。注意，有些肌肉包含多个头或分段，且它们附着在身体的不同部位上，并且有一些肌肉横跨多个关节。这些特征能增强肌肉的功能。例如，股四头肌不仅能够伸膝，其中的一个头（内侧头）也可以在大腿伸展的时候固定膝盖骨（髌骨）的位置，另一个头（长头）则与髋关节的运动有关。

表1.1　人体主要肌肉的起点、止点、作用

肌肉	起点	止点	作用
外展肌 （阔筋膜张肌，臀中肌，臀小肌）	髂骨	股骨	将髋关节侧向移动，远离身体中线
内收肌 （长收肌、短收肌、大收肌）	耻骨	股骨	向后、内侧摆腿，跨越身体中线
肱二头肌	肩胛骨	桡骨和尺骨	屈肘、移动前臂
肱肌	肱骨	尺骨粗隆和冠突	屈肘
肱桡肌	肱骨	桡骨	屈曲、旋转肘关节
三角肌	锁骨、三角肌粗隆肩峰及肩胛冈	肱骨三角肌粗隆	使臂外展和多方向旋转上臂
竖脊肌	骶骨和髂骨	上胸椎	后伸脊柱和躯干
腓肠肌	股骨、小腿侧面	跟骨（跟腱处）	膝关节伸直时提踵
臀大肌	骶骨	股骨	髋关节向前移动
腘绳肌 （由3块肌肉组成）: 1. 股二头肌 2. 半腱肌 3. 半膜肌	1. 坐骨结节 2. 坐骨结节 3. 坐骨结节	1. 腓骨和股骨 2. 胫骨 3. 胫骨	1. 屈膝 2. 屈膝 3. 屈膝
髂腰肌	髂骨、骶骨、胸椎腰椎	股骨	髋关节向后移动
背阔肌	下胸椎、腰椎和骶椎	肱骨	肩关节和手臂向后移动
胸大肌和胸小肌	胸骨	肱骨	肱骨（手臂移向胸部）
股四头肌 （由4块肌肉组成）: 1. 股直肌 2. 股外侧肌 3. 股内侧肌 4. 股中间肌	1. 髂骨 2. 股骨 3. 股骨 4. 股骨	1. 胫骨（髌腱） 2. 胫骨（髌腱） 3. 胫骨（髌腱） 4. 胫骨（髌腱）	1. 下肢伸展 2. 伸膝 3. 伸膝 4. 伸膝
腹直肌	耻骨联合及耻骨结节之间	肋软骨及剑突前面	躯干前屈，辅助呼吸

续表

肌肉	起点	止点	作用
菱形肌	上胸椎	肩胛骨	后拉肩胛骨
比目鱼肌	胫骨、腓骨	跟骨结节（跟腱）	屈膝时提踵
胫骨前肌	胫骨	第一跖骨（大脚趾）	抬起足前部
斜方肌	起于颅骨底部，止于最后一节胸椎	肩胛骨及锁骨粗隆	将肩胛骨向内拉向脊柱
肱三头肌	肩胛骨及肱骨	鹰嘴窝（肘关节）	前臂伸展

表1.2　抗阻训练以及相关的肌肉

练习动作	主要锻炼的肌肉
杠铃仰卧推举	胸大肌、三角肌前束和肱三头肌
杠铃上斜仰卧推举	胸大肌、三角肌前束和肱三头肌
哑铃肱二头肌弯举	肱二头肌
器械坐姿肱三头肌下压	肱三头肌
站姿肩部推举	三角肌、肱三头肌
背阔肌下拉	背阔肌、肱二头肌
绳索坐姿划船	背阔肌、斜方肌、三角肌后束、肱二头肌
杠铃耸肩	上斜方肌、肩胛提肌
屈膝仰卧起坐	腹直肌
颈后深蹲	臀肌、腘绳肌、股四头肌
坐姿器械伸腿练习	股四头肌
坐姿腿弯举	腘绳肌
蹬腿练习	臀肌、股四头肌、腘绳肌
负重提踵	腓肠肌、比目鱼肌
躯干背伸	骶束肌、臀肌、腘绳肌

上面所列举的肌肉都是按照运动过程中肌肉的参与程度排列的，并只列举了每项练习的主动肌和协同肌。

肌肉活动

赫胥黎的肌丝滑行学说（Huxley , 2004; Kraemer et al., 2016）试图解释肌纤维是如何产生力的。这种力的产生是从肌节通过两种主要收缩性蛋白的相互作用开始的（即肌动蛋白和肌球蛋白，如图1.3所示）。

正如前面内容所述，放松状态下的肌肉是条纹状的。当肌肉处在收缩（完全缩短）状态时，仍然有肌肉组织是条纹状的，但是它们的样式不同。这种样式的改变是由肌动蛋白朝着肌球蛋白滑动引起的。肌动蛋白固定在肌节的末端Z线处。肌肉收缩时，暗带保持长度不变，明带缩短，拉动Z线向中间靠拢。肌动蛋白滑入H区使该区域面积减少并变暗。明带变得越来越短，因为两Z线离末端的肌球蛋白越来越近。当肌节放松并恢复原有长度时，H区和明带也会恢复原有的长度和明亮度（图1.6a ~ 图1.6d）。

参与肌肉收缩的神经信号汇聚在ZOMA——位于脊髓中的α运动神经元体。这个神经元能够被中枢神经系统和感觉反射神经所刺激（或抑制）。如果刺激物的数量足够多，就能产生电子信号，从而高效地达到在ZOMA中的运动单位的刺激电子阈值（即去极化），这个信号（即动作电位）会沿着传出运动神经的轴突延伸到神经肌肉接头。此信号会引起神经末梢化学神经递质乙酰胆碱（Ach）的释放。随后，乙酰胆碱会移动到与肌纤维的外膜（肌纤膜）连接的位置。当乙酰胆碱到达肌纤膜时，会触发乙酰胆碱受体，从而对肌纤膜起到去极化的作用。最终电信号到达肌纤维，随后迅速遍及全身肌纤维。电信号触发肌浆网中钙离子的释放，并且内流至肌纤维。肌浆网是一种遍布肌纤维以及储存大量钙离子的膜状结构。钙离子与肌钙蛋白分子结合，由此触发肌钙蛋白和原肌球蛋白位置的改变，使肌动蛋白充分暴露，从而允许肌球蛋白横桥的结合。这便是收缩过程中的兴奋——收缩耦联阶段（图1.7）。

赫胥黎的研究团队和另外一支团队提出的肌丝滑行学说至今已有60多年的历史，人们已发现了更多关于肌肉蛋白纤维相互作用的机制。休息时，肌球蛋白纤维的突起或横桥可以触碰到肌动蛋白纤维，但无法相互作用使肌肉缩短，因为只有肌动蛋白横桥与肌球蛋白纤维相结合才能够引起肌肉缩短。但是，休息时，活跃点被肌钙蛋白和原肌球蛋白覆盖，肌钙蛋白和原肌球蛋白是与肌动蛋白微丝关联的常规蛋白质（图1.8）。

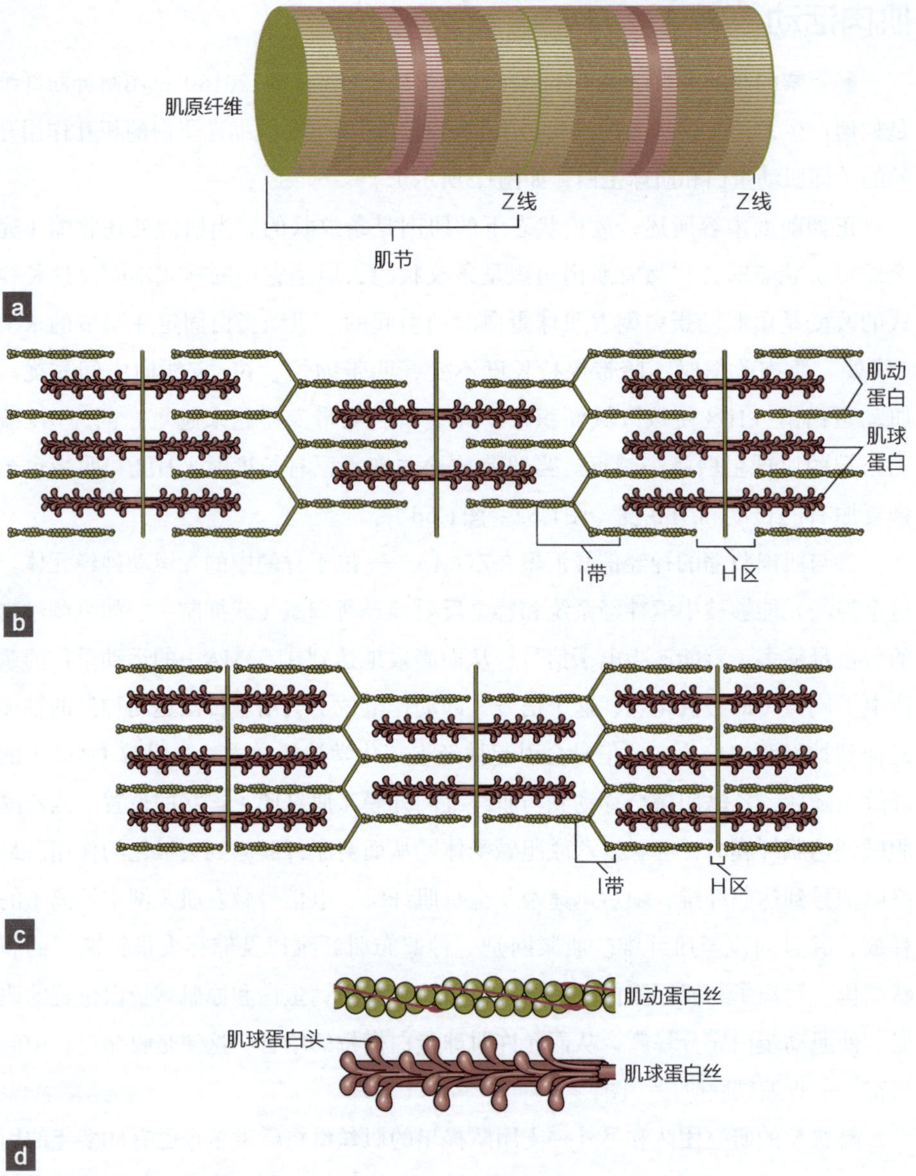

图1.6 随着肌肉收缩，Z线之间越来越近，明带（I带）宽度减小，H区减少，但是暗带（A带）宽度无明显变化。相反，肌肉拉伸，明带和H区均增多，但暗带仍无变化

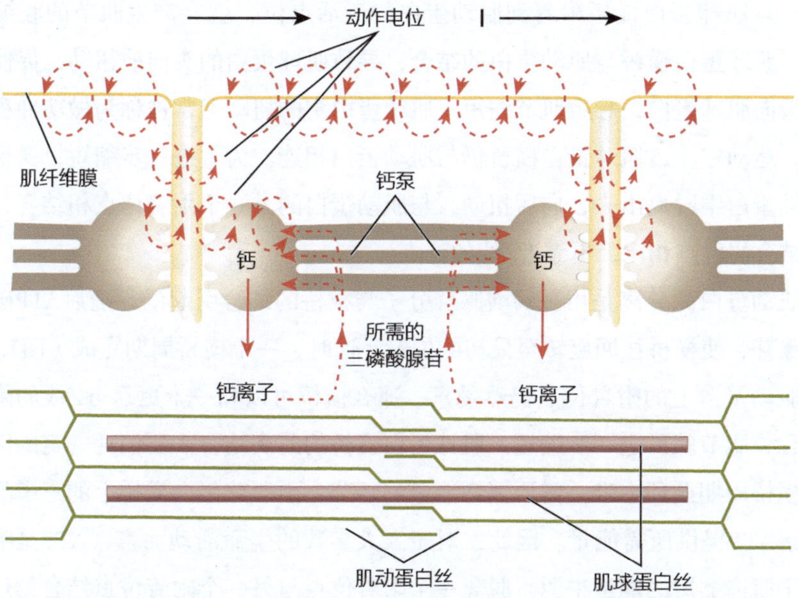

图1.7 肌肉收缩电信号（动作电位）传至肌纤维表面，促进钙离子从肌浆网（SR）中释放。肌肉收缩结束后，再把钙离子输送到肌浆网（SR），这个过程需要三磷酸腺苷（ATP）的参与

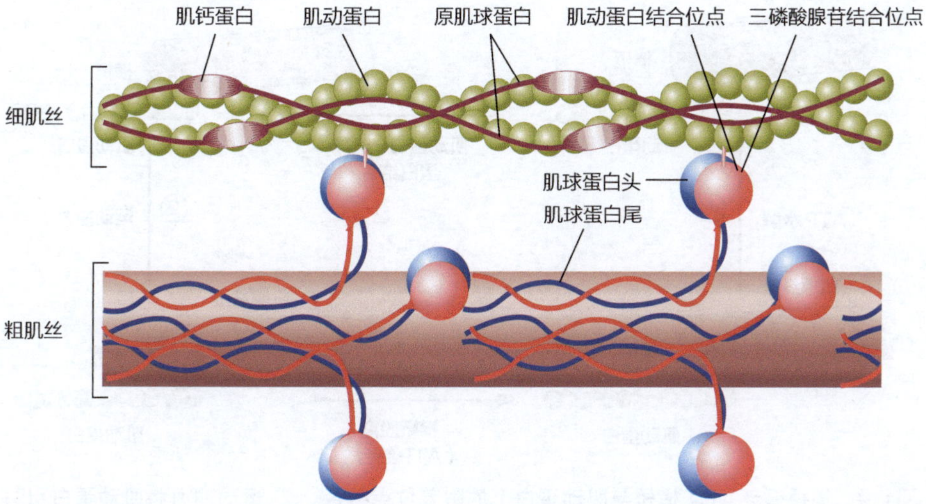

图1.8 休息时，肌动蛋白上移动的部位覆盖着肌钙蛋白和原肌球蛋白。钙离子与肌钙蛋白结合，使肌钙蛋白和原肌球蛋白发生位移，暴露出肌动蛋白上的附着位点，从而与肌球蛋白头结合

一旦肌球蛋白横桥附着到肌动蛋白的激活点位，就会产生肌节的收缩（缩短）。肌球蛋白横桥与肌动蛋白的结合，导致肌球蛋白的头向前扭动，促使肌动蛋白滑向肌球蛋白，导致肌节缩短（肌球蛋白头的扭动通常被称为做功冲程）。此时，运动停止，肌球蛋白横桥仍与肌动蛋白相连。为了进一步缩短，横桥必须从肌动蛋白中脱离出来，向后扭动，与肌动蛋白的另一个附着位点相结合，即与先前结合的位点相比，更靠近Z线的位点。

肌动蛋白的分离是由三磷酸腺苷分子与横桥的结合引起的。随后ATP破坏二磷酸腺苷，使横桥往回旋转至最初的位置。这时，一个横桥周期完成（图1.9）。如果肌动蛋白上的附着位点仍然暴露，那么横桥可以和一个更靠近Z线的附着位点结合，肌节就可进一步缩短。肌球蛋白横桥的此次结合需要消耗一定的能量，这是横桥周期循环中唯一需要消耗能量的环节，由肌球蛋白横桥上的三磷酸腺苷酶分解ATP提供所需能量。因此，对于人大多数的生命活动而言，ATP是唯一直接用于肌肉缩短的能量来源。脱离一个附着位点与另一个附着位点结合的过程称为复位。这个循环过程（被称为棘齿理论）反复进行，直到肌节缩短到足够短，ATP不再供能，或者肌肉开始舒张。

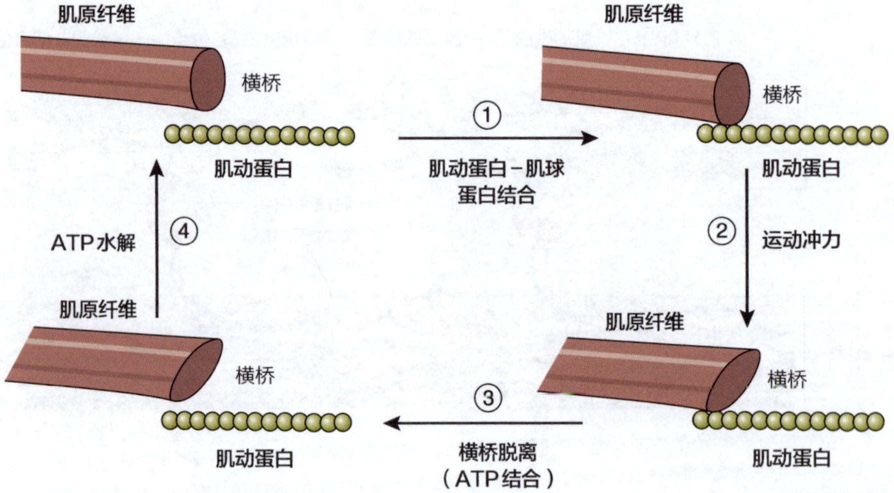

图1.9 横桥循环。① 横桥与肌动蛋白上的附着位点结合。② 运动冲力将肌动蛋白引向肌球蛋白。③ ATP附着于横桥，然后从肌动蛋白上的激活点分离。④ 三磷酸腺苷酶分解ATP，横桥往后扭动至最初的位置。如果肌动蛋白出现新的激活点，横桥便可与新的位点结合，从而整个循环继续进行（想了解更多肌球蛋白头，参见图1.8。）

肌肉的整体设计

肌肉的总体设计在肌肉的功能上扮演了重要的角色，因为它能够影响肌肉收缩的力量和速度。总的来说，肌节按顺序排列得越多（使肌肉变长），肌肉收缩的速度就越快。这是因为每个肌节都有一个最大收缩速度，当肌节是按顺序排列时，它们的收缩速度就可以相加，从而整个肌肉收缩的速度都得到了提升。肌节按顺序排列还有一个好处就是，它们在保持肌肉最佳长度–张力关系（肌节刚好产生最大力量时的长度）的同时加快全肌的收缩速度。肌球蛋白与肌动蛋白相结合的横桥，存在一个最佳数量，在给定长度内可产生最大的力量。在这个范围以外，只存在较少的交互作用，或者肌动蛋白和肌球蛋白全部堆挤在一起，无法从肌节产生更多的肌肉力量。

与速度相比，肌肉收缩力量的增加是许多肌节平行排列的结果（使肌肉变宽）。每个肌节都有产生最大力量的能力，当肌节平行排列时，它们释放出来的力量就会使肌肉收缩的力量增多。这样，很多力量可以在无须改变肌肉长度的情况下产生，且可能让个体肌节保持接近其最佳长度–张力关系。

全肌设计的另一个重要方面是羽状角（图1.10）。羽状角为定向肌纤维和不定向肌纤维之间的角度。羽状角的角度越大，可使越多的平行排列的肌节挤入一块肌肉的起点到止点的空间里，从而提高该肌肉产生力量的潜能。羽状角也有不足之处：当羽状角的角度增大时，肌纤维与肌腱所产生的合力就会减小。但是，在损失额外增加的更多肌纤维的力前，羽状角的角度必须大于30度。

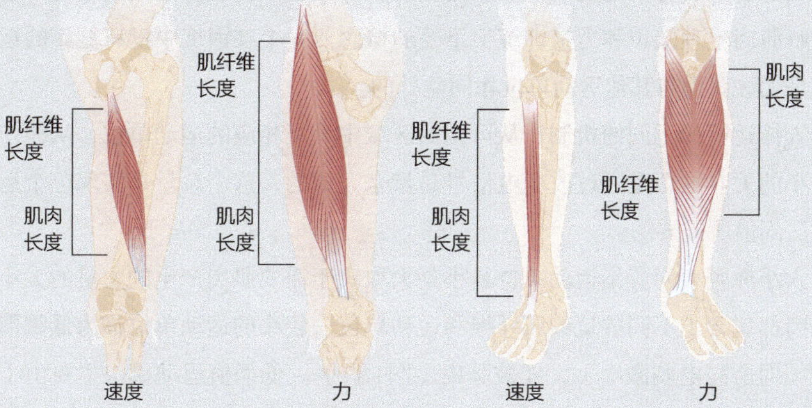

图1.10 羽状角、肌纤维长度（FL）和肌肉长度（ML）起着增强力量或提高速度的作用。相比而言，长的肌纤维使肌肉更适合高速运动，而平行排列的短纤维使肌肉更适合力量型运动

当脉冲（或信号）从运动神经元末梢传来时，肌肉开始舒张。没有运动神经元持续传来的信号流，钙离子停止释放，已经释放的钙离子被激活，输送回肌浆网储存。至于横桥周期循环，这个输送机制需要ATP能量的分解。因此，无论是肌肉的缩短还是舒张都需要ATP的参与。钙离子一离开，肌原蛋白和原肌球蛋白的原位上会有肌动蛋白的附着位点。肌球蛋白上的横桥没有位点与肌动蛋白结合，只好翻转肌球蛋白。此时，肌肉松弛，横桥活动暂停，除非有重力或外力将肌肉拉到可伸长的位置，否则肌肉会一直保持缩短状态。肌肉只能主动缩短；没有任何一种机制能够引发该肌肉的主动拉长。

一次收缩期后，高阈值的运动神经元比低阈值的运动神经元恢复得更快（即可以更快地被激活）。这样，在循环周期内，高阈值的运动神经元比低阈值的运动神经元被激活得更快。因此，虽然高阈值Ⅱ型运动神经元容易疲劳，但是快速恢复的能力让它们成为理想的可重复、短周期、高功率的神经元。

运动单位的募集：大小原则

埃尔伍德·亨尼曼博士一生发表过很多极具说服力的科学论文，来阐述大小原则。肌肉的运动单位的大小各异，正如不同肌肉中，肌纤维的数量和类型也是各不相同的。因此，运动单位的大小与肌纤维、纤维类型以及肌纤维的大小都有关。眼部肌肉中每6块纤维就构成一个运动单位，而股四头肌的一个运动单位则可能包含450到800甚至更多的肌纤维。大小原则表明力量或爆发力产生的外部需要决定了所要募集的运动单位。而且，肌纤维是如何被募集或刺激的，这是一个理解肌肉生理知识和力量训练很重要的概念。一个在锻炼中没有募集的运动单位，是无法获得与其他运动单位相同益处的。

人体运行的不同的机制，从可用的区域中募集相应的运动单位，从而产生特定大小的力。这个是通过改变电信号总量来完成的，这个总量是实现单个运动单位激活阈值所需要的。

大小原则表明募集运动单位是小是大取决于需要肌肉产生的力量的大小。每块肌肉都包含了不同数量的肌纤维和运动单位。较小的运动单位称为低阈值运动单位（即所需电刺激小），先被募集（图1.11）。低阈值运动单位主要由Ⅰ型纤维构成。接着，根据活动所需的力量来募集高阈值的运动单位。高阈值运动单位主要由Ⅱ型纤维构成。

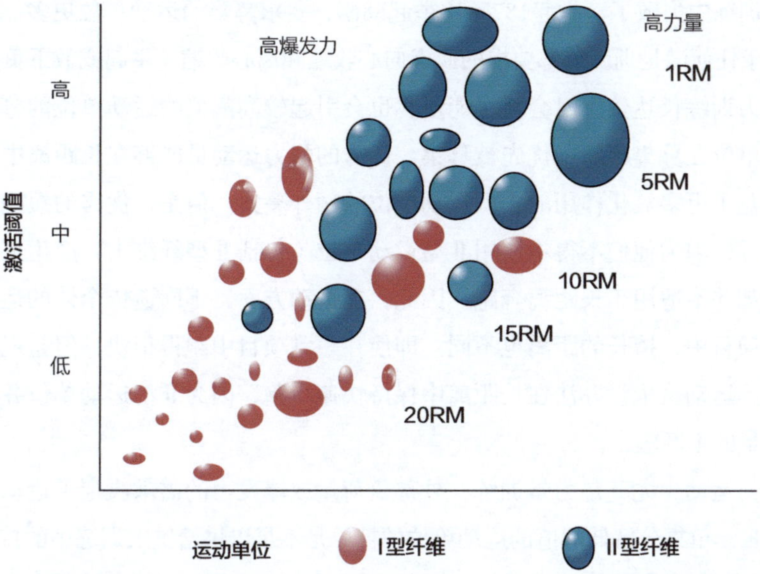

图1.11 运动单位（α运动神经元和相关的肌纤维；以圆圈表示）的募集取决于大小。小的运动单位先被募集，接着是产生更多力量的更大的运动单位。有些人的肌肉没有很多的快缩型，或Ⅱ型纤维，或运动单位。还有，如果不做抗阻力训练刺激运动单位，那么运动单位会随着年龄的增长而消失。力量的产生需要刺激不同的运动单位

较重的抗阻训练，比如一个人在进行只能举起3到5次重量的练习所需募集的运动单位比进行轻松的抗阻练习（12到15RM）时募集的运动单位有更高的阈值。但是，根据大小原则，进行较重的抗阻训练是先募集低阈值的运动单位（Ⅰ型纤维），然后再根据外力需要，逐步募集高阈值的运动单位直到力量达到最大。这个逐步募集更高一级的运动单位的过程其实是非常迅速的，因为运动单位只有通过训练才能有所获益。如前所述，这个原则对训练计划有很重要的影响。因此，为了在抗阻训练项目中增强肌肉力量，就必须进行高阻力的训练，从而刺激高阈值的运动单位，使之能在提高肌肉力量中发挥作用。

肌肉内有多种大小不同的运动单位。按照大小原则，拥有较少纤维的运动单位先被募集。运动单位的选择性激活和运动单位的大小差异，使力量分级产生，从而精确地控制肌肉产生的力量。运动单位的募集以低阈值运动单位到高阈值运动单位的顺序发展，这种形式要求较大的神经刺激来激活运动单位。最近的研究发现，抗阻练习是无法增加运动单位募集的数量的。

因此，如果一个人仰卧推举最多可举220磅（1磅约为0.45千克），即使这个人

在这组训练中失败了，举起187磅比举起88磅，要求募集的运动单位更多。大小原则适用于任何满足训练外部要求的肌肉向心收缩和离心收缩（举起或放下负重）。

耐力训练长达数小时会耗尽能量，也会引起较高阈值的运动单位的募集，或让运动单位在募集顺序中优先被募集。优秀的耐力运动员能够在长距离中保持高速，得益于更多氧化作用的Ⅰ型运动单位的额外募集。但是，优秀的短跑运动员会很吃亏，因为他们不得不使用Ⅱ型运动单位（包括Ⅱ型纤维），产生更高的功率但是却并不适用于长距离奔跑。因此，在运动方面，不同遗传个体的运动员在跑步的项目中，擅长的距离也不同。即使在短跑项目中跑得很快，但是就算是顶尖的短跑运动员也没办法在长距离中保持快速奔跑，因为Ⅱ型运动单位并不适合维持能量的不断输出。

任何运动，尤其是力量训练，外部负荷量或爆发力的需求决定了运动单位的需求数量。单靠分解低阈值的运动单位的糖原是不足以供给抗阻训练中的持续训练的（因此需要往上募集），重复100次以上的练习，即使使用轻负荷都会失败。因此，要训练全部运动单位区域或锻炼出更大、更有力的肌肉，需要强度更大的负重训练。

全或无定律（All-or-None Law）

另一个重要的概念便是全或无定律，它阐述了当一个特定运动单位达到激活的阈值水平时，运动单位内的其他肌纤维都会被完全激活。如果阈值没达到，则运动单位中的肌纤维没有一个被激活。虽然肌肉的个体运动单位是这样，但是像肱二头肌这样的整块肌肉并不遵循该全或无定律。

事实上，肌肉之所以可以控制力量的产生，是因为运动单位遵循全或无定律。刺激肌肉的运动单位越多，肌肉产生的力量就越多。换句话说，如果只激活肌肉的单个运动单位，该肌肉就只能产生很微弱的力量。如果数个运动单位被激活，就会产生更多力量。如果全部运动单位被激活，则会产生肌肉的最大力量。这种通过肌肉改变力量产生的方法被称为运动单位加成。

肌肉激活和力量训练（Muscle Activation and Strength Training）

训练分期（第3章）是基于前面所讲的原则——负荷的不同（轻、一般或重）或者根据爆发力的需要募集不同类型和数量的运动单位。在进行轻负荷训练

保护机制

肌梭和高尔基腱器

肌肉有两个神经机制或反射来保护自身免受急性损伤：一个是避免肌肉过度拉伸；另一个是避免肌肉从肌腱上撕裂。

特殊肌纤维的肌梭由知觉神经包裹，位于普通肌纤维之间。因为肌梭与普通肌纤维有关联，所以它们能够感知肌肉被过度拉伸。这个信号会直接发送到脊髓，触发肌肉运动神经元的信号，造成肌肉反射性收缩。就用这种方式，肌梭监控肌肉的长度并帮助肌肉免受过度拉伸的困扰。然而这个机制只是保护了快速拉伸时的肌肉，如果肌肉是被缓慢拉伸的，那么肌梭就无法被刺激，也就无法发送信号到脊髓。

高尔基肌腱器官并不是分布在肌肉上的，但是，它们在肌肉免受肌腱撕裂损伤方面起着重要作用。顾名思义，高尔基肌腱器官的实际位置是在肌腱与肌纤维相交的点附近。高尔基肌腱器官能够感知肌腱的压力并像张力计一样运作。当肌腱受到高压刺激，高尔基肌腱器官就会发送信号到脊髓，抑制肌肉肌腱缩短，刺激关节对侧肌肉兴奋（拮抗）。专家预测这个反射会随着训练而减弱，可以说，抑制反射在抗阻训练过程中起着重要作用。

时，你可以比进行重负荷训练募集更少的肌纤维，有些肌纤维就可以得到休息。比如，如果你做一次哑铃肱二头肌弯举的最大负重（1RM）为100磅，那么10磅的阻力，表示的是在双臂弯举中只需要最大力量的10%。每次做10磅的哑铃肱二头肌弯举15次重复训练，只能激活肱二头肌较少的运动单位。相反，每次举重100磅的哑铃臂弯曲，就需要募集所有可用的运动单位。

大小原则的募集顺序确保低阈值的运动单位在低强度、长时间的（耐力）活动中占据主导地位，而高阈值的运动单位只用于产生更大的力量和爆发力。这能够延缓次最大强度肌肉活动中的疲劳感，因为除非需要更高一级的力量或爆发力，否则针对高度疲惫的Ⅱ型运动单位，是不会被激活的。相反，主要是低阈值、抗疲劳的Ⅰ型运动单位被募集。总的来说，较高阈值的运动单位只有在较低阈值的运动单位已经进行足够的锻炼，而糖原急剧减少时，才会被募集。但是，这种现象在抗阻训练中并不常见，因为抗阻训练消耗糖原并不明显。当力量产生需求是从低到中等时，运动单位可轮流募集以满足力量的需求（非同步募集）。也就是说，一个运动单位可能在第一组轻负荷训练的第一次动作中募集，但是第二次重复动作时则没有（或最低限度）被募集。当进行次最大力量活动时，这个能力能够使运动单位得到休息，从而延缓疲劳。这种类型的募集在慢速训练——速度慢、负荷轻的训练中占据主导地位，令许多肌纤维不被激活，从而显著提高肌肉耐力。

募集顺序从实用的角度来说是很重要的，以下有几个原因。第一，为了募集Ⅱ型肌纤维以达到训练效果，训练类型必须是高负荷或者需要高爆发力的。第二，募集顺序与很多运动是固定的，包括抗阻训练。如果体位改变，募集顺序同样会改变，且会募集另一些肌纤维（如平板杠铃卧推vs斜板杠铃卧推）。腿部练习的类型不同，股四头肌的不同部位募集的量也不同（如蹬腿练习vs深蹲）。募集的顺序和量可能有利于特定练习的力量获取。特定肌肉必须通过不同角度的训练才能得到彻底发展，这是很多力量训练的教练深信不疑的，而募集顺序的多变恰好支持了这个观点。

不是所有人都有相同的可用运动单位，也就是说，不是所有人都有一样的力量潜力。因为可用肌纤维的总体数目不同，个体的力量和爆发力也各不相同。这些不同大部分是由基因决定的，但是，不同形式的耐力和抗阻训练甚至是停止训练，都会轻微改变肌纤维的构成。随着年岁渐增，Ⅱ型运动单位会逐渐减少直至消失，这是从不训练的后果。有些人的肌肉，比如腹肌，Ⅰ型肌纤维很可能主要是由低阈值的运动单位构成的，从而限制了产生力量的能力。肌纤维类型、数目、大小决定单个运动单位的功能，最终决定整块肌肉的功能。

肌肉的收缩方式

肌肉有多种不同的收缩方式，包括向心、离心和等长收缩（图1.12）。

通常来说，当举起重物时（也就是说，肌肉移动产生的力量比阻力大），用力使肌肉缩短，这个称为肌肉向心收缩。因为向心收缩中肌肉会缩短，因此用“收缩”这个词是再合适不过了。

当重物以可控方式下降时（即阻力比肌肉产生的力量大），产生力量的过程中肌肉伸长。这称为肌肉离心收缩。肌肉只能在可控的范围内拉伸，且肌肉无法移动自身相连的骨骼。大多数训练中，由重力将重物推回到原位。为了使重物平稳地回到原位，需要控制肌肉的伸长度，否则重物就会直直掉落。

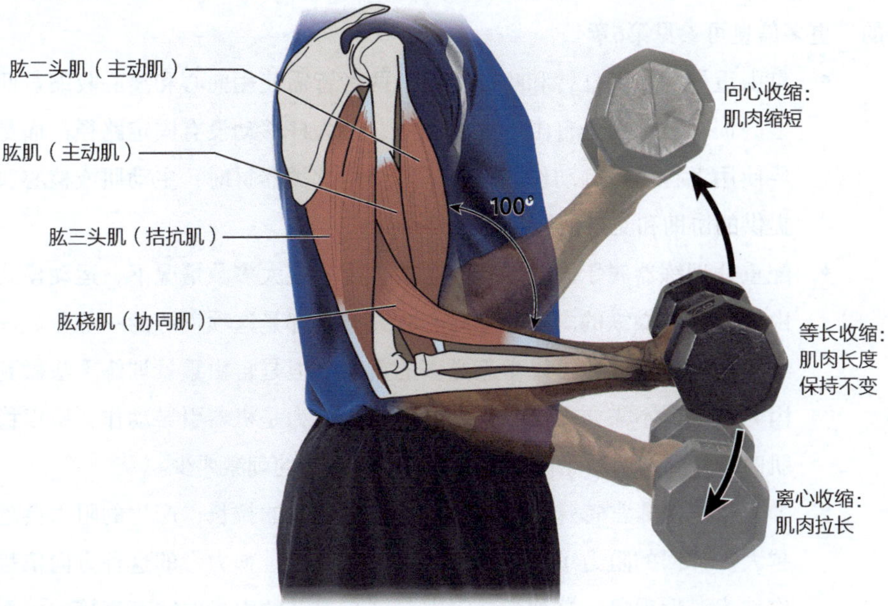

图1.12 向心、离心和等长收缩，箭头指向运动方向

源自：R. McAtee, 2014, Facilitated stretching, 4th ed. (Champaign, IL: Human Kinetics), 7.

如果肌肉收缩并产生力量作用于重物，但因为负荷太大没有发生关节移动（即肌肉产生的力量等于阻力），那么这种收缩方式称为等长收缩或静力性收缩。当平衡地握住重物，或重物过重不能再向上举起时，肌肉进行的就是等长收缩。一些肌肉，比如维持脊柱姿势的肌肉，主要进行的便是等长收缩，以确保举重时上半身的稳定。

肌肉产生的最大力量会由于肌肉的活动度以及肌肉和关节的结构不同而发生改变。这种关系可以由肌肉的强度曲线来表现。运动中的“关键节点”（即外界阻力太强而使肌肉运动停止的点）常常与强度曲线的低点有关。

上升曲线的特点是能够在肌肉活动度内产生更多的力量。这是运动训练中最常见的曲线。卧推、深蹲、肩部推举和蹬腿练习等训练都属于这种曲线。这种曲线来描述弹力带阻力也最为合适。下降曲线虽然不常见但仍可见于一些特殊角度的运动，例如屈腿练习，最大力量出现在活动度的初始阶段。正态曲线代表的是那些在活动范围内，最大力量出现在中部某点的训练方式。肱二头肌弯举就是符合这个曲线的典型训练。

简单来讲一下不同类型的抗阻训练是如何应用这些肌肉收缩方式和强度曲线的。更多信息可参见第6章。

- 自由重量练习如杠铃和哑铃练习，两者皆需使用向心和离心收缩。此类型的训练被认为是自由形式的训练，因为杆移动没有固定路径，而是需要使用者自己控制动作。因此，当使用此类器材时，主动肌或核心肌肉提供的协助和支持是很重要的。
- 配重片训练器属于固定形式的运动，因为在大多数情况下，运动模式是由机器自身操纵的。向心和离心收缩方式都是这项训练的一部分。一个人使用训练器时，可以举起更多的重块，但是自由重量训练无法做到，因为训练器不需要平衡和稳定。但是，因为是机器引导动作，所以稳定肌肉群受到的刺激比在自由重量训练中得到的刺激要少。
- 弹力带抗阻非常特殊，因为随着弹力带长度的拉长，产生的阻力会越来越大。弹回的阻力可以以不同路径回到原位。弹力带的这种方向依赖动作称为滞后现象。这种弹性阻力直接与上升的力量曲线有直接的关系，因为人可以连续不断地使力，甚至超出活动度。如果弹力带放置不当，那么在10度到30度角的活动度内基本没有阻力产生。
- 等速运动就是关节的运动速度保持不变。这种肌肉运动既可以是向心缩短，也可以是离心收缩，通常用电子设备来控制速度。负荷是由人体产生的力量多少所决定的。虽然没有使用特定阻力，但是参与的肌肉所产生的力量仍然是可测定的。等速运动常常用于研究测试目的和康复训练。
- 气动阻力器械由Keiser公司研发，减少对重力和对重块冲量的依赖，因此个体能够以任何速度进行向心和离心抗阻训练。这种抗阻训练同时能够训练力量的产生和运动的速度，从而帮助运动员发展竞赛项目中特定动作（如上身动作和膝关节伸展）所需的爆发力。
- 液压阻力器械只能进行向心收缩练习方式。这种器械设备包含一个可在液压缸中自由进出的活塞，运动员可在锻炼时进行推拉之类的练习。这种类型的抗阻练习不存在离心负荷，因此在女性健身俱乐部中广受欢迎。这种类型的抗阻训练由于缺少离心负荷而显得效率较低：与常规的向心、离心收缩模式练习相比，至少需要两倍的重量次数才能够达到相似的训练效果。

长度-张力（力量）曲线

长度-张力（力量）曲线表明肌纤维产生最大力量存在最佳长度（图1.13）。产生力量的张力取决于肌球蛋白横桥与肌动蛋白附着位点的相互作用。处于最佳长度时，可能会有最大横桥相互作用，从而产生最大力量。少于最佳长度时，肌动蛋白丝发生重叠导致肌纤维缩短，因此肌纤维激活时产生的张力较少。结果，肌动蛋白纤维干涉了其他纤维与肌球蛋白横桥相互作用的能力。横桥与肌动蛋白附着位点相互作用的减少导致了力量和爆发力的降低。

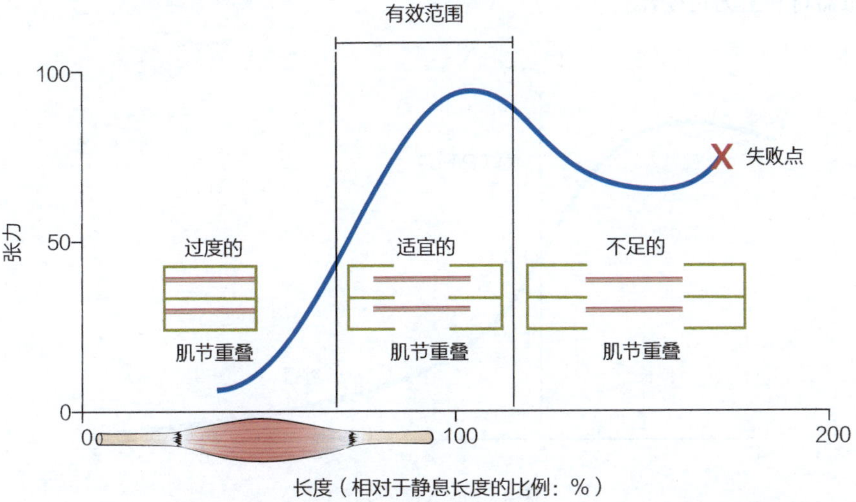

图1.13 肌节长度与肌张力的产生能力之间的关系。当全部横桥都能发挥作用时，肌动蛋白纤维没有重叠，就能产生最大的力量

随着过度增加长度，肌动蛋白与肌球蛋白微丝的重叠部分越来越少，附着在肌动蛋白活性位点上的横桥随着就会越来越少，这也意味着靠近肌球蛋白微丝中心的横桥没有附着位点可结合。所以，如果肌节的长度大于最佳长度，其产生的力量和爆发力就比较弱。

长度-张力曲线表明肌肉产生力量的能力可以通过特定运动改变。另外，这个曲线表明在收缩开始之前，一些肌肉的预拉伸会增大肌肉产生的力量。但是，过度拉伸肌肉，实际上会减少肌肉产生的力量。在等长作用过程中这个点尤其重要：肌肉长度必须符合长度-张力曲线中的最佳点，才可以产生最大的力量。

力量-速度曲线

运动速度增加，肌肉产生的力量向心（缩短时）下降（图1.14），通常认为这是非常正确的。如果要求一名运动员做负荷最大负荷的仰卧推举（1RM），运动员会推举得非常慢，但是如果只要求运动员做一般负荷的仰卧推举，那么推举的速度就会非常快。没有阻力（重物）被移动或举起时，就产生了肌肉的最大收缩速度，这个是根据横桥在肌动蛋白上的最大附着率和最大分离率而定的。当检测不同形式的重力训练时，如等速训练这类肌肉运动的速度是可控的，但是对于阻力不可控的练习，力量-速度曲线显得尤为重要（其他例子见第6章，包括自由重量器材和阻力可变器材）。

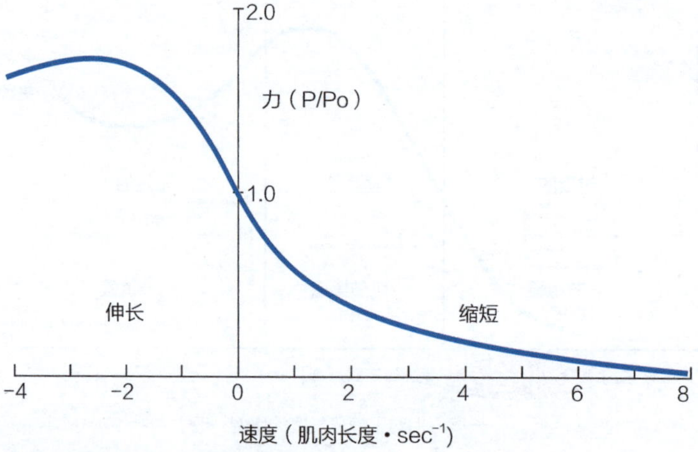

图1.14 力量-速度曲线。向心收缩速度越快，肌肉产生的力量越少。离心收缩方式则相反：作用速度越快，肌肉产生的力量越多

在离心（伸长）收缩中，实际上运动速度越快，肌肉产生的力量越多。这种增加可能归因于肌肉的弹性组成，虽然关于这种反应的解释尚不清晰。有趣的是，即使是低速离心收缩的力量，也比最大向心收缩的力量或最大等速收缩的力量要大。当进行最大速度的离心作用时，产生如此大的力量可能会对未受训练的人造成肌肉损伤。但是，经过证实，经常离心收缩的肌肉，可以通过加强部分结缔组织进行适应，在随后的训练中，肌肉损伤就会逐渐减少。最大负荷练习用于抗阻训练的比例中，离心作用的力量并不是最大的。因此，每次练习中的离心收

缩部分可能并不一定是获得力量增长的最佳方式。目前，已经存在一些允许在离心阶段施加更大负荷的新的训练方法和器材（这将在第3章讨论）。

小结

了解肌肉的基础结构，能够帮助我们更好地理解抗阻训练项目中受到影响的主要部位。这些肌肉结构始于最小的组织，最终构建成一个人体运动系统。渐进式抗阻训练能够增强肌肉系统，使肌肉变得更强壮、有力，调节身体成分，这不仅仅在运动中很重要，而且对抗衰老也有重要作用。肌肉健康在一定程度上也是健康的一部分，只有正确的负重训练才能使肌肉变得更加健康有型。

2

肌肉的生长机制

威廉·J.克雷默

肌肉的生长很复杂，甚至还有一些机制人类至今尚未完全了解。此外，其中涉及的许多原理都取决于肌肉恢复和重塑的需求，这是一个整合的过程。单单是了解多个信号网和遗传学基础就是一项极具挑战的任务。因此，即使我们对于抗阻训练——包括肌肉生长原理的研究每年都有进展，但是仍需努力。肌肉生长本质上是对外部肌肉运作刺激的适应，激活运动单元，引发某种程度的损伤。当讨论肌肥大的时候，我们认为那是肌肉对训练的反应，更准确地说，是对力量或抗阻训练的适应。图2.1提供了肌肉生长过程的总体概述。

随着运动单元的募集，肌纤维受到刺激产生力量。肌肉持续受到这种训练方式的刺激，就会不断适应并且变得更大，以便减少整块肌肉横断面的压力。实质上，肌肉通过强化，能在每一处横断面上产生更多的力量。这个适应过程会一直持续，直到肌纤维达到最大生长潜力，或训练安排不当产生过度训练症状。

抗阻训练除了能够增加肌肉围度，还能够增强肌肉力量并且提高运动员成绩。对于运动员来说，训练肌肉系统可以打造强壮的肌肉和结缔组织，从而预防肌肉损伤。肌肉受过良好训练的运动员能够更快地从一场比赛中恢复。

抗阻训练能够帮助人们保持身体健康并抵挡自然老化的进程，比如肌肉的大量耗失（肌肉萎缩）和骨质的大量流失（骨质疏松症），甚至是伴随而来的功能丧失等问题。35岁以后，不活跃的人每年会耗失0.5%到1%的肌肉质量。通过抗阻训练，保持肌肉质量或减少肌肉流失，有利于保持肌肉功能。

作者感谢巴里·A.施皮林对本章做出的杰出贡献。

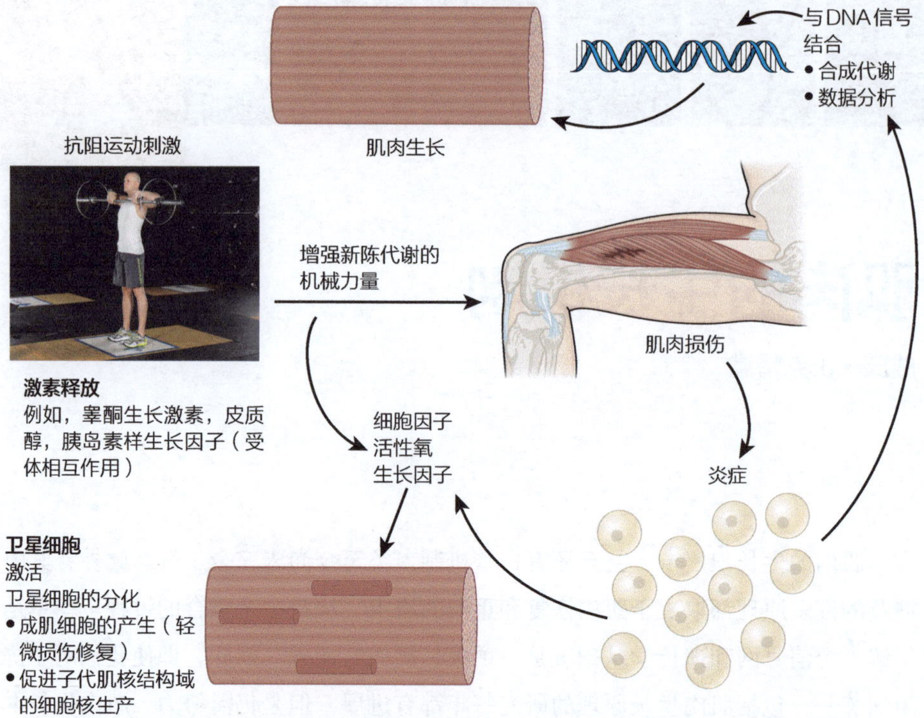

图2.1 在抗阻训练刺激下，骨骼肌生长的大致情况如下：肌肉组织的生长是由负荷的生理需要通过众多综合反应和刺激产生的，这样的生理需要会导致肌肉组织受损，同时导致炎症的发生以及随后的细胞激素和免疫细胞内的其他化学信号释放。各种内分泌腺的产物作为生长和激素刺激的信号，产生可修复损伤的成肌细胞或子细胞核，以合成更多的蛋白和肌纤维增长。总的来说，许多因素都会刺激肌肉的生长过程

在绝大多数情况下，人们（特别是女性）不参与递增负荷的抗阻训练，只因为他们害怕这样的训练会使他们的体形变得太大。这种毫无根据的恐惧使他们无法从力量训练项目中得到所有的益处。女性的肌纤维比男性的更少，尤其是上肢，还有女性体内的合成代谢激素和睾酮素都比男性的要少得多。每个人的体形不同，有些人（中胚型体形的男性和女性）天生就具有发展肌肉围度的能力，因为他们拥有更多数量的肌纤维。但是，男性和女性都很少发展成过度肥大的体形，除非他们使用合成代谢药物。

优秀的女运动员已经向人们证明，高度的训练和高度发达的肌肉并不会使他们缺少女性气质。通过精心设计的抗阻训练项目，女性通常会呈现肌肉增大以及身体脂肪的相应减少，拥有更紧致的肌肉，改善体形。对于男性而言，肌肉的增

大取决于正确的训练和适当的营养摄入，但肌肉围度的上限与遗传以及肌纤维数量的多少相关。

很多人寻求改善他们的肌肉，因为肌肉围度与力量强弱密不可分。坚持递增负荷的抗阻训练，能够刺激肌肉，通过增加蛋白质数量来增大肌肉。从结构上来说，这种适应导致了收缩性蛋白和非收缩性蛋白的增加（第1章），因此在肌肉被激活期间，有更多的肌动蛋白和肌球蛋白上的横桥结合。随后，这种结合能让肌肉产生更多的力以及力量会明显增长。为了更全面地了解力量训练，我们必须理解运动刺激是如何影响肌肉生长的基本原理的，也就是说，肌肉是如何增大的。

本章中，我们将讨论肌肉是如何在自然环境中生长的。关于使用了合成代谢药物的健美运动员或个体中所见的超大肌肉现象，不属于本章的讨论范畴。

肌肉生长

必须通过增加肌肉的围度大小才能使肌肉增大。长期以来，人们提出了两种基本的说法——肌肥大和增生，用于解释整块肌肉尺寸的增加会如何对肌肉产生影响。肌肥大，指的是单个肌纤维大小的增长；而增生，指的是肌纤维数量的增多。

过去40年的研究表明，占主导的是肌肥大。增生可能存在于人体中，但要作为整块肌肉增大的主要说法仍具争议（MacDougall et al., 1984；Alway et al., 1989；McCall et al., 1996）。如果有发生肌肉增生，它对肌肉生长的贡献非常少（低于5%），合成代谢药物反而会起一定的作用。肌肉增生的存在也可能对神经发育理论有所贡献：由于运动压力造成损伤，部分无任何神经连接的肌纤维从主肌纤维中脱离，附着在另一个运动神经元的神经芽上，并承担该运动单位的角色，从而增加该类型运动单位的肌纤维数量。但是，我们集中讨论的是通过肌纤维的增大产生的骨骼肌肥大，因为这个反应已在研究中得到了明确的证明。

两个原则组成肌肉生长的基础。第一，肌肉必须受到刺激才能增大。但是，那个刺激必须在自然状态下被合成代谢。这个合成代谢刺激可能与抗阻训练中的负重次数及相关的神经激活有关（Campos et al., 2002；Schuenke et al., 2013）。在运动单位的募集过程中，较重的阻力能够产生更强的神经刺激电压。要激活高阈值的运动单位就需要高电压的神经刺激。高电压同样适用于低阈值的运动单位，因为运动单位的募集是逐步从低阈值到高阈值运动单位的。罗伯特·斯科恩博士的研究团队通过在大腿肌肉处做活体检查，证实了这个观点（Campos et al., 2002；Schuenke et al., 2013）。这些研究表明，当我们只是举起很轻的重物（20到28RM）时，不会有Ⅰ型肌纤维的增长。但是，当我们举起较重的重物（9到11RM或3到5RM）时，可观察到全部肌纤维类型在横断面的增加。就此而言，能够为肌肉生长产生最多刺激需要一个精心设计的足够运动量和高强度的抗阻训练方案。

第二，增大肌肉需要能量和新蛋白生长的原材料，两者均来自合理设计和均衡的饮食结构所提供的足够热量和所需营养物质（更多细节详见第4章）。营养的摄入对肌肉的最佳发展至关重要。人体需要碳水化合物、蛋白质和脂肪以修复和重建肌肉。因此，每天的饮食模式（包括健身锻炼后营养物质的摄入时间）、适当的睡眠以及健康的生活方式，都对肌肉的修复以及肌肉生长有着重要影响。

如果这些原则中的任意一个被忽略，那么肌肉就无法简单地调整优化成所需的增大肌肉。图2.2表明肌肉生长的基本模型，并阐述肌肉生长的基础，包括适当的抗阻训练刺激以及良好的营养摄入。

骨骼肌生长的程度

正如第1章所提到的，人体肌肉通常划分为Ⅰ型和Ⅱ型。Ⅱ型纤维可进一步划分为ⅡA型和ⅡX型。但是，有许多混合纤维存在于这些纤维类型的各种划分中。比如，存在Ⅰ型和ⅡA型肌纤维，也存在ⅡA型和ⅡX型肌纤维等。因此，应认为肌纤维存在一个连续区，而不是划分在限定的分类中。这个连续区的范围从ⅡX型到ⅡA型，代表了完全训练过的肌纤维类型内容。另外，就ⅠC型到Ⅰ型而言，Ⅰ型完全受肌纤维类型内容训练。通过训练，你可以看到酶的运动以及以Ⅰ型或ⅡA型结束的能力。Ⅱ型肌纤维在募集肌肉时属于高阈值，一旦被募集可以产生更大的力量。然而，Ⅰ型肌纤维用于重复募集，在较低电位就能够被募集。为了简便起见，我们只讨论主要的肌纤维类型。

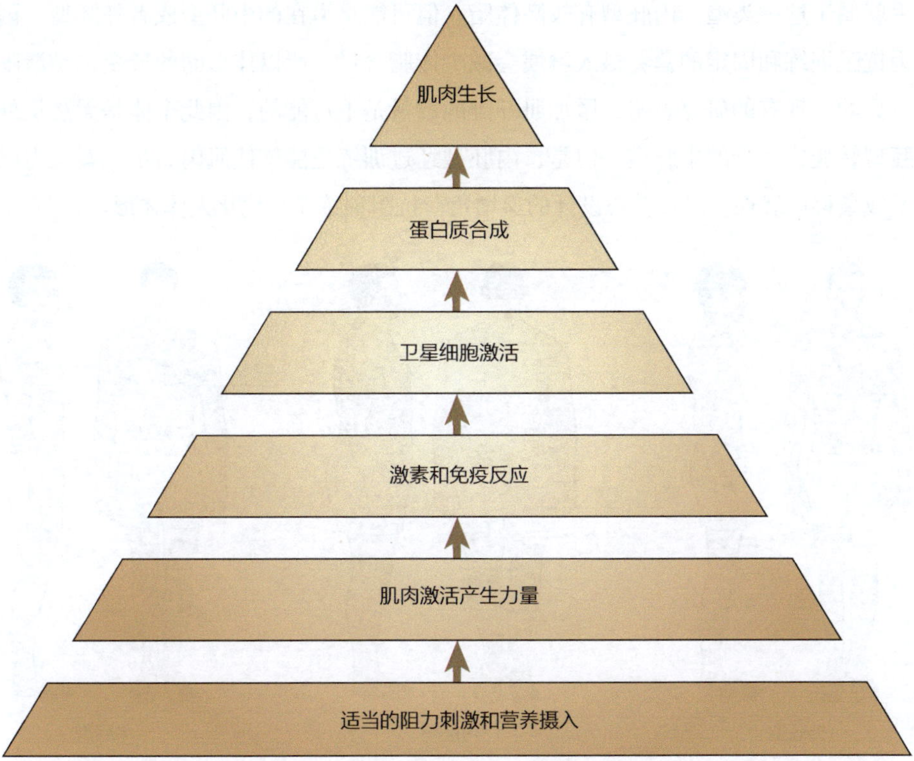

图2.2 肌肉生长模型。肌肉生长来源于包括适当的抗阻训练刺激以及充足的营养摄入在内的坚实基础

如前所述，肌纤维数量决定了整块肌肉的绝对生长能力。肌纤维类型影响生长速度以及其他生理功能，如蛋白质合成率（Kraemer et al., 2016）。由于收缩蛋白合成的缘故，Ⅱ型肌纤维的合成速度要比Ⅰ型肌纤维快，所以Ⅰ型肌纤维的生长速度比Ⅱ型肌纤维要慢一些。在递增负荷抗阻训练中，肌纤维数量越多，肌肉绝对生长潜力就越大（Fleck & Kraemer, 2014）。通过阻力负荷训练的肌肉募集，单个肌纤维生长，最终也会影响到整块肌肉的生长。因此，在抗阻训练中刺激尽可能多的肌纤维是很重要的，同时，这又一次证明了负荷和强度的重要性。

考虑到个体的肌肉含量。身体体形共有三种分类：外胚型（瘦型体质）、内胚型（胖型体质）和中胚型（运动员型体质）。但是，大多数人都是两种体形的混合体（比如，中胚型-内胚型或内胚型-外胚型），体形的划分适用于男性和女性（图2.3）。外胚型的人以较少肌纤维和较低脂肪含量为典型，许多优秀的耐力型运动员就属于外胚型。中胚型以较多肌纤维和较低体脂为典型，许多力量型选手就属于这一类型。内胚型有较高体脂，但可能是潜在的中胚型或者外胚型。因为抗阻训练和固定的营养摄入习惯会减少体脂含量，所以体形间的转变也是清晰可见的。现有的研究表明，增加肌纤维的数量是不可能的，因此个体是无法从外胚型转变成完全的中胚型。但是，内胚型经过训练也能够使肌肉力量、爆发力以及线条得以展现。经过精心设计的递增负荷抗阻训练能够优化人体体形。

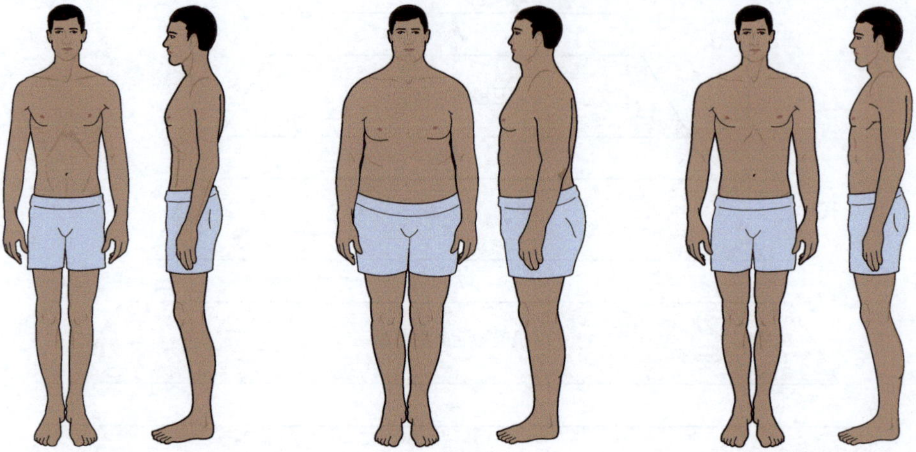

图2.3 三种基本体形：外胚型、内胚型和中胚型。体形与肌肉绝对生长潜力有关，受到每一种体形的肌纤维数量的制约

神经对肌肉生长的作用

神经的适应性帮助调节生长相关的过程。肌肉力量的早期增长主要是由于神经功能的改善，根本上是来自于抗阻训练中的离心收缩部分（再次证实向心-离心重复训练的重要性）。力量的增长反过来会提高训练对肌肉的刺激程度，进而增强对肌肉体积增大的合成代谢刺激。

在力量训练项目开始的前几个星期，力量会快速增加。但是，整块肌肉和肌纤维大小在刚开始的阶段并没有多少改变。在肌纤维的生长过程中，我们可观察到质量的改变（如增加构建肌纤维密度）以及蛋白质类型的改变（如球蛋白类型X变成类型A）。总的来说，阻力训练刺激Ⅱ型纤维的转变：肌纤维从ⅡX型转变为ⅡA型。这是肌肉适应性中新陈代谢纤维变得更活跃的一部分（Staron et al., 1994）。但是，在正常的训练情况下肌纤维能否从Ⅱ型转变为Ⅰ型，或从Ⅰ型转变为Ⅱ型仍存在疑问。因此，在肌球蛋白重链向IIA型纤维转变的过程肌肉蛋白的质量会发生变化。酶也发生改变以帮助调节生长相关的新陈代谢。在训练初期会发生许多这样的变化。因此，伴随着这些神经的改变，肌肉中不同蛋白的新陈代谢也在训练早期阶段发生改变。

肌肉生长的刺激

如前所述，活跃的运动单位的数量决定了有多少肌纤维受到刺激从而产生适应。因此，训练会影响肌肉生长的刺激。精心设计的抗阻训练项目要许多重要部分的共同协作。例如，你必须考虑到肌肉的收缩方式（等长、向心和离心收缩）、训练强度、训练量、每组动作之间的休息时间以及训练周期（Fleck & Kraemer，2014）。不同类型肌肉的具体训练将在第3章详细阐述。

20世纪90年代早期，加里·达德利博士在美国国家航空航天局（NASA）的实验室中的研究表明，向心和离心的肌肉收缩方式对肌肉增大和肌肉力量的增强都很重要（Dudley et al., 1991; Hather et al., 1991）。这些研究表明，相比于向心、离心收缩均参与的抗阻训练，如果只有向心收缩参与，那么需要两倍的训练量才能获得相似的训练效果。显然，离心收缩在抗阻训练项目中的重要性不言而喻。

虽然不同类型的抗阻训练项目被证实会引起肌肥大，但是一定范围内的运动强度和运动量显然是能起到优化肌肉作用的目的。训练计划中，小于等于10RM的负荷通常用于较重的锻炼项目，目的在于增大肌肉围度及增强肌肉力量。运动强度代表在举起重物时所用的负荷或者重量，运动量是动作组数乘以每组动作的重复次数。优化肌肉力量和大小需要高强度的训练，周期性计划项目包括不同强度和运动量的循环（经典的或非线性的），这对优化训练效果来说至关重要（Peterson et al., 2004; Fleck & Kraemer, 2014）。此变化的需要与大小原则有关。肌肉负荷的改变使一些肌肉在训练过程中得以休息和恢复。例如，如果你在部分指定的日子里做轻负荷练习，那么运动单位和有关的肌纤维便不直接参与，就可以从之前的锻炼中得以恢复。

每次训练之间的间歇时间同样影响肌肉对抗阻训练的反应。与使用重负荷和较长间歇时间（3分钟的训练相比）（Kraemer et al., 1990, 1991），较短间歇时间（1到2分钟）可用于调整高强度和大运动量的训练，从而引发对合成代谢激素更精确的反应。较短间歇时间（低于1分钟）与更强的代谢性应激相联系（如血液中高水平的乳酸）。代谢应激是激素释放产生的刺激，而且这里的一些激素实际上是自然形成的。一周内进行过多的短间歇时间的训练，会导致主要分解代谢激素的释放。因此，通过变化间歇时间长短而改变锻炼方式，对周期性训练而言是很重要的。激素的反应很重要，因为自然形成的合成代谢激素会刺激肌肉蛋白合成，而且为传递信号而增加肌肉围度的其他代谢方面做出贡献。但是，增加血液中合成代谢激素的浓度并不是肌肉肥大的唯一要求，因为重负荷只是利用现有的代谢激素环境刺激了神经层面。

另外，在恢复期可以考虑进行短时间歇的锻炼。如果无法拥有充足的休息时间，分解代谢激素，质醇会显著增加并会影响合成代谢信号，尤其是日复一日静息皮质醇值稳步增长，最终导致过度训练的情况（Szivak et al., 2013）。此外，皮质醇会阻断肌肉中的合成代谢信号，并干涉核受体（如肌肉细胞核中的DNA）上的睾酮在肌肉细胞核中的合成（Spiering et al., 2008a）。因此，训练量的控制和充分的休息时间是合理训练并使之适应的关键（Spiering et al., 2008b）。

无论你是拥有私人教练，还是自己设计抗阻训练计划，只要想促使肌肉生长，你都要将这三件事熟记于心：肌肉收缩方式、运动强度和运动量、间歇时间长短。更多关于抗阻训练设计方案的重要概念将在第3章阐述。

肌肉新陈代谢支持动作提升及组织生长

为了更好地理解营养物质对肌肉生长的重要性，介绍肌肉新陈代谢的原则是很有必要的。营养摄入能够提供身体中能量转换所需的化合物。三磷酸腺苷（ATP）是肌肉收缩的最终能量来源。但是，只有少量的ATP能够储存在肌肉中（只够维持大概两秒的剧烈肌肉活动）。因此，肌肉必须代谢各种营养物质——碳水化合物、蛋白质以及我们所消耗的脂肪，以便源源不断地生成ATP。

肌肉代谢途径作用于连续范围内，既有产能较少但反应非常迅速的ATP-CP系统，又有产能较大但相对反应较慢的有氧供能方式（Kraemer et al., 2016）。开始运动时，激活的第一条途径就是ATP——磷酸肌酸（CP）途径（图2.4）。ATP降解后，磷酸根从CP中脱离并转化成二磷酸腺苷以重新合成ATP。虽然这条途径可以快速产生能量，但是只能为大约6秒的运动提供足够的ATP，如36.6米（40码）的冲刺。

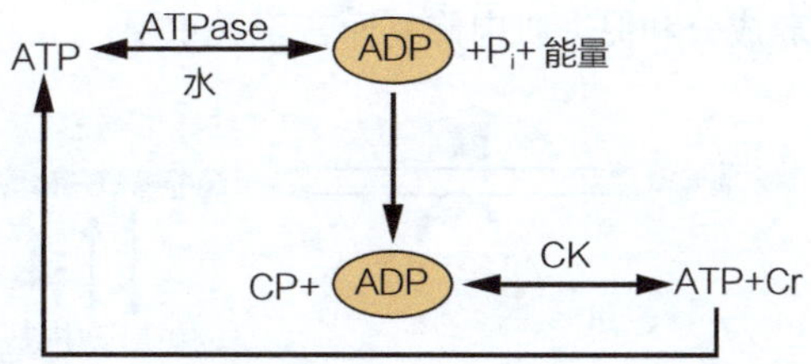

图2.4 ATP分子转化成ADP过程中，磷酸盐的分解会产生能量

源 自：J. Friel, 2013, Triathlon science (Champaign, IL; Human Kinetics), 6.

如果运动持续时间超过6秒，越来越多的能源来自于无氧酵解（图2.5）。“无氧”指的是无须氧气参与这个反应也能进行。糖酵解指的是分解（代谢）葡萄糖。无氧酵解能够迅速产生能量，但是，因为氧气没有参与，所以肌肉无法完全代谢快速合成的乳酸。因此，积聚在肌肉内的氢离子能够抵消（中和）负离子的影响。但是，重复暴露在比正常压力碳酸氢盐和磷酸盐缓冲系统较高氢离子水平中，会导致运动训练中缓冲功能增强（Kraemer et al., 2016）。拥有短间歇时间的锻炼能够产生高浓度的乳酸和氢离子，同时可以降低血液中pH值和ATP可用性。乳酸不会导致肌肉疲劳或疼痛，相反，乳酸的产量增加与从这些训练中产生的pH值和氢离子产量的巨大变化有相似之处（Robergs et al., 2004）。事实上，从乳酸中分泌出来的乳酸盐也可当作能量的来源。

强度相对较低和持续时间较长的运动主要依靠氧化代谢。氧化代谢（如三羧酸循环，有氧供能系统）是三种代谢途径中最慢的一种，发生在肌线粒体中，能够产生比无氧代谢途径多得多的ATP（图2.6）。一个人100米冲刺所需的能量是无法单独使用氧化代谢提供的，因为所使用的能量循环取决于运动的需要。较短持续时间的运动，例如抗阻训练中的5次1组的动作，需要更多的ATP和磷酸肌酸。持续时间越长，糖酵解出现帮助分解，随着运动时间持续增长，越来越多的氧化代谢起作用。任何运动，根据每块肌肉运动时所需能量系统的不同所分配比重也不同。氧化代谢的营养物质可以是葡萄糖、脂肪或蛋白质，但是，运动过程中，只有微乎其微的蛋白质（少于10%）被氧化分解。

代谢途径一直是积极活跃在整个持续过程中的，因此能够产生源源不断的ATP。不过，运动强度和持续时间决定哪条途径能够为肌肉收缩提供最多的ATP。例如，100米冲刺主要依靠ATP-CP和无氧代谢，而马拉松则主要依靠三羧酸循环和有氧供能系统。

运动过程中肌肉消耗葡萄糖、脂肪和蛋白质以提供能量，但是锻炼会使肌肉结构受损。因此，一组训练结束后，补充足够的营养物质，对填补肌肉所需的营养成分和促进肌肉修复而言至关重要。

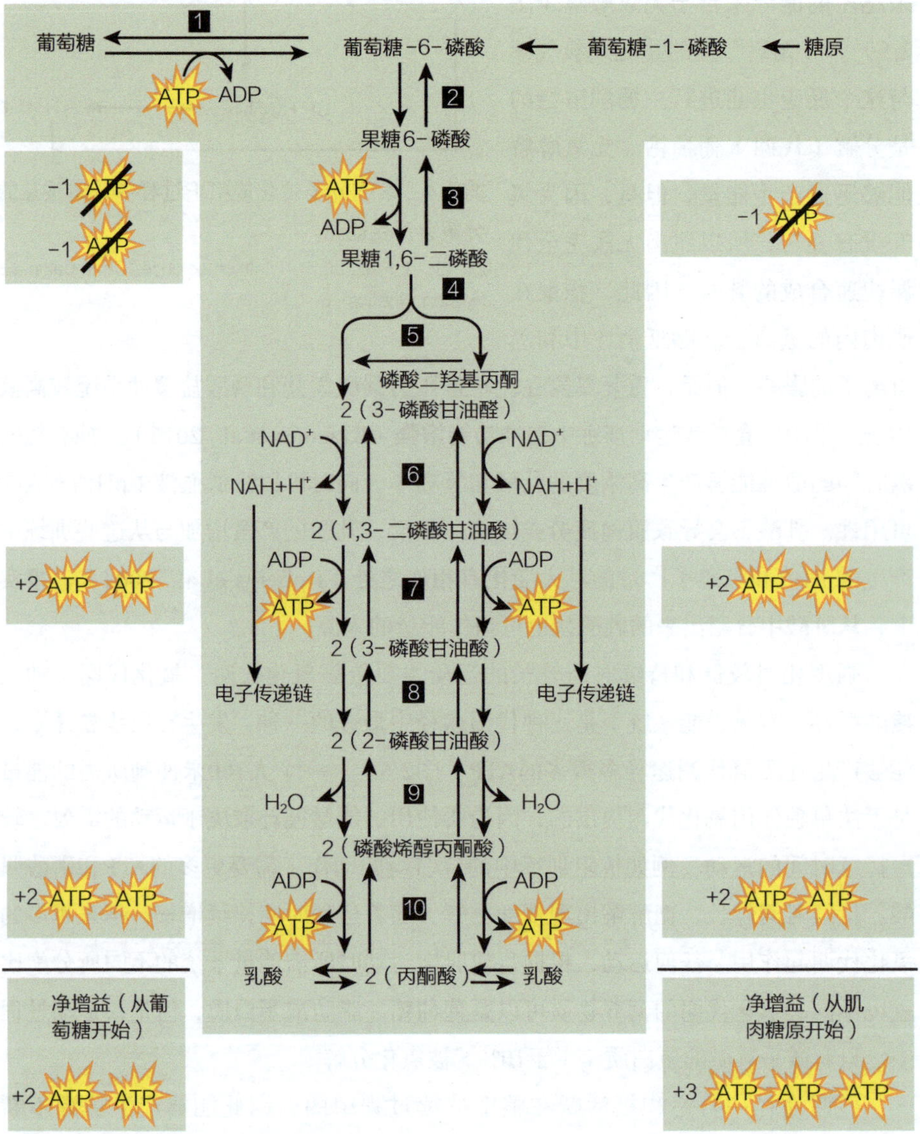

图2.5 当运动时间大于数秒且运动量过大时，有氧能量系统没时间产生足够的ATP以供运动需求，此时糖酵解会提供有限的ATP能量

适当的水合作用对肌肉的恢复至关重要。也许对持续性的运动而言，最重要的燃料是肌糖原。当肌糖原含量很低时，运动强度就会急剧降低，最终运动停止。幸运的是，虽然在进行抗阻训练时会消耗一些肌糖原，但是相较持续时间长

的耐力训练而言，抗阻训练所消耗的肌糖原已经很少了。此外，运动过后，肌肉必须合成蛋白质以修复受损肌肉，以及生成新的酶，因此，摄入足够的蛋白质、所需的碳水化合物以及热量是很有必要的。对于女性而言，热量摄入尤其重要，因为运动所消耗的热量会影响到月经周期（Reed et al., 2011）。

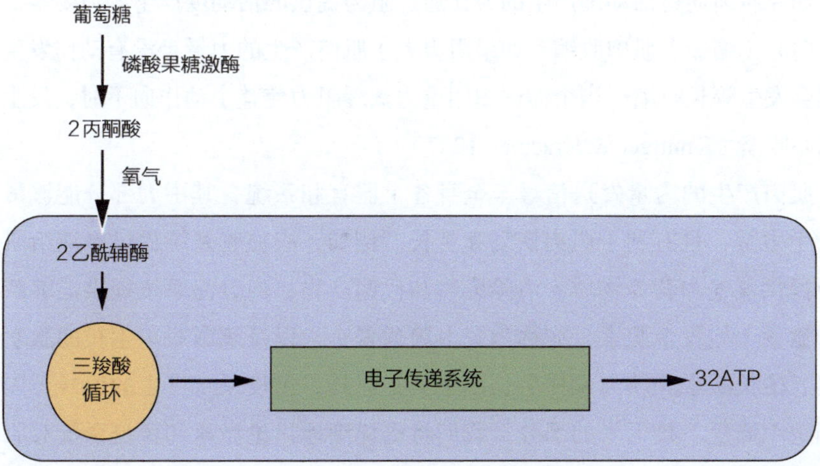

图2.6 三羧酸循环亦称为有氧供能系统，通过在细胞线粒体的电子传递系统提供更多ATP能量

激活肌肉由运动应激在生理上提供支持，并适应运动应激

增大肌肉围度所需要进行的第一步是激活运动单位。如果一块特定肌肉没有受到刺激产生力量，那么显然运动单位不会对刺激做出反应并进行适应。为了激活肌纤维，个体必须进行足够强度的训练。这样的刺激决定发挥作用的生理系统以及对刺激反应的程度。如果仅仅刺激一小块肌组织，运动单位可能只得到高于静息代谢层面上的生理性支持。但是，如果运动应激显著，不同生理系统则必须增加高于静息稳态水平多倍的相应刺激，从而达到运动的需要。

正如第1章所述，运动单位的激活遵循大小原则。通过比较长时间的低强度耐力训练和短时间高强度的力量训练，人们就能够看到大小原则和规律在肌肉中的体现。与耐力训练相比，抗阻训练能为肌纤维生长提供更多的刺激，因为阻力训练提供了募集Ⅱ型（快收缩）肌纤维所需的高强度刺激，Ⅱ型肌纤维比Ⅰ型肌纤维更能够促使肌肉增大。也就是说，为了刺激肌肉生长，相关的运动单位需要被激活，而为了激活运动单位，必须使用相对重的负荷。再者，与控制低负荷练习的低阶电神经相比，高阶神经控制着大负荷的肌肉去极化，能够更大程度地刺激受体和细胞膜活力。运动单位的激活以及相关的肌纤维支配肌肉运动的力量和生理性需要。

一旦被激活，肌纤维就会收缩并产生力量，最终引起人体运动。在弯举运动中，如果肌肉通过活动度产生的力比通过阻力提供的活动度产生的力要多，则会发生向心（缩短）肌肉收缩。如果阻力大于肌肉产生的力量且没有动作发生，此时就会发生等长收缩。当个体试图用重力减缓阻力使整个动作向下时，发生的就是离心收缩（Knuttgen & Kraemer, 1987）。

肌肉产生的力量发送信号至全身各个器官和系统，其中大部分能够帮助肌肉产生力量，且有利于肌肉恢复和生长。例如，心血管系统提供血液给肌肉，以便提供氧气和营养物质，清除废物和代谢产物；内分泌系统提供能够产生力量的激素（如肾上腺素，亦称为肾上腺激素），以及刺激肌肉生长的激素（如睾酮、生长激素和胰岛素样生长因子）；此外，免疫系统产生的信号可以帮助协调组织修复。接下来的部分，我们将更详细地讨论激素和免疫系统对肌肉激活和抗阻训练的反应，而且我们会确认这些有反应的卫星细胞是如何影响肌肉生长的。

肌肉收缩的激素反应

如前所述，在肌肉产生力量前和产生力量后，内分泌系统会释放激素。激素只是信号，当它们与适合的受体结合时，信息会被识别，传递信号到靶细胞。激素如肾上腺素，能够帮助肌肉产生力量。体内其他激素——比如睾酮，不同类型的生长激素（GH），胰岛素样生长因子（IGF），通过传递信号刺激肌肉蛋白合成，从而产生蛋白，重组蛋白，以及按照细胞核内的肌肉遗传机制生长（即肌细胞核，如图2.7所示）。进行抗阻训练大概1小时以后，便会自然地（即不使用药物）增加血液中合成代谢（塑造肌肉细胞）激素浓度。这能够帮助发送信号至全身以重建和修复人体组织，包括肌肉。

睾酮主要产生于男性的睾丸和女性的肾上腺腺体，对人体生理有着非同一般的影响，包括影响组织的生长（Vingren et al., 2010）。为了达到肌肉的训练效果，睾酮穿过肌肉细胞膜，与肌肉细胞内多个睾酮特异性受体中的一个进行结合（称为激素受体）。一旦结合成功，睾酮会发送信号至细胞核促进蛋白合成（即生成新蛋白）。重复训练多次会促使肌纤维增大，或造成神经肌肉接头上的运动神经元末端的神经细胞增加更多神经递质（Kraemer et al., 2016）。

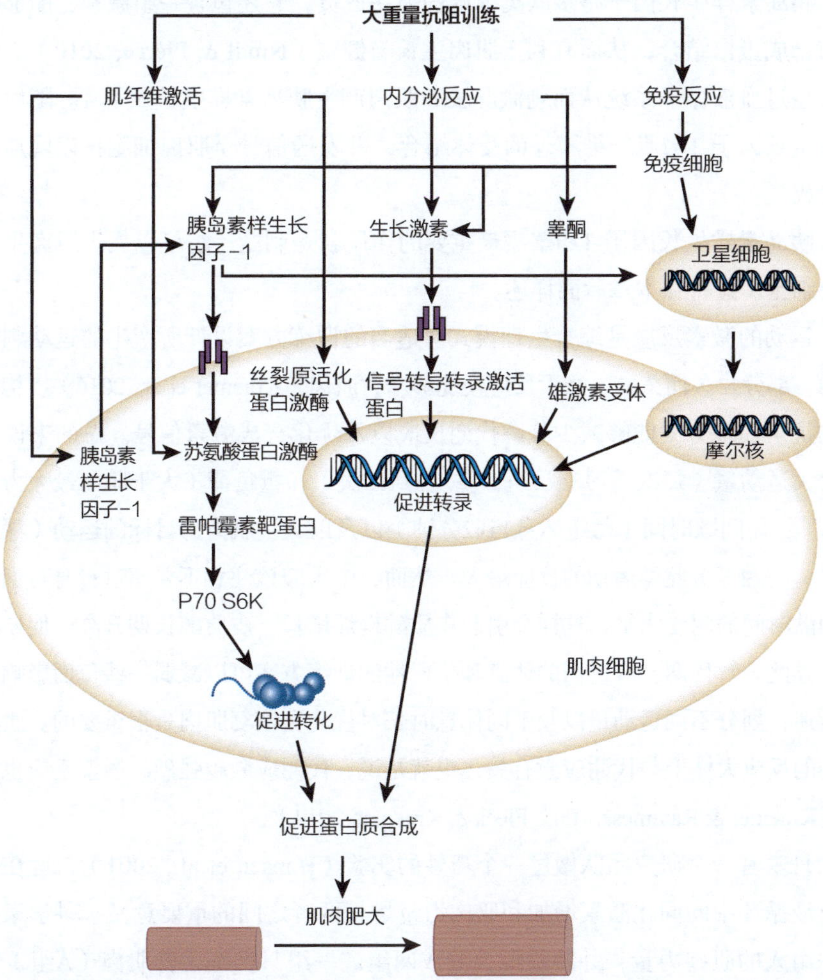

图2.7 肌纤维在细胞膜和不同细胞核内的遗传因素内有许多不同受体。不同激素和免疫细胞的信号可影响蛋白合成以及肌纤维生长

肌肉力量的产生同样会促进脑垂体（脑部的一个小腺体）释放不同类型的生长激素。生长激素是不同类型和形式的原发性激素里主要的激素。原发性生长激素是191氨基酸激素，在脑垂体有更短的氨基酸变异，聚集生长激素以及将蛋白质与所有已知或未知的生物功能相结合（Kraemer et al., 2010）。一旦生长激素从脑垂体中释放出来，就会与体内靶细胞膜上的不同受体结合，刺激细胞内信号传

导过程的遗传机制（第二信使分子和通路），也就是刺激细胞核内的遗传机制。生长激素可直接作用于骨骼肌。

胰岛素样生长因子是多肽类家族的另一成员，它还包含一组激素，能够使蛋白与合成蛋白结合，从而有利于肌肉生长与健康（Nindl & Pierce, 2010）。生长激素经过血液循环系统从而刺激肝脏和肌肉产生胰岛素样生长因子-1。随后胰岛素样生长因子-1与肌纤维膜外的受体结合，并发送信号至肌肉细胞核以增加蛋白的合成。

胰岛素样生长因子-1和睾酮最重要的作用就是刺激一组可以促进肌肉生长的卫星细胞。这将在本章后面详述。

运动的激素反应是综合生理模式对适当的训练方案设计所产生的运动刺激反应的一部分。久而久之，激素反应便能够增大肌肉（Kraemer et al., 2016）。构建合适的抗阻训练方案能够减少分解代谢反应以及优化合成激素信号。总的来说，激素对大运动量（每次练习3或4组，重复6到12次），重负荷（大于肌肉最大力量的80%），短间歇时间（每组休息1到2分钟）以及以大块肌肉为目标的运动（深蹲、硬拉、高翻等）此类运动的反应最大。然而，个人应该注意不要超过自身对训练量和间歇时间的耐受水平，这样会引起皮质醇慢性增长。皮质醇长期升高会促使机体产生异此分解代谢。有适当的休息和阶段性的训练方案可以减弱一些负面影响。如前所述，划分不同运动量以及不同休息时长对优化和恢复肌肉是很重要的。激素对运动的反应大体上与代谢应激有关，也就是说，代谢应激越强烈，激素反应也越强烈（Kraemer & Ratamess, 2005; Fleck & Kraemer, 2014）。

丹麦有一个研究团队做过一个巧妙的实验（Hansen et al., 2001），旨在研究在血液循环中的同化激素增加和肌肉力量增长两者之间的重要意义。科学家要测试一组人的肌肉力量，并将这群人分成两组。一组只训练手臂肌肉（A组），另一组则同时训练手臂和大腿（AL组）。虽然两组花费同样的时间训练手臂，但是，额外训练了大腿的AL组能够增加循环中合成代谢类激素——即睾酮和生长激素的浓度。（正如前面所提到的，如果大部分肌肉得到训练，血液中合成代谢类激素就会增加得较多。）实验结束时，科学家发现A组的肌肉力量只增加了9%，而AL组的肌肉力量增加了37%。这个实验随后被挪威研究团队证实（Rønnestad et al., 2011），表明生长激素和睾酮浓度的升高在训练中能够产生更多的力量。这些研究清楚地表明在抗阻训练中调用大块肌肉的重要性。如果这样做，合成代谢类激素和肌肉力量及大小都会大幅增加。

肌肥大的分解、破坏和损伤信号

在进行负荷较大的向心运动期间，也会同时也产生较大的离心作用（最大离心收缩是1RM向心收缩能力的120%，且随运动形式不同而不同），从而造成肌肉轻微受损。这种肌肉受损包含肌小节断裂和细胞膜破裂，最终导致运动过后肌肉出现炎症、肿胀并感到酸痛（如延迟性肌肉酸痛）。肌肉受损还为肌肉生长提供重要刺激，因而有必要增加肌肉围度。

过去，人们认为只有先分解肌肉才能使肌肉重建并变得更大、更强。后来有人质疑这个观点，但最近我们又回到最初的看法，认为肌肉受损或撕裂对生成肌肉的信号分子有重要意义。对延迟性肌肉酸痛的不同模型进行的调查研究发现，肌肉损伤会导致功能障碍（如肢体行动不便）以及过度疼痛，这些会不利于积极分子和激素信号的产生（Lewis et al., 2012; Kraemer et al., 2016）。因而，抗阻训练过后，个体身上可见一些肌肉撕裂以及特定程度的肌肉损伤，从而刺激积极信号以促进肌肉的修复和生长，这看似是一个循环的过程。然而，如果过度损伤或因不符合个体身体健康水平而造成的伤害（如未训练过的人做大运动量的大负荷离心收缩），是需要花费数天甚至数周去恢复和重建肌肉的。造成这一系列结果的原因是进行了未经过合理安排的抗阻训练项目。

过去数十年已经证实组织损伤能即刻引起快速炎症反应，因而免疫细胞（中性粒细胞，白血细胞最常见的类型）能够分泌细胞因子和其他生长因素来刺激肌肉生长和修复。此外，负责清理受损肌肉结构的其他免疫细胞（如巨噬细胞）被激活并移动到这些区域。如果中性粒细胞生成分泌的活性氧分子过多，会进一步造成肌肉组织损伤。然而，只要活性氧分子分泌适中就能够发送信号至肌肉内部刺激其他合成代谢修复机制发挥作用（Schoenfeld, 2012）。

免疫系统与肌肉修复和重建的过程密切相关。运动过后炎症发作的程度会经历一段由小变大的过程（Fragala et al., 2011）。为了更好地将这个过程概念化，让我们回到20世纪80年代，在那时只考虑炎症是良性还是恶性。如果此时炎症反应的程度适当，就会刺激并加速修复和重建过程。运动过后的一天常常会出现疼痛，但是如果疼痛十分剧烈，就说明个体做了过量、过急的运动，而且损伤和炎症反应过于严重以至于无法快速修复和恢复。

当肌肉受损时，便会产生免疫反应。免疫细胞（如白血细胞）使受伤区域血液回流增多，造成细胞肿大。相应地，血液回流增多带来大量氧气和营养物质并清理掉废物。抗阻训练中的激素反应也一样，免疫反应传递信号激活卫星细胞，这个过程会帮助肌肉自我修复和生长。

卫星细胞的作用

瑞典科学家首先提出卫星细胞对肌肉生长的重要性（Kadi & Thornell，2000）。科学家对女性受试者进行了一组为期10周的抗阻训练研究。训练开始前和结束后，科学家均从女性的斜方肌中提取少量肌肉样本。10周后，肌纤维的横截面积增加了36%，除了肌肉肥大，肌细胞数量也增加70%，卫星细胞的数量增加46%。肌细胞核数目与卫星细胞数目密切相关，也就是说，肌肉急剧收缩导致细胞核数目增多，相应地卫星细胞数目也会增多。科学家表明，在经过10周的力量训练后，需要额外增加细胞核来支持多核肌细胞的增大。更深入地说，细胞核的数目决定了肌纤维的大小。因而，细胞核的数量是制约肌肉尺寸大小的因素。这是说得通的，因为细胞核区域或由特定的细胞核控制的蛋白质区域的大小存在遗传限制，这决定了合成纤维蛋白上限。

在深入讨论卫星细胞对肌肉生长的贡献之前，我们先考虑一个概念——肌细胞核区域理论。正如第1章所讨论的，不同于体内大多数只有一个细胞核的细胞，肌肉细胞可以是有多核的。区域理论指出每一个肌肉细胞的细胞核负责控制有限的细胞质——细胞核外物质的功能。换句话说，细胞核只控制一定范围的肌纤维区域。如果激素和免疫反应刺激肌肉增大，那么肌肉必定有相对应的足够数量的细胞核，以控制整个细胞的细胞质数量的增加。因此，随着肌纤维生长，细胞核的数量也必须增多。如果肌纤维增加的横截面积超出预计的30%到35%，细胞核就需要持续增长30%。

肌肉是如何增加细胞核数的？这就是卫星细胞的功能了。正如前面所提到的，激素和免疫对抗阻训练的反应的主要作用之一便是激活卫星细胞。这些卫星细胞与干细胞毫无差别，既不是肌肉细胞也不是其他特定类型的细胞，但是它们都有成为肌肉细胞的可能。它们之所以被称为卫星细胞，是因为它们位于肌肉细胞的周围。通常情况下，卫星细胞处于静止状态（即非活跃状态）。然而，当肌肉受损时，激素和免疫反应激活卫星细胞，促使它们增殖（即增加数量）并最终开始分化（即整合进入肌纤维，成为肌肉细胞的一部分）。因而，刺激过后，卫星细胞不仅能产生可修复肌纤维微小断裂的成肌细胞，还有助于增加肌纤维的细胞核数量，帮助肌肉增长以及维持纤维内每一个细胞核区域的大小（Bruusgaard et al., 2010）。一旦卫星细胞与肌纤维结合，就会贡献出它们的细胞核。这些贡献出来的细胞核被称为子细胞核。这是关键的一步，因为通过增加细胞核的数目，肌纤维（也就是肌肉）也会增强产生更多蛋白质和促进肌肉生长的能力（图2.8）。此外，这些卫星细胞能够多次再生，以便下一次肌肉受伤时能够继续帮助肌肉恢复。事实上，一次训练可以激活急性复原过程中的体细胞（Snijders et al., 2012）。然而，如前所述，已经证实无论是否激活，肌肉无须卫星细胞为其提供的细胞核也有可能增长（Blaauw & Reggiani, 2014）。卫星细胞如何提供更多的细胞核，以及何时提供这些细胞核仍是一个重要的研究领域（Hawke, 2005; Blaauw & Reggiani, 2014）。

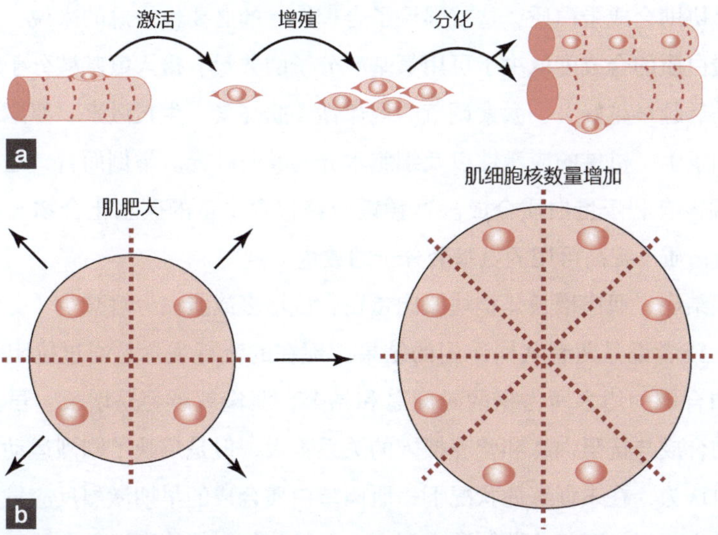

图2.8 卫星细胞在肌肉生长中的作用。a. 当肌纤维在抗阻训练中受损，静止状态的卫星细胞就会被激活，使其增殖和分化。如果进行正常的抗阻训练，肌肉损伤相对较小卫星细胞就会与肌纤维结合以帮助恢复轻微受损的肌肉（底部纤维）。如前所述，如果肌纤维过度生长，卫星细胞就会提供它们的细胞核以维持细胞核区域的大小。这一过程帮助修复肌肉和促使肌肉生长。然而，虽然在抗阻训练后较少见，但如果肌肉损伤严重，卫星细胞会与另一个肌纤维结合以产生新的纤维（顶部纤维）。b. 区域理论表明细胞核只可以控制有限数目的细胞质。因此，如果肌肉受到刺激而生长，肌肉必须增加细胞核的数目以控制细胞质的增加。细胞核数目的增多来自于卫星细胞。请注意，无论是肌肉生长前还是生长后，每个细胞核所控制的细胞质数量是相同的

源自：Reprinted, by permission, from T.J. Hawke, 2005, “Muscle stem cells and exercise training,” Exercise and Sport Sciences Reviews 66: 63–68.

蛋白质合成

一组抗阻训练结束后，肌肉中合成代谢激素的急剧增加会刺激肌细胞核，从而增加非收缩性蛋白和收缩性蛋白的合成。更准确地说，在现有的肌小节内，细胞核会促进收缩性蛋白——肌动蛋白和肌球蛋白的合成。合成收缩性蛋白增多意味着以下两件事。

1. 肌肉体积的增大。

2. 肌肉力量的增强。

或者更简洁地说，经抗阻训练被激活而增多的肌纤维内的蛋白合成和堆积意味着有更大、更强的肌肉。

蛋白质由氨基酸分子构成。为了合成蛋白质，氨基酸分子被转运出细胞膜到骨骼肌内。抗阻训练过后，人体对氨基酸分子的摄入增加，就可以让氨基酸分子更容易协助合成蛋白质，这就强调了合理饮食的必要性。总的来说，抗阻训练后肌肉蛋白质的合成度取决于可用氨基酸分子的数量、摄入氨基酸分子的时效性（在运动后越早越好）、激素调节的规律性（胰岛素、生长激素、睾酮和胰岛素样生长因子）、机械的应激性以及细胞水分的及时补充。举例而言，运动后不久吃一小顿饭有利于蛋白质合成。这顿饭应该包含少量的碳水化合物（刺激胰岛素）和蛋白质（提高可用的氨基酸分子的数量）。

归根结底，肌肉增长是整块肌肉蛋白合成增多或蛋白分解减少（分解代谢）的结果，或者说是两者共同作用的结果。现在的流行观念是通过抗阻训练导致肌肉蛋白合成的增多所占据的时间总和越多，肌肉就越容易增长。虽然肌肉蛋白的最初合成与抗阻训练和营养摄入的关系不大，但是反映了剧烈运动的代谢需求。当时认为，在未训练的状况下，肌肉蛋白质合成的早期激烈反应发生在抗阻训练后几小时内，但无法获知肌肉蛋白合成是如何影响抗阻运动所导致的肥大的（Damas et al., 2015）。

肌纤维体积的增大

内分泌系统、免疫系统和卫星细胞的协同反应，导致蛋白质合成增多，最终增大肌纤维尺寸。肌纤维横截面积的增大有利于肌动蛋白和肌球蛋白纤维数量的增加同时也有利于肌纤维内肌小节数量的增加。如果训练中刺激足够多的肌纤维，那么整块肌肉的尺寸都会增大。

通过染色，你可以在显微镜下观察一组肌纤维从而看到肌纤维尺寸的增大。图2.9是两幅从一名女性股外侧肌（股四头肌）提取的肌肉样本的图片，其中，（a）图为为期8周的抗阻训练之前的图片，而（b）图为为期8周的抗阻训练之后的图片。从图中可以看到，肌纤维采用横断面切片，黑的纤维是Ⅰ型肌纤维，白的纤维是Ⅱ型肌纤维。显然，这位女性的肌纤维尺寸都增粗了，尤其是Ⅱ型（快收缩）肌纤维，所有的这些尺寸增长都是发生在仅仅8周的抗阻训练期间。

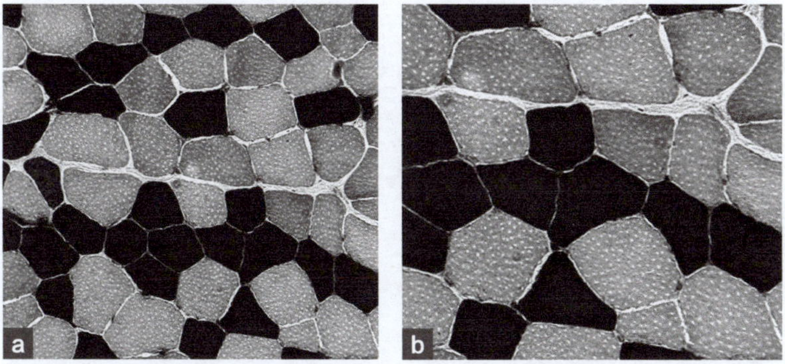

图2.9 a. 为在实验室中将大腿肌肉的活检样本染色，以观察训练中肌肉类型和尺寸的改变；b. 显示出8周的抗阻训练后肌纤维变得比训练前更粗。如果能在训练中施加适当的负荷，以募集足够多的肌纤维，此类肌纤维的增粗将会对整块肌肉尺寸的增大贡献重要作用

理论上，个体肌纤维的增粗可以最终导致整个肌群尺寸的增大。但是，大量的纤维增粗才能引起肌肉尺寸的整体增大（图2.10a和图2.10b）。

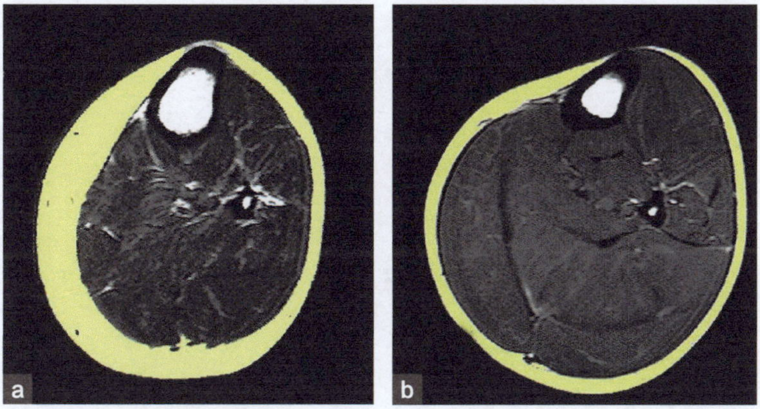

图2.10 一位女性前臂的磁共振图像：a. 是为期6个月的抗阻训练之前的图片；b. 是为期6个月的抗阻训练之后的图片。注意手臂的非脂肪组织质量和肌肉周围脂肪的减少。整块肌肉增大是单个肌纤维增大的最终结果

小结

如本章文中所述，肌肉的生长过程是由多个生理系统统一支持并相互协调进行的。现在你已经了解了肌肉是如何生长的，接下来就可以开始了解设计合理的力量训练方案的重要性了。

3

肌肉的训练方式

威廉·J.克雷默
蒂莎·L.哈特菲尔德
斯蒂芬·J.弗莱克

如今的力量训练方案与30多年前出版的《抗阻训练计划的设计》所提到的短期训练方案变量有很大的不同。在设计抗阻训练方案时，符合个体需要的方案特征才是重要的（Fleck & Kraemer, 2014）。因此，本章节将概述训练的基本原则，以帮助个体设计有特定目标、起点和进阶的理想化训练方案。想要增加肌肉力量的人制定的训练方案和想要增加肌肉耐力的人制定的训练方案是大不相同的，为了达到目标，方案设计者必须考虑到个体差异，如训练经验、训练时间、训练设施以及个体的任何特殊需要。有效的肌肉训练方案要遵循以下原则。

- **训练的针对性。**只有经过训练刺激的肌肉才能够对抗阻训练项目做出适应和改变的反应。
- **一般适应综合征。**汉·塞里的一般适应综合征提到适应的三个阶段（Selye, 1950, 1976）：（1）警觉期，由生理应激引起（如抗阻训练）；（2）抵抗期，机体开始适应需求；（3）衰竭期，过度训练造成。
- **特定适应强加要求原则。**根据特定适应强加要求原则，这种适应会针对性的符合锻炼过程中运用到的特征。
- **训练变化。**方案应该随时改变训练刺激。周期性的训练是构建最佳训练和康复训练方案的最佳选择。

- **训练的优先次序。**要使身体每个部分都被充分锻炼是很困难的。因此，在每一个周期性的训练方案中，每一训练周期都应集中注意优先发展训练目标，尤其是对于新手来说这点尤其重要。在给定的训练周期内可能只需要关注一个训练目标，如何制定和实现训练目标则取决于学员的经验和个体的健康水平。

在本章你将学到这些原则是如何整合到高效的抗阻训练方案中的。此外，本章大致阐述了控制抗阻训练方案的变量是如何影响训练效果的，比如肌肉增长、力量增强以及肌肉耐力等因素。

短期训练计划变量

任何一个合理的力量训练方案应由许多变量组成，包括所选择的动作练习、练习的先后次序、练习的强度或负荷、练习重复的次数和组数以及练习的休息时间间隙，这些都称为短期训练计划变量，因为这些变量是可在单组训练中改变的，且这些因素将决定长期训练的结果。你可以通过检查自己为短期训练计划变量所做的选择评估训练结果（Fleck & Kraemer, 2014），也可以记录这些变量是如何影响抗阻训练计划的训练适应性的。此外，短期训练计划变量使你能创造出多种方式的训练。

了解能够激活运动刺激的相关因素对设计高效的训练方案是至关重要的。图3.1表明短期训练计划变量是主要可变量的一部分，其可以被控制，能够帮助定义生理上的运动刺激以及促进肌肉反应和适应，从而最终引起肌肉力量和尺寸的改变。激活有效的运动刺激首先取决于你的预期训练目标与方向（如增加肌肉力量、爆发力、增长肌肉等）。接着我们就可以就针对这些特定训练目标的特征进行单组训练。训练变量能够显示你在单组训练中可以做出的选择。随着时间的推进，你对训练变量的选择决定了你的训练计划进展。

练习方式的选择

你所选的动作练习应该能够反映出身体的目标部位以及该部位的生物力学特性。特定的关节角度所对应可能的运动方式与提高人体功能性动作一样是无穷无尽的。当选择某一项练习动作时，记住肌肉组织只有从抗阻训练中激活才能受益（第1章和第2章曾讨论过的大小原则）。因此，首先你应该决定你想从抗阻训练方案中得到何种益处，然后再针对所需肌群和关节角度来选择练习方式。

运动可以指定为主要练习或辅助练习。主要运动锻炼的是主动肌（主要肌群，负责运动中的主要动作）。常见的主要练习有蹬腿练习、杠铃仰卧推举和悬垂高翻。辅助运动主要训练辅助主动肌运动的一个肌群。绳索肱三头肌伸展和哑铃肱二头肌弯举属于辅助运动。

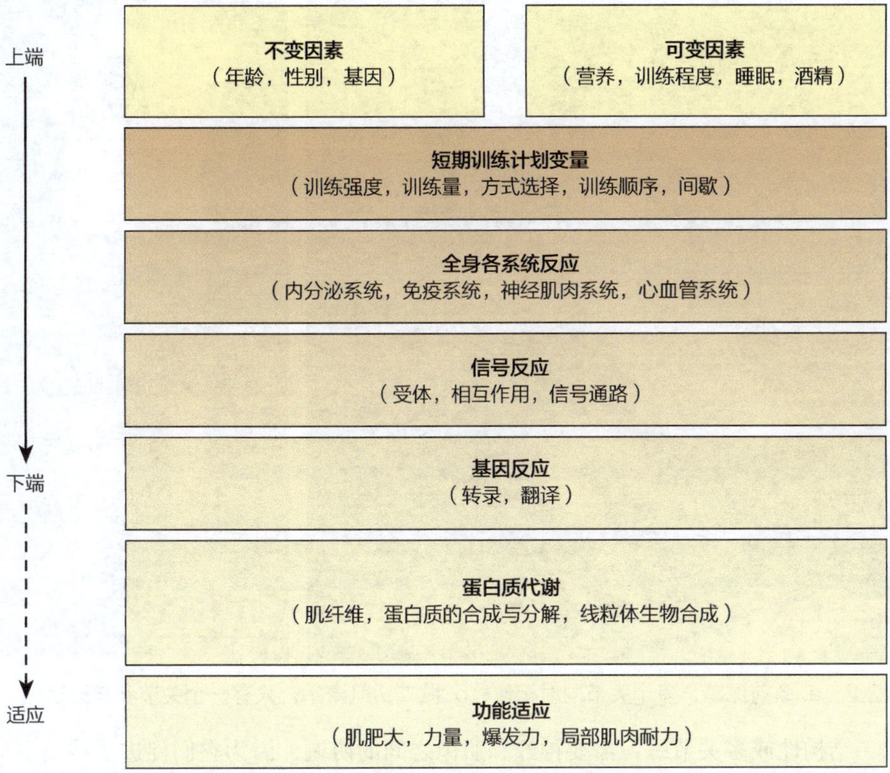

图3.1 上端的调节性变量包含可变因素和不可变因素。抗阻训练方案中的训练变量都是可变的，同时影响到调节肌肉大小和身体机能适应性变化的生理和分子变化

练习方式也可以按照结构（涉及多个关节的练习）或特定身体部位（只涉及一个关节，如图3.2a和图3.2b所示）进行分类。结构性的练习包括如全身性提拉这类要求多肌群协同收缩的练习。高翻、硬拉和深蹲都是全身性提拉结构性练习的例子。另一些结构性练习则是不涉及全身，只涉及一些关节或肌肉的参与，例如，杠铃仰卧推举需要肘关节和肩关节同时作用。其他的一些多关节练习包括背阔肌下拉、站姿肩部推举和蹬腿练习等。独立运动是身体某个特殊部位和单一肌

群参与的练习。哑铃肱二头肌弯举、蹬腿练习、坐姿腿弯举以及其他许多辅助练习都是独立动作练习的典型例子。

图3.2 a. 颈前深蹲，多个关节同时运作；b. 肱二头肌弯举，只有一个关节参与运动

结构性或多关节练习需要神经和肌肉之间的协调，因为它们促进了涉及多个关节和肌群的协调使用。最近已证明，与单关节练习相比，多关节练习需要进行更长时间的基础学习或者更多的神经配合，这有可能是由于更多神经参与使这项运动变得富有挑战性。很多时候，结构性练习涉及高级的举重技术（如高翻），需要教练传授超出简单动作模式的运动技术。如果训练目标包含全身力量发展，方案中的结构性和多关节练习就显得尤为重要。日常生活中大多数的运动和功能性活动（如爬楼梯）都依赖于结构性多关节练习。运用全身力量和爆发力的运动——特别是跑步和跳远、美式橄榄球中的抢断、摔跤中压制对手、棒球击球等——都是运动成功的基础。对于训练时间有限的个体或团队而言，多关节练习所节约的时间是应重点考虑的因素。多关节练习的好处在于激活的肌肉组织、激

素反应以及新陈代谢都远高于单关节练习。因此，为了获得最佳效果，大多数锻炼都应该围绕多关节练习进行。

练习次序

练习的先后顺序安排不同会影响训练的效果，特别是进行较大负荷的举重训练时。多数专家认为先锻炼大块肌群能够给涉及的肌肉提供更好的训练刺激。这个想法被认为是正确的，因为训练大块肌群会刺激更多的神经、新陈代谢、内分泌激素和循环反应，这有可能在以后的训练中增强后续肌肉的训练。也就是说，应该先进行更复杂的多关节练习（如深蹲），随后进行较简单的单关节练习（如哑铃肱二头肌弯举）。另一个先进行多关节练习后进行单关节练习的原因是，运动初期就应该进行那些涉及多种类、多数量肌肉的练习，此时恰好是训练个体最不疲劳的时期，能完成最理想的运动。因此，这些分先后次序的策略注重于为在运动中涉及的大块肌群获得更好的训练效果。如果运动过程中首先进行结构性练习，那么你就可以趁你的肌肉还未疲劳完成更大的负荷以更好地刺激肌肉。

最重要的是，运动顺序需要与特定的训练目标相对应。以下是一些经常使用的按顺序训练的方法（适用于多肌群或单肌群的训练阶段目标）。

- 先锻炼大块肌群，再锻炼小块肌群。
- 先进行多关节运动，再进行单关节运动。
- 全身运动环节中交替进行推拉练习。
- 全身运动环节中交替进行上肢和下肢练习。
- 先进行弱侧练习，然后进行优势侧练习。
- 进行基础力量训练和单关节练习之前先进行奥林匹克举练习。
- 进行其他类型的练习前首先进行爆发力训练。
- 进行低强度的练习前先进行高强度的练习，尤其是相同肌群连续运动的情况下。

运动顺序中，最后一个考虑的因素是个体的健康水平以及是否有过抗阻训练的经历。训练者必须用心设计训练环节以减轻个体的压力，尤其是对于初学者。

强度或阻力大小

特定动作练习中阻力的大小在任何抗阻训练方案中都很重要。阻力是改变力量和训练部位肌肉耐力的主要刺激。高强度对所有个体都很重要（Peterson et al., 2004, 2005, 2010）。

确定一项练习最佳阻力的最简便的方法就是看动作能做到的最大重复次数——特定阻力下你只能进行少量的重复次数。通常，你可以选择一个数值（如10RM）或者一个范围（如3～5RM）去表示最大重复次数，然后在不同的阻力下进行每一项练习直到达到最大目标重复次数。每一次举重时你的力量水平都会跟着改变，你可以调整阻力以便继续达到最大重复次数的目标值或范围值。每一次重复失败都会对关节造成很大的压力，为了达到最佳效果，你应该确保你所使用的阻力是你能够完成的合理范围。例如只完成4到5次的重复与能够完成14到15次的重复，这两种阻力所导致的训练效果大不相同。

另一种确定阻力的方法就是计算运动过程中最大负荷重量的比重。例如，如果一次运动中最大负荷重量为100磅，按最大负荷重量的80%计算就是举重80磅。这种方法需要你经常记录在每一次举重时所用到的最大力量，然后你就可以适当地调整阻力使其变得更大。然而，如果你每周不测试你的最大负荷重量，尤其是开始一个方案的时候，在训练中所使用的最大负荷重量的比重所表示的阻力就会降低，然而你的力量却在增加，其结果就是训练强度也降低了。从实用的角度来说，每一次运动中都要计算阻力占最大负荷重量的比重，这效率很低，因为这个计算过程需要耗费大量的时间。使用最大次数重复次数或范围，允许你根据需要改变阻力，从而达到你所选定的重复次数或范围。

类似于其他训练变量，一个人所选的负荷强度取决于本人的目标和训练情况（无论是久经训练的运动员还是一个久坐不动的普通人）。根据最大负荷重量的比重而得的负荷强度影响一个人在给定的负荷强度内重复的次数。归根结底，在给定的负荷强度内重复的次数决定了训练中对力量发展的影响（Hoeger et al., 1990）。值得注意的是，每组最大负荷重量的比重在自由重量练习和器械练习之间是不同的。器械练习的行进轨迹已经固定，不需要主动控制，因此，无须肌肉参与平衡和稳定的保持（Hoeger et al., 1990；Shimano et al., 2006）。如果一名运动员在特定的最大负荷比重下举起重物特定次数，那么在不改变阻力的情况下，举起重物次数减少，意味着运动员在调用不同的运动单位来进行这项运动。例如，低强度（轻阻力）、多重复次数的训练能够有效地激活Ⅰ型纤维（更适合于肌肉耐力的发展），但是无法充分激活Ⅱ型纤维（主要对最大力量产生和肌肥大起作用）。所以，如果你想将你的力量最大化，就应该增加训练负荷并且减少训练重复次数。如果想要增加肌肉耐力，那么你应该使用较轻的负荷，并多次重复动作。

训练组数（互动量或训练量）

总运动量（组数×次数×负荷）是训练过程中很重要的概念。在训练过程中一直保持相同不变的训练量容易使人感到厌烦而且难以坚持下去。周期性地改变运动量能够使你在长期的训练过程中感受不同的运动刺激，还能够提供休息和肌肉恢复的时间。本章后面将详述训练的周期性。

组数是训练量中的一个重要因素。记住不是所有的运动环节都需要按照相同的组数进行。通过研究参与抗阻训练的个体发现，多组训练的方案设计更有利于增加肌肉力量、爆发力、尺寸和耐力。这些发现促进了分阶段多组训练方案的推广，无论任何区域的训练都应追求长期发展而不是一成不变（如力量、耐力、肌肉围度增长等）。

无论是对受过训练的个体还是未受过训练的个体，都没有研究表明单组训练的效果要比多组训练好。对未受训练的个体而言，这两种类型的训练方案都能够提高肌肉力量，而且短期训练（6到12周）就可以做到（Rhea et al., 2002; Fleck & Kraemer, 2014）。然而，一些短期和长期的研究支持这一观点——想要进一步地增强身体素质和提升运动表现仅凭单组训练还远远不够（Peterson et al., 2005, 2010）。

尽管如此，在整体训练计划的某些阶段使用较低的训练量，对持续性的提高和增强训练适应性是至关重要的。关键的不是组数，因为组数只是影响训练量-强度周期模型的其中一个因素，更重要的是进行周期性的运动量划分，训练量-强度周期模型将在后面章节详述。每一项练习的每一组动作都代表对肌肉的一个运动刺激，也就是说，一旦达到最初的健身目的，进行有特定休息时间的多组训练（3到6组）就能够获得比单组训练更有效的结果。有一些单组训练方案的支持者认为一块肌肉或肌群只做单一动作就能够达到最佳的训练结果，然而，并没有相关证据支持这一观点（Fleck & Kraemer, 2014）。

目前，尚未有对于特定的抗阻训练所需的最佳运动次数的相关研究。一般来说，用每一环节中所包含的练习组数的总和来计算总运动量，然而，也应该考虑所选择的练习类型（多关节和结构性练习或单关节练习）。此外，所计算的运动总量指的是特定的身体部位的运动总量。因此，上肢和下肢的最佳运动量应该根据需要分开计算。

组间及动作练习间的休息间歇

过去10年主要的研究课题是在可用的训练强度以及阻力的条件下，组间休息时间对训练负荷和效果的影响。组间休息时间决定了三磷酸腺苷（磷酸肌酸能量合成的程度以及血液中乳酸浓度的）产生量（第2章）。休息时长可明显改变新陈代谢、激素水平和心血管系统对短时间抗阻训练以及对随后组数的反应。

高级训练强调绝对力量或爆发力的增长，对于使用最大或次最大负荷的结构性动作练习（如深蹲、高翻、硬拉）而言，推荐至少3到5分钟的组间休息时间；较少休息时间（1分钟以下）可能适合于肌肉参与程度较小的练习或单关节练习（Ratamess et al., 2009; Haff & Triplett, 2016）。顶尖举重者之所以需要如此多的休息时间是因为他们举起的重物常常接近他们的基因极限，这种强度需要他们最大限度地恢复能量储备并为下一次举重做准备。初学者及中级举重者，可能只需休息2到3分钟的休息就能够满足需求，因为这种水平下的抗阻训练强度对神经肌肉系统的压力较小。

另一方面，对糖酵解和三磷酸腺苷（磷酸肌酸能量系统）增加压力可以促进肌肉增长，因此，如果训练的目的是增加肌肉围度，那么较少的休息时间（低于60到90秒）更为有效。此外，如果训练的目标是要同时增加肌肉力量和尺寸，那么则需要改变组间休息时间，保证运动过程中能够刺激更多合成代谢激素，增加其在血液中的浓度。研究表明休息时间较短的训练方案（如低于1分钟休息间隙的练习）会造成很大的心理焦虑和疲劳，但是这些心理上的情绪状态量得分都在正常范围内，因此不会产生临床性问题（Tharion et al., 1991）。与较长休息时间的练习相比，这个心理情绪状态量得分可能与极度不适感、肌肉疲劳感和短间歇时间引起的高代谢需求有关。一些心理情绪状态的提升可能是进行高强度训练的有效激活和准备方式，也可能是训练前心理状态的积极调整。

肌肉训练计划

毫不夸张地说，有关肌肉力量训练的方法有上百种。但是，其中没有几种方法经得住时间和科学研究的检验。所有这些方法中，周期性训练已成为优化许多训练方案的首选，包括抗阻训练。

周期性训练

周期性抗阻训练已被证实要优于固定训练方法（Fleck & Kraemer, 2014）。周期性训练适用于许多类型的健身、训练计划和训练模式当中。本质上，它要求在确定的时间内，不同的训练刺激（强度或运动量）能够达到运动应激和计划休息时间的最优发展。

某种程度上，周期性训练是从抗阻训练的原则发展而来，被称为渐进式抗阻训练或负荷。这个原则是由托马斯·德洛姆博士提出，他是美国军医，20世纪四五十年代致力于物理康复治疗（Todd et al., 2012）。后来他成为波士顿马萨诸塞综合医院一名杰出的骨科医生，仍继续专注于康复治疗。在一次晚餐谈话中，他的妻子想到了渐进式抗阻训练这个词。它源自于对强加的需求原则的特定适应，而且为了不断刺激适应，逐渐增加身体上的负荷。

德洛姆博士的原则是首先进行10RM负荷的一组练习，然后按百分比来增强负荷。从那开始，控制每个训练变量（如增加阻力负荷、训练量、运动频率和减少组间休息时间）的组合以增加刺激从而让机体产生适应性。德洛姆博士所尝试的大部分方法都是线性的，故相对较快地遇到了实验的瓶颈期。在过去的几十年中，训练方法逐渐发展为周期性训练的方式，来稳步提高运动表现，促进肌肉恢复，并避免肌肉退化。因此，周期性训练方案是专门为想要进一步提升满足竞技能力需求的运动员而设计的。

起初，力量型运动员依赖于经典的周期性运动模式，又称为线性周期。正如我们所知道的，线性周期的概念是为20世纪50年代早期的东欧体育训练方案提出的。它是通过反复试验和建立针对教练是如何训练冠军选手优化运动表现的数学模型而提出的。教练们注意到在赛前一周，减少运动量但增加运动强度（在这种情况下，定义为近最大强度的运动）能够提高选手在比赛中的表现。值得一提的是，经典的线性周期计划，是专门为顶级运动员（如世界冠军或奥运冠军）在每年年末的比赛中的增强力量和爆发力而设计的计划。今天，这个计划已经成为多种不同项目的运动员在每一季度赛中为获胜而准备的方案。

早期的周期模型将一个比赛季分成四个阶段：准备期、第一过渡期（季前赛末期)、比赛期、第二过渡期(赛季间歇期)。今天,已有许多关于周期模型的训练策略(Plisk & Stone, 2003)。早期的模型中每个阶段的长度取决于赛季的长度、训练的形式以及运动员的个体差异。准备阶段包括增加力量和增强肌肉质量。在这个阶段中,运动量大而运动强度小。在第一过渡期,在运动量减少的同时运动强度增强,目标是提高肌肉的爆发力以及增加肌群的熟练程度。比赛期也称为巅峰期。比赛期的特点因项目不同而有所不同,但是,这一阶段需要结合专项进行训练,或者说需要根据比赛精心设计。赛季间歇期专注于适度运动以帮助肌肉恢复,但是不会完全停止训练。

周期性训练也有它自己的专业术语。最长的周期是多年计划,例如为一届奥林匹克运动会做为期2到4年不等的准备周期。在这个计划中,数月到一年为一个大周期。大周期又分为几个组成周期,称为中周期,一般是2到6周。最后,最小的周期称为小周期,一般是几天到两周。

线性周期

线性周期的阶段通常使用渐进式负荷,也就是在周期进程中按照渐进式和线性的方式来增加运动强度,减少运动量。比如说,在为期6周的中周期计划内,前两个为期2周的小周期以轻负荷为主,然后逐渐增重以过渡到第3个小周期。抗阻训练强度增加的同时减少运动量。然后,6周的中周期结束后,根据不同运动员的训练背景和训练水平来安排不同长度的主动恢复周期。然后再重复一个中周期。

线性周期中,大周期的根本目标就是增加肌肉力量和发展肌肉围度,使其在遗传理论值内达到最大化。因此,周期训练的线性方法的基础是发展肌肉增长,随后提高神经功能和增加力量。如果不断重复进行每个阶段中的每个小周期,那么在不断的训练过程中负重就会逐渐增加。表3.1列举了每次循环周期范围内存在的变量。尽管如此,为期16周增加运动强度的方案呈总体稳定的线性增长趋势。

在线性周期方案中训练量也是多变的。这个方案是以高训练量开始,继而随着强度增加训练量逐渐减少。随着运动员变得强壮,他们能够承受较多小周期内的相对较高训练量的练习。线性周期能够帮助初学者适应训练压力,因为这个方案始于负荷相对较轻而训练量较大的运动。线性周期方案也可基于最大负荷重复次数(RM)的范围值来设计(表3.2)。

表3.1 典型的周期性训练模式

	准备期（4周）	第一过渡期（4周）	比赛期（4周）	第二过渡期（赛季间歇期）
目标	肌肉生长（增肌）	最大力量和爆发力	巅峰状态	肌肉恢复（轻体力活动）
次数	8 ~ 10	4 ~ 6	1 ~ 3	12 ~ 15
组数	4 ~ 5	3 ~ 4	3 ~ 5	3 ~ 5
强度	低	中等	很高	低
训练量	中高	中等	低	低

表3.2 使用RM范围值的线性周期方案*

中周期	重复次数范围值
1	10 ~ 12RM，3 ~ 5组
2	8 ~ 10RM，4 ~ 5组
3	4 ~ 6RM，3 ~ 4组
4	1 ~ 3RM，3 ~ 5组

*每4周为一个中周期。

要避免过快地进入高训练量的负重训练中。用力过猛会导致受伤、过度紧张和过度训练综合征，这些都需要数月的时间来恢复。尽管只有在进行大量的训练的情况下，才可能会出现这种过度训练的结果，但是年轻而又充满激情的运动员对胜利充满渴望并希望在训练中看到进步，这样就很容易出现类似的问题。为了避免进展过快，你可以先进行为期6到12周的常规准备阶段，为后续的正式周期计划做好准备。这个阶段包括使用轻的负重、学习动作技术，还有逐渐增加负荷至正式周期计划的负荷水平。

在任何周期性训练方案中，在小周期早期大训练量的主要目的是促进所需肌肉的增长，从而最终增强后续训练阶段（到达巅峰状态）的力量。因此，后期的训练周期与早期的训练周期是相关联的，而且这些周期训练能够互相促进，因为所获得的力量增长与肌肉尺寸是关联的。因此为力量获得而设计的方案若没有所需肌肉组织的参与，就只能发挥有限的潜力。

周期训练方案中训练强度增加，继而开始重点发展所需的神经系统适应性，以增强运动单位的募集。较重的负荷需要高阈值的运动单位参与到力量产生过程中。运动单位的力量产生随着早期训练周期中肌肉蛋白质的增多会进一步增强。从表3.2中可见为期16周的训练方案是如何相互建构的。

非线性周期

随着周期性训练的不断发展，其训练方法已经不只是线性的了，并且越来越多的现代化形式可以满足特定运动员的特殊需求。过去十年，非线性周期（有时被称为波动周期）训练取代了经典的线性方法，以帮助许多运动员解决专业性的计划或者帮助普通人提升对基本力量健身的趣味性（Rhea et al., 2003a, 2003 b； Kraemer & Fleck, 2007；Miranda et al., 2011)。非线性周期不是依次增加或减少运动量和运动强度，而是更频繁（即每周，有时每天）地改变以维持训练对机体的刺激。近来的研究将非线性周期和线性周期进行了比较，结果发现，短短15周内，对于同一个方案而言，更频繁的变化能获得更多的力量。人们之所以认为非线性周期是高效的，是因为短期训练变量的持续变化要求生理上的适应也随之改变（与逐渐增加强度和运动量会造成力量瓶颈期相反）。灵活的非线性周期这一新概念为每个在中周期训练条件下已经预设健身计划的运动者提出了这样的一个问题，即“训练者是否已经准备好进行该阶段的训练”（Fleck & Kraemer, 2007）。

非线性周期另一个重要方面就是辅助性练习的训练量和强度。主要训练是典型的周期性训练，但是运用非线性方法，同样可以使用两个循环周期的方案以进行不同的训练，如小肌群的锻炼等。比如说，绳索肱三头肌伸展，训练强度就可以介于中等水平（8到10RM）和较高水平（4到6RM）之间。这不但能够促进某一关节的单块肌肉增长，还会为后续大块肌群的重负荷训练提供所需的力量支持。

当设计这一类型的训练方案时，在计划或比赛要求中的个体差异也是需要重点考虑的因素。非线性方法中，在为期7到14天的中周期内，运动员可以同时进行增加肌肉围度和在神经调动层面增加肌肉力量的训练。这对大多数人的计划而言可能更为方便，尤其是在比赛、旅行或其他因素与既定计划产生冲突的时候，而对这些传统线性方法可能就很难做到。

在这个非线性方法中，锻炼可分为四个程度——超强、强、中度和轻度。如果你错过了一次锻炼，你完全可以第二天补回来，然后继续进行这个循环。该训练不是必须在固定的时间内完成一次循环，而是当一定周数的训练完成时一个中周期自然就完成了。

表3.3提供了一个关于下肢肌肉16周的大周期内，其中5周为非线性训练的案例。你会发现每周训练的变化要比线性方案里的变化更大，负荷从1RM到12RM不等。你可以增加一个爆发力训练日，负重为RM最大肌力的30%到45%，关节运动时无减速环节，举起重物后直接释放（如仰卧推举投掷）。像这样的变化通常被认为是负荷较低的，因为缺乏离心收缩的部分而导致生理上对运动应激不高，从而使运动员有更多的恢复时间。

表3.4呈现了对每个不同练习使用RM范围值的非线性周期方案。在这个方案中，1周内训练的强度变化非常大，而且在1RM到15RM之间变化。为了增加方案中的变化并能够从高强度的运动中更快地恢复，可同时增加药球快速伸缩复合训练和其他下肢的快速伸缩复合训练。经过12周的训练后进行主动恢复训练，这刚好符合经典周期训练模型中的第二过渡阶段。有趣的是，每周有一整天的休息时间还能够减缓过度训练综合征。

表3.3 抗阻训练中非线性或波动周期训练举例*

	第1周	第2周	第3周	第4周	第5周
第1天	82%×3×3	87%×2×3	75%×6×3	85%×3×3	90%×1×3
第2天	60%×8×3	50%×3×9	53%×12×3	62%×8×2	55%×5×5
第3天	自由日：休息和恢复，或进行轻阻力的训练				

*强度（最大负荷重量的比重）×重复次数×组数。

表3.4 使用最大重复次数接近范围值的非线性周期训练

日期	最大肌力训练范围值
星期一	12～15RM，4组
星期三	8～10RM，4组
星期五	4～6RM，3～4组
星期一	1～3RM，4～5组
星期三	爆发力训练日
星期五	12～15RM，2组

无论你是使用线性周期方案还是非线性周期方案，整体的效果看似相同：都能够促进肌肉增长和神经募集。周期方案是有效的，并且适用于不同形式、不同训练周期的运动。比如，当一项运动赛季较长时，非线性周期方案在赛季中占优势。训练者要根据具体情况使用适当的方案，不过，任何周期性训练方案都要优于固定不变的训练方案。

其他力量训练方案

虽然周期训练方案已成为运动和健身界的主要训练方法，但其他形式的训练方法对达到运动目标以及增加日常训练的变化也很有用处。诸如此类的方案易于执行，而且初学者比较容易接受（如循环训练）。此外，这些方案大多已被证实能够在短期训练中获得更多的力量，仅次于周期训练。

循环训练

自20世纪70年代力量训练器械［如环球（Universal）、鹦鹉螺（Nautilus）、玛西（Marcy）和金字塔（Pyramid）等品牌］得到普及以来，循环训练也变得流行起来。在循环训练中，运动员选择8到12个动作，每一个循环（一个接一个）都进行这8到12个动作，然后重复1到3次。

循环训练的主要目的在于增强心血管耐力和所锻炼肌肉部位的耐力。它也能够促进一些力量的适度增长。我们在第7章将详述循环训练。

当许多人都在训练的时候，这一方案可节约大量的时间和空间，因为这些器材都可以持续不断地使用。对于训练时间有限的个体而言，这个方案也是高效的。因为大多循环方案都用的是较轻负荷的重物，而且每完成8到10个动作就有短暂的休息时间（Fleck & Kraemer, 2014）。

单组训练

和循环训练一样，大多数的单组训练都是从20世纪70年代的训练器械商业广告中发展，并且逐渐流行起来。其使用简便而且大有功效。单组训练通常在重复8到12次的单组训练内完成，每一组都要做到不能完成为止。

这些有时被误认为是高强度训练的方案，并未被证实与多组的周期训练项目或渐进式抗阻训练项目同样高效（Tan, 1999；Peterson et al., 2004，2005）。不过，它们可以在非线性训练中提供快速转换，而且也可以被归类为单组循环训练。

多组训练系统

多组训练最初只包含两到三组热身训练，每组的负荷逐渐增加至目标负荷，接下来的几组练习均采用该负荷。这个训练系统在20世纪40年代流行起来，而且是当代多组训练和重复训练系统的先驱。很多学者做过各项研究来计算多组训练系统发展力量的最佳阻力和重复次数。结果表明，无论是初学者还是顶尖的运动员，对于多关节运动而言，5到6RM的负荷，至少3组（3到6组）的训练模式是增加力量的最佳方案。

你可以设定任何阻力、任何重复次数和组数来进行这个多组训练系统的运动，从而达到在抗阻训练中想达到的目标。然而，进行长时间的多组训练而不改变其他训练变量，通常会导致力量和爆发力的增长进入瓶颈期。抗阻训练系统使用的大部分都是多组训练系统中的某些变量。如果训练的目标是要获得力量和爆发力，那么你可以通过周期训练优化多组训练系统。

超慢系统

超慢系统包括进行20到60秒重复一次的非常慢的练习。其支持者认为，增加肌肉在张力状态下的时间是力量增长的保证。然而，迄今为止，尚未有数据证实这个理论。肌肉产生的力会随着时间的增加而急剧减少，缓慢移动重物需要募集更多的慢肌纤维，因而不能完成负荷较大的练习（Hatfield et al., 2006）。在哈特菲尔德的实验中（Hatfield, 2006），即使肌肉在一次重复张力状态时间更长，受试者也只能完成很少的重复次数。研究结果表明，较慢速度（10秒的离心收缩和10秒的向心收缩）的运动不能完全激发爆发力、力量或促进力量增长和运动表现提升的最佳运动量。但是，超慢系统的训练可能对发展慢速肌肉耐力有潜在效果。

抗阻训练的这一系统主要适用于单关节练习或器械练习，这些动作可以通过关节活动度来控制。通常，在整个训练中只进行1或2组超慢训练。其中，阻力的变化取决于个体的肌肉耐力水平，因此，这与用于正常速度的重复抗阻训练是无关的。每次重复所需的时间越多，能够举起的负重就越少。因此，每一个受到刺激的关节活动范围内的节点都无法达到最佳水平。

金字塔形或三角形通路

流行于爆发力举重运动员中的金字塔抗阻训练就是在每个练习中逐步增加

阻力，重复次数逐次减少的训练方式。当你每组的重复次数降到很低（1到5次）时，那么你就需要减少阻力并增加重复次数直到达到你开始时的数值。例如，进行一组负荷为10RM、8RM、6RM、4RM、2RM、4RM、6RM、8RM和10RM的抗阻训练，并按照这个顺序进行。这种方法通常是按照半金字塔进行的（比如，将阻力增加到一个具体的数值，之前的例子就是增加到2RM）。阻力越大，需要的休息时间就越多。因此，这种类型的方案是非常耗时的，而且通常只适用于一个锻炼项目中的2或3个练习。第7章将对此进行详细介绍。

超级组训练

超级组这个词用于描述目标为不同肌群的两种练习之间进行的转换训练。这些肌群可以是完全相反的肌群（如肱二头肌和肱三头肌），也可以是关节不同的肌群（如股四头肌和三角肌）。健美运动员通常使用超级组来刺激肌肉线条并燃烧脂肪。虽然没有明确的数据证明使用超级组的功效，但是许多方案都选择使用不同类型的超级组来帮助最大限度地提高训练中特定部位（如肱二头肌和肱三头肌）的代谢强度（改善激素水平以帮助实现肌肉肥大等目标）。支持者认为超级组保证所有特定关节周围的肌肉都能够得到锻炼，而且能够保持关节周围肌肉的对称性。超级组可以创造出多种形式，以下是两个例子。

1．10RM进行的肱二头肌弯举，10RM的肱三头肌下拉。无组间休息，重复三次。

2．10RM进行的背阔肌下拉，10RM进行的坐式划船后拉，10RM进行的俯身划船。每个练习之间休息一分钟，重复三次。

第一个例子聚焦于两个相反的肌群，而且使用推-拉方法。第二个例子聚焦身体或关节的特殊部位（在此例中为背部肌肉）。当训练目标是特定肌肉耐力和线条时，超级组通常设置在整个计划的中部或最后阶段。由于间歇时间较短，这类训练对身体能力的要求会非常高。本书第7章还会对此进行详细介绍。

反向抗阻训练（离心训练）

对于大多数抗阻训练而言，在重复训练的过程中重物下降的过程称为抗阻训练的反向抗阻阶段或离心阶段。在这一阶段，参与的肌肉主动拉长，所以你可以在可控的方式下将重物放下。相反，在练习中举起重物的阶段则称为正向抗阻阶段或向心阶段。

训练者在放下重物的阶段通常能够比提起重物阶段施加更大的负荷。反向抗阻训练可以帮助训练者使用更重的负荷来刺激离心收缩能力。在进行这类训练时，你需要一名辅助人员帮你把重物举起，然后再自己缓慢将重物放下。同样，你也可以在一些抗阻训练的器械上进行反向抗阻训练，比如通过双手或双脚举起重物，然后再用单手或单脚降低重物等。在某些器械上，可以用四肢提升重物，再单独用上肢或下肢缓慢放下重物，在进行负荷较大的反向抗阻训练时，你要确保选择适合的运动以及合理的安全辅助措施。

反向抗阻训练的拥护者认为，运动中的反向阶段能够施加更多的阻力，因此能够更好地增加肌肉力量。然而研究表明，与正常的向心重复训练相比，在反向抗阻训练中即使使用向心（正向）训练最大负荷的120%，也无法产生更多的力量增长。对使用不同器械的训练者和特定肌群而言，最佳离心抗阻训练负荷不是固定的（Fleck & Kraemer，2014）。我们建议的离心训练负荷是介于向心训练最大肌力105%到140%这个范围，但是这还要取决于使用该器械还是自由重量。器械能够降低对平衡的需要并降低协助肌群的参与程度，因此器械训练中可以使用更大重量的离心（反向）负荷。研究表明，在一次较大重量的离心抗阻练习（向心训练105%最大肌力）重复后立刻进行向心训练，能够达到更高的向心最大肌力。因此，离心训练可能增强向心运动中的神经易化。我们亟须更多实验研究来证明此种训练是否能有效增加力量。对于自由重量训练来说，向心训练最大肌力的105%到110%可能恰好代表了大多数运动动作中有效离心抗阻训练的负荷上限。

分隔训练系统

许多健美运动员都使用过分隔训练系统。健美运动员常常在同一个运动环节中对同一身体部位进行锻炼以促进肌肉增长。因为需要一定的时间，所以不是所有的身体部位都能够在单次训练中得到锻炼。为了解决这一难题，出现了轮流交替训练身体不同部位的日期或分隔训练。典型的分隔训练系统要求在星期一、星期三和星期五训练上肢、下肢和腹部，而在星期二、星期四和星期六训练胸部、肩膀和背部。这个系统能够帮助训练者缩短每次训练课所花费的时间，但这意味着每个星期需要训练六天。

你可以根据情况更改分隔训练系统的某些变量，将每周的训练时间减少到4到5天。即使这样，这种训练方式的频率依然很高，它也能够帮助训练环节期间肌群的高效恢复，因为同一身体部位并不是连续不断地每天都进行训练。对特定的身体部位或运动中的肌群而言，分隔训练系统允许你维持高强度的训练，但是例如将4到6个训练环节的运动合并成2到3个更长的训练环节是不可能出现的。维持高强度的训练（即更重的抗阻训练）会促进更多力量的获得。分隔训练使你更注重辅助训练，并通过这种方式来帮助肌肉力量的增长。

强制重复系统

强制重复系统是力竭组系统和欺骗系统的延伸扩展，一些力量运动员和其他经过训练的个体都在使用这个系统（Ahtiainen et al., 2004）。在你进行一组力竭训练后，你的助手会辅助你减轻阻力，减少到你刚好能够进行3到4个额外的重复动作为止。你可以在许多方式的力竭组后使用到这个系统。这个系统也会强制使那些部分疲劳的肌肉继续产生力量。除此之外，该系统对于增加肌肉耐受力也有很大帮助。对于经验颇丰的力量型运动员来说，对腿部伸展的强制重复训练能够增强急性神经和激素的反应，甚至比传统分组训练的效果还要好。因此，这个系统在抗阻训练项目中可能是较切实可行的训练方式。虽然强制重复对增强力量的效果尚不明确，但是此类训练作为一个训练变量，对经过高级力量训练的个体而言有一些价值（Ahtiainen et al., 2004）。

使用这一系统时要留心，因为这可能会造成肌肉酸痛。因为强制重复是在肌肉疲劳的情况下进行的，所以举重者必须注意举重技术，不要在运动过程中中断动作，而且监督人员要高度集中注意力，并在举重者运动技术出现问题时能够及时帮助他举起重物。

功能性等长收缩

功能性等长收缩系统是利用特殊的关节角度在等长收缩中获得力量增长的。这个训练通常是在爆发力训练架中进行的，而且插销经常被放置在正在进行的运动的卡点上。然而，功能性等长收缩也可以由一位搭档以特定角度举起重物进行，或者是两个人相互推拉某个重物。功能性等长收缩在运动中需要动态收缩4到6英寸；在那个点上，负重片碰撞阻力架上的插销。然后举重者继续努力，以最大力量举起重物，并维持5到7秒。

该系统的目的就是使用特定的关节角度以增加在活动范围内最弱节点的力量。每项运动的最大负荷都来自于能够移动阻力的卡点或最弱节点的阻力大小决定的。功能性等长收缩与正常抗阻训练的结合已被证明能够增加杠铃仰卧推举中的最大肌力，并且效果比单独的正常抗阻训练要明显得多。

许多使用这一系统的举重者在进行最后一个重物重复训练（如1到6RM）中，都不需要用到力量架。他们试图进行尽可能多的重复次数，直到他们无法举起重物，他们仍在无法举起重物的关节角度上继续产生等长收缩的力量维持5到7秒。这一类型的训练需要非常敏锐的助手在一旁加以辅导。为了优化这一训练，你必须知道节点在动作范围的具体位置。这些节点随着训练而改变。这个系统很适合于主要训练目标是增加特定练习动作最大肌力的运动员。

休息暂停系统

休息暂停系统常用于最大力量（1RM）多次重复练习中动。每次运动后休息10到15秒，然后进行下次练习。比如，你可能进行一次负重250磅的训练，这个负荷接近你的1RM。之后将重物放下，休息10到15秒后进行下一组250磅重物的训练。如果你无法进行完整的重复训练，助手会辅助你以足够的阻力完成4到5次的重复练习。虽然你只进行了一种训练的一组练习，但是你在相同的训练环节中，每一肌群可进行两或三种训练。这个系统的目的在于尽可能地使用最大阻力。这个系统的支持者认为，这一系统最有可能获得最大力量（Fleck & Kraemer, 2014）。

优先系统

优先系统几乎适用于所有类型的抗阻训练方案。这个系统中，适用于训练方案的主要目标会优先进行，这样，你就可以用最大阻力或最大运动强度进行这些运动。如果你在训练环节的末期进行优先运动，疲劳使你无法使用最大阻力或最大强度，也就限制了你对训练的适应。

比如说，一位健美运动员在肌肉线条和肌肉增长方面，最弱的肌群是股四头肌群。使用优先概念，这个健美运动员会在训练环节初始阶段进行股四头肌的训练。篮球教练可能认为大前锋最大的弱点是缺乏上半身力量，以至于缺乏篮下的对抗能力。因而，这个运动员会在训练环节初始阶段就进行主要的上半身训练。足球运动员可能想要发展腿部、臀部和背部的力量和爆发力，因而，这个运动员在训练的初始阶段就要进行负重高翻和深蹲训练等练习。

复合、同步、对比和交叉训练

复合、同步、对比和交叉训练应用在训练三种不同的能量代谢方式。这对那些依赖不同代谢方式的运动而言是很有必要的，比如力量速度、肌肉耐力或者肌肉爆发力。根据个体训练的要求，同步训练之间的目标可能会也可能不会相互矛盾。比如说，有氧代谢训练已被证实能有效影响肌肉力量的提高。有氧代谢运动取决于特定的阈值（最大心率强度的75%，每周2或3次20到30分钟的训练），看似可能对力量获得没什么影响，但是任何超出的阈值范围的训练都会对力量增长有负面影响。尽管力量型运动员或健美运动员所进行的负重抗阻训练，可能导致肌肉适应而对进行有氧运动的运动员产生不利影响，但是已有研究表明力量训练并不会影响最大摄氧能力。

同步训练对于不同目标的训练而言都是有利的。比如说，研究已经证实，同步力量和爆发力训练能够增加爆发力的测试水平，比如投掷速度和垂直跳跃高度。这两个变量经常在一次训练中同时进行（有时称为对照法）。通过将高负荷训练变为高速度低负荷训练，你可以同时发展最大力量和爆发力。

这一类型的训练同样非常适用于周期训练计划。一旦你定下目标，你就可以按照中周期和小周期的训练来达到主要训练目标。次要目标可以稍后再增加到训练方案中，以形成一个完整的、面面俱到的训练方案。比如说，速度和爆发力可以是橄榄球折返跑训练的主要目标，然后最大肌力就可以是次要目标。因此对照法会很适合上述运动员。

训练形式

显然很多训练的方法都对应着不同的训练工具（如自由重量调节、器械、实心球训练等）。所有这些工具都适用于特定的训练方法，各有各的优缺点。比如说，许多力量运动员同时使用自由重量和药球训练或快速伸缩复合训练。此外，甚至有些举重员也会用一些器械训练来补充自由重量训练。

恒定阻力器材

恒定阻力器材，在训练的过程中保持恒定负荷，这些器材包括杠铃、哑铃、药球和其他没有滑轮或杠杆移动的独立式器材。

这些器材的主要缺点是它们无法改变运动过程中肌肉骨骼杠杆效率。因而，这个运动的终末部分或锁定部分要比收缩动作的最初部分简单些。然而，这些器材的确需要其他肌肉作为稳定肌参与其中，从而增加所进行运动中身体所需的生理性工作总量。使用这些器材的第二个好处便是活动范围不再受到限制，任何运动都可以用个体差异，比如体形或身体功能等来进行调整。而且，这些器材不仅可以轻而易举地适用于个体的功能性动作范围（如模仿个体的运动专项或日常运动），还能够促进负重、活动范围以及技术能力等方面的提高。

可变阻力器材

可变阻力器材包含大多数抗阻训练器械、绳索阻力设备以及弹性阻力器材系列。这些器材的特点是可在活动范围内改变负荷重量。比如说，机械杠杆增加活动范围内某点的绝对负荷，那里的肌肉骨骼占有一定的机械优势。弹性阻力器材（如弹力带和弹力管）日渐流行起来，因为它们为一个动作的终末阶段提供了更多阻力，而弹力带和弹力管则承受着巨大的拉伸力。尽管在整个运动过程中提高骨骼肌系统的负荷也许是有帮助的（如在仰卧推举全程增加闭锁负荷），但是使用器材去增强力量训练仍表现出一些不足之处。

1．器材并不适合于每一个不同身材比例的人。比标准要高一些或矮一些的人、有特殊身体情况的人、过度肥胖的人，都不能够较轻松地使用这些器材。

2．器材适用于确定的活动范围，因此，个体必须遵从机械的活动范围。通常情况下，这些活动并不模仿功能性或竞技体育活动。

3．大多数器材只单独训练某一块肌肉或肌群，因而其他肌肉的作用就是辅助某一块肌肉支撑或维持其稳定，这通常意味着减少了生理工作的总量。

4．对器材能够提供额外安全保障的错误认识会导致个体不再关注运动过程中的安全问题，然而运动员在使用器材时仍有可能会受伤。

尽管有这些缺点，阻力变化器材仍是训练的好工具。它们的确只单独训练某一肌群，这些在受伤或有特定身体需要方面仍是很有必要的（如眩晕问题）。这些器材对于初学者来说也是很有用的，因为它们看似让人没那么有压力。然而，对于中级和高级举重员和运动员来说，机械和其他阻力变化器材只是用于进行补充训练的。从固定阻力器材中获得的益处要远比从阻力变化器材中获得的多得多。

静态阻力器材

静态阻力器材使用频率较低。这些器材是指个体推或拉一个等长收缩训练中的固定装置。等长收缩对于每天都进行的大多数运动和日常活动而言并不实用。然而，正如本章节前面所讨论的，将杠铃推向安全架，或者和同伴（或一堵墙之间）进行等长收缩训练，往往也能起到克服活动范围内卡点的作用。

快速伸缩复合训练

快速伸缩复合训练是很受欢迎的训练方式，用于训练速度、爆发力和起始力量。“拉长-缩短循环训练”这个词逐渐取代了“快速伸缩复合训练”这个词，而且它更准确地描述了这一类型的抗阻训练（Knuttgen & Kraemer, 1987）。

这个拉长-缩短循环（SSC）是大多数运动中自然的一部分，这个循环按照离心收缩、等长收缩和向心收缩的方式进行。它的特点是离心收缩运动带领运动进入弹道向心运动。比如说，在仰卧推举训练中，如果你从胸前开始你的举重运动，你就会用到等长收缩运动，然后再用一个向心收缩运动。然而，如果你是在一臂远的地方举起重物，你就会用到离心收缩，然后是等长收缩，最后是向心收缩。具体还要取决于等长收缩的长度，由于SSC，举重时的向心收缩部分会更简单些。也就是说，在向心收缩之前，举起重物的等长收缩长度越长，在SSC中消耗就越大，然后向心收缩部分举起重物就会越困难。

弹跳、跳投以及药球训练都是很普通的快速伸缩复合训练或SSC训练（图3.3）。快速伸缩复合训练的关键在于使SSC允许通过在离心收缩运动时预激活而后增强向心收缩的作用。因此，离心肌肉收缩运动的速度对向心收缩的重复至关重要。SSC增加爆发力输出的能力大小还要取决于负荷、时间以及诱发肌肉预先拉伸的能力等。

图3.3 利用拉长–缩短循环去互传药球有助于增加你的爆发力输出

当由离心收缩到向心收缩运动进行的速度很快时，肌肉在收缩运动之前就会进行轻微的拉伸。这个轻微的拉伸蕴藏着弹性能量。这个弹性能量又补充到正常的收缩运动所需的能量中，这正是为什么SSC后会有更强的收缩运动的最常见解释之一。另一个常见的解释便是条件反射造成对肌纤维更快的募集，或者是募集更多的肌纤维进行这项运动。

这很容易便可解释为何一个SSC会引起如此有力的收缩运动，如执行正常的垂直跳（即有反向双腿跳）。在这一类型的跳跃运动中，首先膝关节和髋关节屈曲（离心收缩运动），然后快速反向运动并起跳（先等长收缩后向心收缩运动）。一个有反向双脚跳包含了一个SSC。现在进行屈曲膝关节和髋关节的跳跃，在起跳前保持动作3到5秒，然后再跳。这称为无反向双脚跳；这就不包含SSC，而且这一跳不会高于反向跳跃（包含SSC的跳跃）。你同样可以通过普通头上抛球的距离来观测SSC的效果。起始动作为挥臂投球的准备动作（无SSC），之后将球投掷一定的距离，结果发现正常投掷动作能将球投得更远。

训练建议

下文列举的这些建议是通用的，而且是在科学研究已经证实的情况下能够作为通用的原则去使用的。其他的建议同样是使用短期训练变量的通用指导，但是最终方案的选择还要适用于个体的训练目标。此外，每一训练类型都会用到周期训练方案。

为了设计一个高效的训练方案，你必须进行需求分析。该分析能够帮助你选择最适合你自己的训练类型（如自由重量训练vs训练器械vs快速伸缩复合训练），以及运动方式选择、能量通路在训练中的使用、训练中的变量控制、处理出现的伤病以及预防受伤等问题。

第7章列举了很多指南以便你决定你的训练目标以及根据这些目标设计适合你自己的方案。简而言之，以下是一些通用的建议，以便在大周期的巅峰阶段达到你在抗阻训练中的特定目标。

- **最大力量**。总的来说，为了更好地达到最大力量训练时更重的负荷（大于最大肌力的85%），每组要进行的重复次数应该较少（2到6次）。组间休息时间为2到5分钟的中高组数的训练方案可用于最大力量的获得。对于高级举重运动员而言，分隔训练（如每周4到6天的训练）是达到这些目标的最佳选择。众所周知，顶尖的奥林匹克举运动员每天会进行3到6次训练，这就增加了训练的频率和总运动量。针对每一肌群，在组织好的周期训练方式下，每周应训练2或3天。多关节的自由重量训练应该是整个训练的重要组成部分，同时机械训练和单关节运动作为补充部分。

- **肌肉增长。**我们应该了解，想要更多地激活运动单位，就需要更大的负荷。因此，我们需要在阶段性的训练方案（包含各种不同的负重训练计划）中用到肌肉增长的肌纤维。除此之外，肌肉增长训练与向心收缩运动和离心收缩运动同时进行效果最佳。我们建议每次练习3到6组，每组重复6到10次，从中度到重度负荷（1RM的70%到85%）的训练。高级举重练习者，如健美运动员，会不断增加负荷以及组数，并逐渐减少休息时间（某些运动中组间休息时间为1到2分钟）。但是要注意的是应该谨慎地减少休息时间，这一点至关重要，尽量不要超过个体在训练中的忍耐极限，否则会出现头晕和恶心的症状。除上述之外，还应该包括单关节和多关节运动。要保持训练频率与最大力量训练相同：根据训练具体情况，每周应进行1到3天主要肌群的锻炼。
- **肌肉爆发力。**当训练目标是肌肉的爆发力时，运动的速度就显得尤为重要了。发力过程要符合整个爆发力-速度曲线。因此，负荷可贯穿使用于各强度的训练的全过程。每次训练时爆发力输出的数值与每个动作进行时阻力的大小有关。重复次数的范围应为3到6次，而且在进行重复训练时应保持良好状态。组间休息应保持在3到5分钟，以便运动者恢复，从而使其在每次重复的外力输出中有最佳的表现。肌肉爆发力训练中的频率和组间休息时间与力量训练的频率和组间休息时间相似。训练的同时你还可以通过最大力量的同步训练来增加爆发力。训练者应在阶段性训练中合理地规划爆发力训练计划，同时要注意到力量与爆发力的协同发展。在训练最大爆发力时，多种不同的训练方式可供选择，如快速伸缩复合训练（如跳深练习和交换跳）、药球投掷、阻力跑步设备（如阻力伞）以及自由重量训练（如悬吊高拉、悬挂抓举、高翻以及抓举）。
- **局部肌肉耐力训练。**局部肌肉耐力的最佳训练方法是使用轻负荷进行1或2组重复训练（15到25次为佳）。组间休息时间应较短——高重复次数时组间休息1到2分钟，中等重复次数时组间休息时间应低于1分钟。当训练目标为肌肉增长或力量增长时，频率和运动方式都比较相似。

小结

你可以使用各种不同的方法训练和增强肌肉，而且你设计的方案应该符合你的切身需求、训练目标和你从事的运动项目。创造出新的抗阻训练方案有无限种可能。

通过控制项目变量来设计许多不同的方案是很容易的一件事。流行或受欢迎的训练系统应该根据它们的变量和是否能够达到个人或专项要求来评价。选择使用哪个或哪些训练系统取决于训练方案的目标、时间限制，以及抗阻训练方案的目标与整体健身方案的目标之间的关联程度。任意方案的主要目标都是能够带来生理上的适应，但是，在提供休息时间和恢复功能时需要注意防止非功能性的过度训练，或更糟糕的过度训练综合征。

4

肌肉生长的营养补充

威廉· J. 克雷默
莫伦·S. 弗拉加拉
杰夫· S. 沃莱克

通过高强度抗阻训练，增加肌肉的力量和围度，均衡充足的膳食营养补充必不可少。据估计，增长1磅的肌肉需要消耗2 300到3 500千卡（1千卡约为4.2千焦）的热量。饮食结构可以改变，但是对于个人来说，为在训练后保证身体的修复和重塑，关键在于要摄入足够的热量和身体必需的营养物质。此外，身体的每一个部分都需要进行适当的水合作用，包括最佳的新陈代谢。

在抗阻训练期间，营养摄入的最终目标是最大限度地加快蛋白质的合成，最大限度地延缓蛋白质的降解，恢复肌肉能量储存能力并补充水分（Volek et al., 1997）。这是通过体内构建一种促进组织发育的环境来实现的，肌肉和骨骼也是如此。构建这种环境需要保证酶（这是生物化学反应的催化剂）和氨基酸（它们是肌肉的组成成分）的活性。正如你在第2章中学到的，这个过程还需要激素的作用，激素能发出信号并促进肌肉的生成，与此同时蛋白质的生长和发育也需要一定强度的运动来刺激。许多功能需要消耗三磷酸腺苷，它是身体的能量来源。肌肉收缩需要肌动蛋白和肌球蛋白的相互作用，从而产生力，就像许多化学反应一样，包括蛋白质合成也是同样的原理。ATP在身体自身的供应量有限，你需要从食物中获取它们。

营养可以影响训练的强度和恢复过程，恢复情况又会影响下一个训练阶段的训练强度。在任何抗阻训练环节，要在关键时刻消耗适当比例的营养物质，优化肌肉的训练后的恢复过程，这样才能最大限度地提高肌肉的力量。如果没有足够的能量储存在肌肉中，肌肉在收缩期间可能无法产生足够的力量。此外，如果没有足够的氨基酸，会影响蛋白质的合成和训练后的恢复。

在本章中，我们将回顾肌肉代谢的一些基础知识，因为它们与营养摄取量有关，也涉及激素在代谢中的作用。我们介绍了大量元素、微量元素和补剂，以及其在不同的营养摄入时间对抗阻训练会带来哪些不同的益处。

肌肉代谢

肌肉蛋白质通过生理和化学过程不断进行重塑过程。这个过程被称为肌肉代谢，包括构建或合成（合成代谢），维持和分解（分解代谢）或蛋白质降解，其中有一些分解的蛋白质被用于能量转换。

当能量足以支持训练刺激引起肌肉生长时，会引起蛋白质合成（即当蛋白质合成量超过分解量时）。当能量供应不足时，要降解蛋白质以释放能量。然而，蛋白质对能量供应的贡献通常低于10%，因为蛋白质在身体中起着重要的作用，所以通常可以作为能量生产的备用来源，身体主要依靠碳水化合物或脂肪分解来产生运动能量，这取决于训练的强度、持续时间和类型。碳水化合物以糖原的形式储存在肌肉和肝脏中。有趣的是，在阻力运动期间，女性比男性使用的糖原少，消耗脂肪更多（Volek et al., 2006）。该糖原被分解成葡萄糖分子，然后被代谢产生ATP。在用时较长或强度较低的训练中，身体可以通过称为脂肪水解的过程代谢脂肪产生能量。越来越多的证据表明，适应了生酮（低碳水化合物）饮食的人可以利用脂肪来满足更长时间的运动需求（Noakes et al., 2014）。

我们需要从急性和慢性反应的角度来理解蛋白质的合成。急性反应，如蛋白质平衡或糖原降解和合成的变化，发生在单次训练之后的短时间内。慢性反应是从长期训练中看到的长期影响，例如肌肉力量的提高和肌肉围度的改变。大量的研究已经检验了剧烈运动后营养和训练对肌肉的直接影响。然而，很少有人检验对肌肉围度改变和力量提高的长期影响。因此，我们可以假设营养训练在力量训练方面的急性效应（如糖原补充和蛋白质合成）会导致肌肉力量长期提高且肌肉围度持续增长。急性和慢性肌肉蛋白质合成反应在抗阻运动和训练方面有所不同（Damas et al., 2015）。尽管蛋白质合成的数量急剧增加，但蛋白质合成本身并不会导致肌肉肥大。最近，有人提出，随着肌肉形状达到围度的遗传极限，人体对蛋白质的需求也会减少。当纤维的长度达到它的遗传极限，进一步产生蛋白质时，蛋白质就会被浪费，因为它不能被整合到肌肉中。因此，为了不浪费蛋白质合成所需的能量，蛋白质合成量就会减少。这可能与肌肉蛋白合成和蛋白质摄入需求的减少相一致，当一个人接受充分的训练时，蛋白质的摄入量就会减少。发生这种情况的时间框架似乎与肌肉围度的增长有关，之后可能与通过训练激活的肌肉纤维数量以及组成运动单位的肌纤维类型有关（第2章）。

在禁食期间或在训练后没有营养摄入的情况下，肌肉处于负蛋白平衡状态，这表明蛋白质降解多于蛋白质合成，少量糖原消耗以补充蛋白质的缺失。即使没有训练，消耗膳食中的营养物质会维持正能量平衡，并提高去脂体重和脂肪质量。力量型运动员的目标是保持净蛋白质平衡，这意味着蛋白质合成量多于蛋白质分解量，肌肉才能处于合成代谢或肌肉形成状态。因此，强壮的运动员希望避免蛋白质负增长，即肌肉蛋白质分解量超过肌肉蛋白质合成量，肌肉便处于分解代谢或肌肉分解状态。要做到这一点，需要摄入适当的碳水化合物、蛋白质和脂肪。

激素的作用

体内几乎所有生理功能都由激素调节——细胞间的化学信息通过血液循环传播到身体的组织中（如肌肉）。图4.1提供了激素作用的过程。因为抗阻训练会极大地影响体内的激素反应，并且在一定程度上刺激组织（包括肌肉和骨骼）的发育，你需要了解你吃的食物对这些激素有何种影响。激素在代谢平衡中起着重要作用，它们主要负责燃料选择、营养分配并最终影响身体成分和肌肉质量的基因调控。

正如你在第2章中学到的那样，剧烈的抗阻训练（考虑负荷、组数、重复次数、间歇时间）会产生激素反应。肌肉动作引发肌肉中的一系列机械和化学反应，发出激素来调节酶的分泌，从而调节蛋白质的遗传构造。对于合成代谢作用，肌肉纤维作为参与运动的被激活的运动单元的一部分将会受到影响。相反，分解代谢的物质（如活性氧、皮质醇等）可以作用于所有的肌肉纤维。一些营养物质，如膜链氨基酸，可以直接刺激肌肉中的蛋白质合成。运动会促进血液循环，从而促进激素和营养物质向目标受体和肌细胞的输送。通过运动刺激，营养和激素的可获得性改善了合成代谢的环境。碳水化合物和蛋白质的消耗似乎影响了肌肉代谢的激素的反应（包括胰岛素、睾丸激素、生长激素、皮质醇、雌性激素和胰岛素样生长因子-1），从而影响肌肉蛋白和糖原平衡。尽管胰岛素在运动和饮食方面的作用被广泛认知，但是其他激素的影响仍不清楚。代谢环境是影响某些激素及其作用的重要因素。

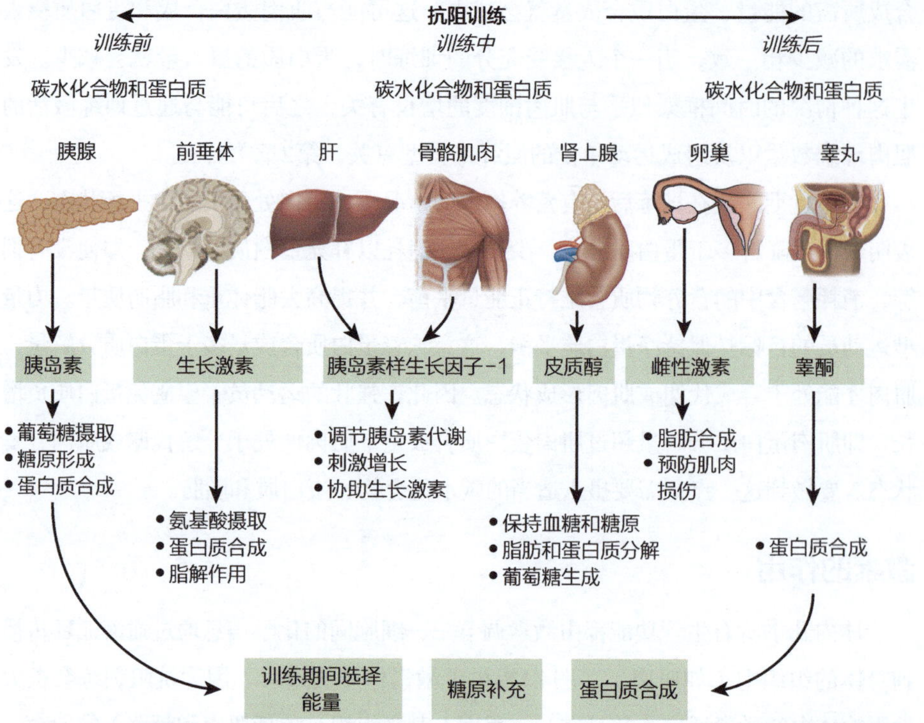

图4.1 在抗阻训练中，养分消耗的数量、质量和时间，可能对调节训练、糖原重组和蛋白质合成的激素有很大的影响。适当的营养摄入可以使肌肉力量获得最佳的收益

- 胰腺释放胰岛素，以降低高浓度的血糖水平。这种激素在足够的氨基酸存在下促进组织中的葡萄糖和氨基酸消耗，以及糖原和蛋白质合成。作为影响蛋白质合成的重要因素仍在研究中，并且很有可能与整体饮食习惯有关（例如高或低碳水化合物饮食）。
- 生长激素是由主要单体（191个氨基酸）组成的多肽激素的聚合体。垂体前叶（位于大脑的基部）分泌不同大小的生长激素，以应对运动、睡眠、压力和低血糖。不同的亚型新陈代谢会导致肌肉细胞吸收氨基酸，加快蛋白质合成、脂肪水解（脂肪代谢）和葡萄糖保存。尽管结缔组织可能比肌肉更有针对性，但这最终都有益于身体的合成代谢。更大的生长激素聚合体构成血液中最大量的生长激素（Nindl et al., 2003；Kraemer et al., 2010）——被称为生物活性形态（图4.2）。因此，人们必须将生长激素视为一个更加复杂的超级家族，其中包括生长激素形成的结合蛋白。随着运动过程的深入，增长的生长激素量会被大量释放，这可能会导致运动中的能量代谢变化，影响运动后的组织修复。然而，生长激素浓度降低是为了应对碳水化合物消耗增加的血糖。相反，在摄入碳水化合物后的几个小时内，身体细胞从血液中吸收葡萄糖后，引发的低血糖（低血糖水平）也会导致生长激素浓度升高。此外，脂肪酸循环抑制了生长激素的分泌。在厌氧糖酵解和乳酸的形成过程中，会释放出更多的生长激素。经过30分钟抗阻训练后，体内的生长激素浓度会升高。

- 胰岛素样生长因子是一种合成代谢激素，也是一组在肝脏和骨骼肌中产生的结合蛋白，这些蛋白质可以调节不同的合成代谢功能和代谢反应。生长激素可以刺激肝脏中IGF的产生（Matheny et al., 2010；Nindl & Pierce, 2010）。IGF能促进大多数身体组织的生长，包括骨骼肌，而对于递增负荷抗阻训练，它们的浓度会显著增加。IGF-1似乎不会立即受到葡萄糖和胰岛素的代谢应激反应（即运动和进食）的影响，但在禁食状态下它似乎可以调节葡萄糖水平。
- 睾酮是一种合成代谢（组织生成）和雄性激素（负责男性特征），集中产生于雄性睾丸，但同时也在男性和女性的肾上腺中产生。它是男性中最具代谢性的刺激物，且在男性体内的含量中远高于女性。睾酮分泌降低或首次加大抗阻训练强度后，雄性激素受体就会加大对睾丸激素的吸收量。随着雄性激素结合的增加，合成代谢信号就产生了。这些雄性激素受体位于肌肉和其他细胞的细胞核的DNA上（如神经元），它调节了睾酮的合成代谢信号（Vingren et al., 2010）。当睾酮结合被抑制时，即使其他合成代谢信号机制正在运行，肌肉围度和力量的提升也会受到抑制（Kvorning et al., 2006a, 2006b, 2007）。
- 雌性激素是集中产生于雌性卵巢中的性激素（男性睾丸产生少量雌激素），并且用于积累脂肪和维持女性性征。虽然雌性激素鲜少被认为是肌肉发育和力量增长的重要激素，但是了解雌性激素在能量代谢和蛋白质合成中的作用，对于女性运动员而言是至关重要的。许多研究人员在调查研究中忽略女运动员，因为控制或计算这些运动员每月的激素波动有一定的难度，研究人员更倾向在许多雌性激素和肌肉代谢的研究中使用动物模型。然而，最近研究人员认识到，雌性激素对骨骼肌损伤有潜在的保护作用，这可能会对女性的肌肉抗阻训练产生重要的影响。与男性相比，女性的血液浓度中的肌酸激酶（肌肉损伤标记）较低，这表明女性肌肉在抗阻训练中受到的损害较小。这种保护作用的原理还没有完全研究透彻，但是雌性激素可能会起到抗氧化作用或在炎症反应中起到作用。一些体外证据表明，卵巢激素可以抑制肌肉蛋白的合成。这些发现如何作用于人体，以及如何影响女性运动员的营养水平，目前还不清楚。

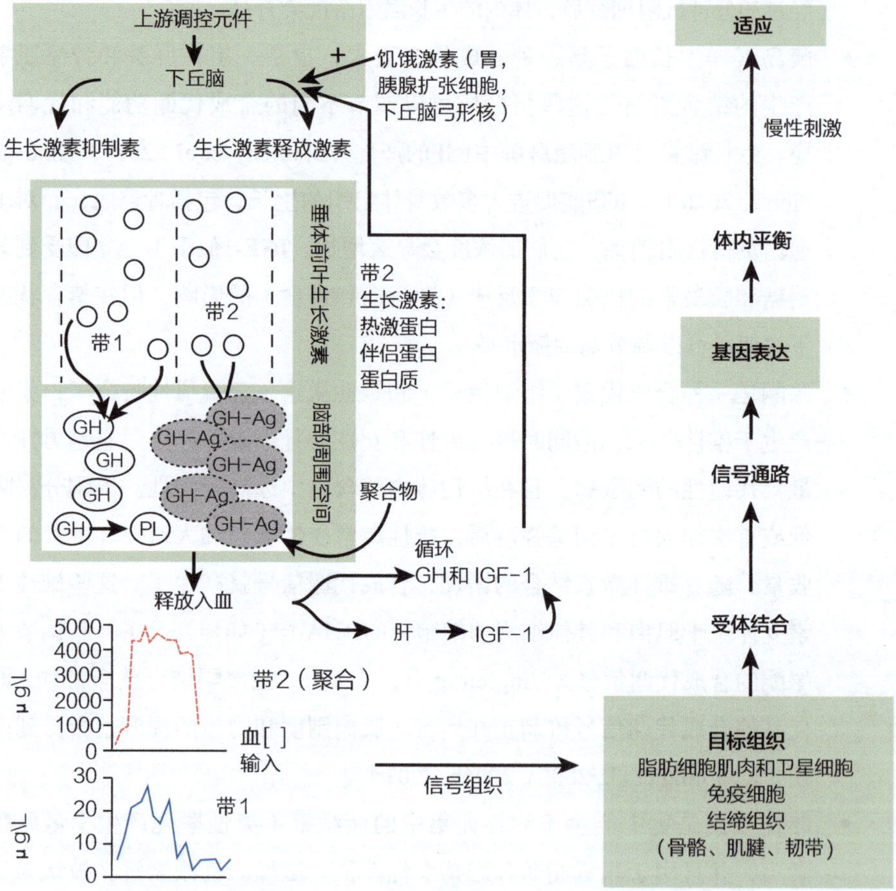

图4.2 抗阻训练刺激垂体前叶，以各种形式分泌生长激素，这些形态由两种叫作“带1”和“带2”的体粒组成。带1细胞分泌常见的191个氨基酸形式的生长激素和分子量较小的肽，而带2细胞分泌较大生物活性聚集体形式的生长激素。 较大的生物活性聚集体是血液中生长激素的20到40倍，较生物活性聚集体承担生长激素的许多功能，因此它是生物活性肽的超级家族（PL=催乳素）

- 皮质醇是一种类固醇激素（即无须受体就可以穿过细胞膜到达细胞核处），在肾脏上方的肾上腺中产生，以应对运动、受伤或压力。皮质醇通过促进肝脏中的脂肪和蛋白质分解来维持血糖和糖原浓度，从而促进新葡萄糖（糖异生作用）的合成。皮质醇还会分解蛋白质（通过抑制蛋白质合成），形成可被肝脏吸收的氨基酸，促进刺激脂肪组织中游离脂肪酸的活化。这样可以刺激肝酶合成葡萄糖，并阻止葡萄糖进入组织，促使这些组织使用脂肪酸作为燃料。因为皮质醇水平影响蛋白质分解代谢，它对骨骼肌肥大有抑制作用。皮质醇浓度在一天内会有规律的波动，并且在男性和女性的高强度抗阻运动后显著增加。蛋白质似乎对皮质醇水平具有最大的刺激作用。由于使用葡萄糖作为主要能源，皮质醇使免疫细胞失活（Fragala et al., 2011），并抑制肌肉中的分子信号系统运转（Spiering et al., 2008a）。高浓度的静息皮质醇与训练顺序和缺乏恢复有相关性。由于其对蛋白质代谢的影响以及对细胞核内DNA中的睾酮上游调节受体发生竞争性结合，皮质醇起分子代谢作用。在高强度抗阻训练中，被激活的骨骼肌中的皮质醇受体数量在男性体内不会发生变化（Vingren et al., 2009）。

营养要素

三种主要产生能量的营养要素（如膳食营养）为碳水化合物、脂肪和蛋白质，它们对肌肉的发育至关重要。蛋白质提供氨基酸，它们是蛋白质的主要结构材料，进而有助于蛋白质合成。碳水化合物是训练的主要能量来源，体内碳水化合物的存在刺激肌肉生长。脂肪对于维持肌肉发育来说至关重要。当大量营养素被消耗时，其数量和质量会影响肌肉组织的营养成分。当肌肉组织吸收这些大量营养素时，激素释放。这些激素与目标组织上的受体相互作用，促进蛋白质、脂肪和碳水化合物代谢和基因转录的转换。肌肉蛋白代谢反应发生在运动后24至48小时内。因此，在此期间吃的任何一餐都将影响肌肥大（即肌肉围度增加）。

蛋白质

肌肉主要包括蛋白质（约22%）和水（约70%）。肌肉的其余部分有糖原、脂肪、维生素和矿物质。与脂肪和碳水化合物组成类似，蛋白质由碳、氢和氧组成。然而，与脂肪和碳水化合物不同的是，蛋白质含有氮。这种分子差异导致肌肉组织代谢状态的差异。摄入的氮量与排泄或丢失量之间的数量差异称为氮平衡。当氮供应不能满足氮素需求时，蛋白质组织由于分解代谢产生氮元素，氮随着尿液流失（即负氮平衡）。如果消耗的氮比排泄的多，您将处于合成代谢或肌肉构建状态（即正氮平衡）。

氨基酸是蛋白质的组成部分，包含碳、氢、氧、氮等元素，在某些情况下含有硫。每个α氨基酸都有称为α碳的碳原子，羧基、氨基和氢原子键合到碳原子上。对于每个氨基酸都是独特的R基团。需要足量的氨基酸蛋白质才能合成。蛋白质合成至少需要20种不同的氨基酸，所以不同的氨基酸在分子结构、形状和性质上各不相同（表4.1）。通常，有九种氨基酸是成年人必不可少的，称为必需氨基酸，它们不能在体内合成，这意味着它们必须在饮食中被摄取。相反，非必需氨基酸可以从人体合成。必需氨基酸对肌肉的构建和代谢至关重要（Kraemer et al., 2016）。此外，一些氨基酸，如组氨酸和精氨酸，被认为是半必需的，因为在婴儿和儿童中，它们的生产能力很弱。另外，一些氨基酸，如精氨酸和谷氨酰胺，被认为是有条件需求氨基酸，因为它们在分解代谢时的需求量会增加。

表4.1　非必需和必需氨基酸

非必需氨基酸	必需氨基酸
丙氨酸	异亮氨酸
天冬酰胺	亮氨酸
天冬氨酸	赖氨酸
左旋肉碱	蛋氨酸
瓜氨酸	苯丙氨酸
半胱氨酸	苏氨酸
胱氨酸	色氨酸
γ-氨基丁酸	缬氨酸
谷氨酸	
谷氨酰胺	
谷胱甘肽	
甘氨酸	
羟脯氨酸	
鸟氨酸	
脯氨酸	
丝氨酸	
牛磺酸	
酪氨酸	

蛋白质是否含有所有必需氨基酸，决定了它们的生物学价值是完整的（高生物学价值）还是不完整（低生物学价值）的。通常，来自动物源的蛋白质（即蛋、肉、鱼）含有所有必需的氨基酸，因此这种蛋白质的生物学价值是完整的。谷物和蔬菜产品中的大多数蛋白质不含所有的氨基酸，所以这种蛋白质的生物学价值是不完整的。这些植物性的不完全的蛋白质来源可以组合在一起，为人体提供所有的氨基酸。

虽然每克蛋白质能量约4千卡，通常并未将其视为像碳水化合物和脂肪那样的主要能量来源。氨基酸，特别是由膳食蛋白质提供的必需氨基酸，使身体合成组织、激素、酶所需蛋白质。另外，蛋白质在提供能量方面效率比较低。蛋白质具有很高的热效应特性，这意味着每克蛋白质所提供的热量（与脂肪或碳水化合物相比）大部分被用于代谢，导致能量密度较低。

肌肉如何消耗蛋白质

高强度训练提高了肌肉蛋白质的合成和分解速度。肌肉蛋白质合成速率超过蛋白质分解速率，导致净蛋白质增加或生长。研究表明，训练4小时后，肌肉蛋白合成活性比训练前增加50%。训练24小时后，肌肉蛋白合成活性比训练前提高109%。肌肉蛋白质合成因抗阻训练而变化，急性蛋白质合成并不代表发生肌肉肥大（Damas et al., 2015）。此外，随着肌肉达到其最大基因尺寸，肌肉蛋白质合成可能减慢；然而，这可能由于肌肉和个体之间的差异而不同。肌纤维的生长方式也可能因纤维类型而异。Ⅰ型和Ⅱ型肌纤维的重点在于蛋白质合成和分解。Ⅱ型纤维的典型特征是增加合成和降低降解依赖，而蛋白质合成的速度更低以及分解程度的减少，是I型纤维的典型特征。

运动前后通过食物或补剂摄入氨基酸来刺激氨基酸在骨骼肌内的运输，从而刺激蛋白质合成是较常用的方法。当人们在训练后1或3小时内摄入氨基酸时，会观察到类似的结果。此外，一些证据表明，在抗阻运动之前摄入适量氨基酸比训练后摄入更容易促进蛋白质合成。这可能是由于在训练期间肌肉的血液流动加快，从而导致肌肉氨基酸的运输速度加快。肌肉代谢是在运动后的一两个小时内消耗氨基酸或碳水化合物。然而，有证据显示，在某种程度上，如果氨基酸和蛋白质组合，就会产生一种附加效应。

大量的抗阻训练或过度训练（即训练量高于正常值但未达到过度训练的标准），之后，如果恢复不够，在最初只是肌肉力量降低，这些可以通过补充氨基酸来弥补。另外，在能量缺乏的时期，如禁食状态或锻炼后，高蛋白饮食已被证明能有效增加去脂体重和提高肌肉力量。

肌肉消耗蛋白质的方法也与一些运动员为什么使用类固醇激素有关，即使这个做法存在风险——并会被禁止参加竞技性运动。类固醇的使用似乎降低了氮平衡和合成代谢所需的蛋白质水平，这是由于从分解蛋白质回收氨基酸，来合成新的肌肉蛋白质的能力提高了。

每日蛋白质需求

通常，每天促进氮平衡（全身蛋白质使用的指标）以及生长和发育骨骼肌所需的蛋白质数量是每千克体重1.2到2.2克。然而，这个数量取决于训练时刺激的肌肉数量。即使是老年人，如果要肌肉生长，也需摄入超过推荐的每天每千克体重0.8克的蛋白质摄入。随着肌肉逐渐增大，所需蛋白质的数量将下降至较低的水平。也就是说，使用氨基酸可能会更有效地提高运动员的体能。一般来说，运动员建议饮食包含25%到30%的蛋白质，通常大于每千克体重0.8克。如果个人遵循传统的饮食习惯，那么这个比例应该允许摄入足够的氨基酸以及足够的碳水化合物和脂肪。再者，训练的类型和训练期间刺激的肌肉纤维量可能会影响对蛋白质的需求：当训练刺激更多的肌肉纤维时，需要摄入更多的蛋白质。

重要的是要记住，必需氨基酸比非必需氨基酸更重要。基本氨基酸是肌肉蛋白合成的主要调节剂，而非必需氨基酸几乎没有贡献，这个观点已得到证实。特别强调，支链氨基酸（如亮氨酸）似乎是肌肉蛋白质合成的最重要的刺激物。

碳水化合物

与蛋白质和脂肪类似，碳水化合物分子含有碳、氢和氧。和蛋白质一样，碳水化合物每克提供4千卡的能量，但在提供能量方面，碳水化合物比蛋白质更高效。许多食物中都含有碳水化合物和大量元素的结合物。碳水化合物含量较高的食物有面包、大米、意大利面、土豆、谷类、饼干等。

人体中消耗的碳水化合物最终会转变为葡萄糖。葡萄糖是一种单糖，它能够运输到身体的各个组织器官中并为其提供能量。当这种能量不能立即消耗时，就会以糖原的形式被储存下来。正常进餐后进行的抗阻训练，训练次数适度的情况下（重复8到12次），其能量主要来自于糖原。糖原主要存储在肌肉与肝脏中，有部分糖原也存在于血液中。

肌肉使用糖原的过程

肌肉使用糖原经历以下过程。第一，将糖原分解成葡萄糖，继而发生糖酵解，分解产生ATP。在一组肱二头肌弯举力竭训练中，能量来源的82%来自糖酵解。由于糖原能够轻易地被线粒体（细胞进行有氧呼吸的主要场所）分解，因此在抗阻训练中，糖原能容易且快速地为肌肉增添能量。因此，正常进食的训练者，如果他的糖原存储量低，那么他的训练效果可能受到影响。

训练结束后，糖原会有不同程度的消耗。抗阻训练后肌糖原将消耗30%到40%，尤其是Ⅱ型（快肌厌氧）肌纤维。此外，等张训练中的肌肉拉伸阶段（如在肱二头肌弯举训练中重物下降的过程）对肌肉造成的损伤，都会降低肌肉存储糖原的能力。这种储存能力的降低可能是由于进入细胞的利率的降低引起的，而这种利率的降低是诸如胰岛素等激素与其细胞受体的相互作用导致的。因此，在肌肉受到损伤时，日常饮食中的碳水化合物的摄入可以帮助训练者进行糖原的再合成。因此训练者应及时补充糖原储存。有趣的是，抗阻训练中糖原的消耗在某些程度上成为增肌的一种抑制信号（Camera et al., 2012）。

由于血液中的葡萄糖的循环能够引起胰岛素的分泌，碳水化合物的摄入也能够引起胰岛素水平的上升。运动之后碳水化合物得以消耗的时候，糖原能够更快地加以补充。糖原的补充类似于碳水化合物单独消耗或与蛋白质和氨基酸共同消耗的过程。一些研究表明，某些氨基酸（如亮氨酸）也能够增加胰岛素的分泌，从而增强训练后糖原再合成过程以及通过碳水化合物和氨基酸的结合引起的蛋白质代谢等。训练后对碳水化合物以及氨基酸共同的消耗已被证实在能够次最大强度循环训练之后增加糖原再合成，这也可能是胰岛素分泌增加造成的。虽然如此，其对于训练后的影响也不为人所知晓。

我们推荐在训练之前或者在训练中补充合适碳水化合物以及蛋白质补剂。因为这样能够使胰岛素的作用发挥到最大，并且能够增加血液循环的氨基酸并让训练者从中获益。与训练后2小时进行比较，训练后即刻补充碳水化合物似乎是肌糖原补充最有效的方法，补充一次摄入量是每千克体重1.2克/小时，且4小时内每30分钟补充一次。而且，在训练前或训练中期摄入碳水化合物能够降低训练中增加肌糖原的消耗速度，并且显著提升当日第二次训练的训练量以及训练强度。有研究同样表明，与对照组相比，在抗阻训练之前、刚刚结束或者结束后两个小时的时候补充碳水化合物和蛋白质补剂，都能增强生长素和一般生长素的即刻反应。

饮食不会影响胰岛素样生长因子结合球蛋白-I（IGFBP-I）的总体水平，另外一种可运输到血液中的蛋白质是胰岛素样生长因子-1。IGFBP-I能够通过抑制从游离的IGF-I中葡萄糖的摄取来达到管控血液中葡萄糖含量的目的。IGFBP-I浓度在刚刚吃过东西之后下降，在进食3到4小时后有所上升。在训练中或训练后，由于摄入碳水化合物会引起IGFBP-I浓度的下降（与没有任何补充相比）。然而，该浓度的下降与血糖浓度无关，这就说明可能有其他因素影响着IGFBP-I的浓度，并不是血糖以及胰岛素的浓度。这种因素也许是肝糖原的消耗，因为已经有相关研究表明训练中肝糖原与IGFBP-I有着很高的关联性。

与禁食相比，在抗阻训练前后营养物质的摄入会引起血睾酮水平的持续减少。这与睾酮的生成、分泌与代谢清除密不可分。对于男性而言，在抗阻力训练中，总睾酮浓度会急剧上升，但是对于女性而言，一些研究表明该激素会升高，而仍有一部分研究表明激素含量并没有太大变化。训练时，碳水化合物和蛋白质的补充也会降低睾酮的浓度。训练后进食，在恢复阶段能够增加肌肉特性蛋白质的合成，这也是要睾酮参与的。因此，这些观测到的睾酮的降低，可能是由于在骨骼肌中摄取过多，并导致蛋白质合成。此外，睾酮浓度显著下降也解释了糖耐性测试。糖耐性测试就是取血样，并给定葡萄糖浓度，以测试葡萄糖完全消耗所使用的时间。

在训练中摄入碳水化合物溶液已被证实能够降低皮质醇的应激反应，并且在12周及以上的训练中还可能会引起肌肥大。在训练中碳水化合物的补充可能会减小训练中糖异生的需求，从而降低对皮质醇的需求。再次声明，本节的所有信息的提出都是基于高碳水化合物的饮食（占总热量的55%到60%），并不涉及低碳水饮食（如生酮饮食）（占总热量的15%到20%； Volek et al., 2015）。碳水化合物具有敏感性，其负面临床反应也是因人而异的（Volek et al., 2014）。

日常碳水化合物的需求量

据研究表明，较高血糖指数的碳水化合物对于增加糖原补充率来说是十分有效的。血糖指数，指的是碳水化合物代谢的速度，它描述了关于食物消化引起的血糖增加的数值率。血糖指数高的碳水化合物，如水果或加工过的糖类，极易代谢。而血糖指数较低的碳水化合物，如淀粉和纤维素等，代谢较慢。血糖负荷是另一个术语。血糖负荷指的是某些特定的食物引起的血糖增加。与血糖指数不同的是，血糖负荷还要考虑已消耗的食物的数量（表4.2）。尽管碳水化合物能够促进糖原的再合成，但是高血糖指数的碳水化合物不利于减脂，因为胰岛素反应会抑制脂解酶的活性并且促进脂肪的储存与堆积。近来，为了加强运动员的运动表现，过度食用高碳水化合物的食物和饮品已经成为一种问题（Paoli et al., 2013; Noakes et al., 2014）。

表4.2 所选食物的血糖指数

高（血糖指数>69）	中（56<血糖指数<69）	低（血糖指数<56）
白面包	小麦面包	黑面包
玉米燕麦	日常麦片	全麦面包
年糕	冰淇淋	花生
软心豆粒糖	蛋白质能量棒	苹果
爆米花	甜玉米	牛奶
椒盐脆饼干	烤马铃薯	甜豆
佳得乐（一种运动饮料）	葡萄干小麦片	山药

血糖指数（GI）是关于时间与数量的比率，描述了给定的食物引起血糖的上升与纯葡萄糖（血糖指数为100%）的关系。

脂肪

与碳水化合物类似，脂肪由碳、氢、氧三种元素组成，但是脂肪又是主要营养素里面能量最高的，大约每克脂肪能够提供9千卡的热量。每磅体脂包含3 500千卡的热量。因此，在训练中脂肪利用率的增加能够限制糖原的使用率。近来的研究表明，进行规定饮食的健身者，其脂肪与蛋白质能更好地结合，蛋白质与碳水化合物同样能够更好地结合。而问题往往就出现在脂肪与碳水化合物的共同使用时。低碳水饮食包含着正常的蛋白质摄入，并限制了碳水化合物的摄入；而高碳水饮食包含着正常的蛋白质摄入，并限制着脂肪的摄入。大多数的饮食文化都是基于主体消耗高碳水化合物饮食的相关发现中得出来的。但这些发现近期已被重新检测，更多的数据将会定期公布（Noakes et al., 2014；Volek et al., 2015）。

在高碳水饮食情况下，膳食脂肪的好与坏主要取决于它对血胆固醇的影响。饱和脂肪和反式脂肪是被公认的不良脂肪。饱和脂肪主要来自动物制品（如黄油、奶酪、冰淇淋、红肉等），而反式脂肪则主要是来自包装零食，二者都可以增加血胆固醇的水平。不饱和脂肪主要来自于植物（蔬菜、坚果以及种子），并且不饱和脂肪被认为是一种良好脂肪，因其能够改善身体血脂的水平。不饱和脂肪包括多元不饱和脂肪（葵瓜子油、玉米油以及大豆油等）以及单一不饱和脂肪（菜籽油、花生油以及橄榄油）。

尽管需要摄入脂肪来维持体内血睾酮素的浓度，但是相较于高碳水饮食而言，高脂肪饮食能够抑制高强度训练的表现。研究表明，若饮食脂肪含量极低（小于总热量的10%到15%），可能会降低健康男性体内睾酮素的浓度。我们推荐训练者在食用高碳水饮食时，应注意其脂肪含量应适度（占日能量消耗10%到20%）并摄入少量饱和脂肪酸（小于10%）。

低碳水化合物饮食

酮类作为能量物质以及一种规划合理的低碳水饮食，已被证明对于运动员的健康与运动表现有很大的益处（Volek et al., 2015, 2016）。酮类适应是一项膳食计划，这项计划能够帮助运动员提高他们抗压能力，并能够减少高强度体育赛事或健身训练的恢复时间。一旦身体患上了酮病，为大脑功能主要物质将会由葡萄糖转换为另一种稳定而可持续的能源物质β-羟基丁酸，其是体内最重要的循环酮。近来研究表明，β-羟基丁酸也可以作为一种可以改变基因表达的信号分子，从而改善训练者的身心表现。因此，除了减重之外，这一膳食方法相较于前种无论在疾病（如糖尿病、代谢综合征和癫痫等）发病率或增加运动员的表现力等方面都有所改善。

水

人体中有40%到75%的水，该比例在不同的身体结构或年龄差异上也会有所不同。水对肌力的影响也很大，因为肌肉中水约占整体的70%。脂肪中水分仅有20%到25%，这也就解释了肌肉比脂肪储存的能量多得多的原因。同时，水分子不只是在糖原中连接葡萄糖分子的重要物质，还是在蛋白质中连接氨基酸分子的重要物质。身体内每储存一克碳水化合物，就能储存2.7克水。如果发生脱水情况，并且脱水量达到身体重量的1.5%，就有可能会降低肌肉耐力以及仰卧推举的最大肌力。

在不进行锻炼且处于正常环境条件下，正常成年人每天会排出近2.5升的水，这些水大部分是通过尿液排出体外的。然而，高温以及进行训练的情况下人体水分会流失近7升。一般来说，你应该以每消耗1千卡的热量补充1到1.5毫升的速率进行补水。但是这一点是很难坚持下来的。由于消耗热量很难测量，因此在训练前后，以及训练中，训练者应尽量保持每小时补水237到473毫升以防脱水。

微量元素

维生素和矿物质被统称为微量元素，因为二者在人体内需求量较少。虽然如此，微量元素对人体中的各个机能以及诸如肌肉收缩等的生化反应起着至关重要的作用。维生素都是有机物，也就是说维生素都包括碳元素，然而并不包括热量。维生素可以引起身体内的化学反应。维生素可以分为两大类：水溶性以及脂溶性。水溶性维生素不能在身体内储存，包括B族维生素以及维生素C。脂溶性维生素可以储存在身体内的脂肪组织中。脂溶性维生素包括维生素A、维生素D、维生素E和维生素K。身体组织对维生素的需求量是很小的，但是在能量代谢以及组织器官形成方面起着关键的作用。表4.3详细介绍了维生素与矿物质以及他们的饮食来源以及各自的功能。

矿物质是在水和土地中存在的一种无机物，它们随着我们食物的摄入进入我们的体内，也就是说矿物质是从我们摄入的富含矿物质的植物蔬菜中或者摄入食植类动物中获取。除了碳、氢、氧、氮之外，人体内所有的矿物质都是化学元素。人体内有22种矿物质，占总体重的4%。同样，矿物质也可以被分为两大类，即大量矿物质以及微量矿物质。大量矿物质（主要的矿物质）包括钙、磷、镁、硫、钠、钾和氯。这些元素在体内大约有35到1050克，这个重量还要取决于矿物质及身体的重量。微量矿物质包括铁、碘、氟、锌、硒、铜、钴、铬、锰、钼、砷、镍以及矾。这些元素在身体内存在不过几克。大量矿物质与微量矿物质都对机体的代谢过程以及糖原、蛋白质、脂肪的合成起着重要的作用。尽管少有研究表明高于正常水平的微生物与矿物质补剂对人有好处，但是你要知道的是维生素与矿物质的缺乏能够抑制健身者的力量与训练进程。因此，我们常推荐训练者进行多种维生素的补充，来确保其体内的维生素与矿物质的消耗与摄入能够达到平衡。

补剂

许多营养素补剂都是面向市场出售的，并且都会附加声明：会增加肌肉的力量与围度，但是这些声明却少有科学支持。对于力量型运动员来说，在这些几乎没有任何作用的补剂上花费金钱其实毫无意义。

表4.3 维生素与矿物质

维生素或矿物质	主要来源	主要功能
	脂溶性维生素	
维生素 A	乳制品 动物肝脏 胡萝卜 甘薯 绿叶蔬菜	抗氧化剂（保护细胞免于老化） 基因表达
维生素 D	乳制品 蛋黄 鱼油 日光暴露	促进钙和磷的吸收与使用
维生素 E	植物油 坚果 种子	抗氧化剂（保护细胞免于老化）
维生素 K	菠菜 鸡蛋 菜花 肝脏	协助蛋白质形成（尤其是在凝血方面）
	水溶性维生素	
维生素 B_1（硫胺素）	排骨 花生 豆类 全谷类	能量代谢中的辅酶（辅助反应的一种酶）
维生素 B_2（核黄素）	乳制品 肉类 丰富谷物 豆类 绿叶蔬菜	能量代谢中的辅酶
烟酸	坚果 肉类 豆类	能量代谢中的辅酶
维生素 B_6	坚果 鱼肉 家禽 豆类	氨基酸代谢中的辅酶
叶酸	绿色蔬菜 豆类 坚果 谷物	DNA与RNA代谢中的辅酶
维生素 B_{12}	动物制品	DNA与RNA代谢中的辅酶
泛酸	动物制品 全谷类	能量代谢中的辅酶

续表

维生素或矿物质	主要来源	主要功能
	脂溶性维生素	
生物素（维生素H）	肉类 全谷类 蔬菜	能量代谢的辅酶
维生素C（抗坏血酸）	柑橘类水果 西蓝花 草莓 哈密瓜	抗氧化剂 增进铁的吸收
	大量元素	
钙	牛奶 深色植物 豆类	帮助肌肉收缩 神经传递 骨骼的形成
磷	牛奶 肉类 家禽 全谷类	骨骼的形成 酸碱平衡 辅酶的组成成分
镁	全谷类 绿叶蔬菜	促进蛋白质的合成 辅酶 促进葡萄糖代谢
硫	蛋白质	蛋白质的组成成分
钠	盐 酱	调节体内的水的含量 调节神经功能
钾	肉类 奶类 水果 蔬菜	调节体内的水的含量 调节神经功能
氯	盐 酱油	调节酸碱平衡 调节神经功能
	微量元素	
铁	肉类 鸡蛋 全谷类 绿叶蔬菜	血红蛋白的形成 辅酶的组成成分 肌红蛋白的形成
碘	鱼类 奶制品 加碘盐	促进分泌甲状腺激素
氟	饮用水 茶 海鲜	是牙齿以及骨骼的结构

续表

维生素或矿物质	主要来源	主要功能
锌	肉类 海鲜 全谷类 蔬菜	酶的组成部分 （包括蛋白质合成以及能量代谢中所需要的酶）
微量元素		
硒	肉类 坚果 海鲜 全谷类	酶的组成成分 抗氧化酶
铜	动物肝脏 海鲜 坚果 豆制品	酶的组成成分 帮助体内铁元素以及血红蛋白的使用
铬	海鲜 肉类 全谷类 芦笋	参与糖类代谢以及能量代谢 提高胰岛素的功能
锰	蔬菜 水果 坚果 全谷类	酶的组成成分
钼	豆类 燕麦 蔬菜	酶的组成成分

维生素以及矿物质对于力量型运动员的饮食而言是非常关键的，因为它们在能量代谢以及蛋白质的合成中的一系列化学反应中起到了至关重要的作用。DNA：脱氧核糖核酸；RNA：核糖核酸。

研究表明，一些补剂的正确使用对于增加力量运动员而言大有裨益，如肌酸、支链氨基酸、左旋肉碱等。在关于一级运动员的一项调查中，近来有89%的运动员在使用一些营养补剂，如运动饮料、能量棒等。除此之外，47%的运动员服用过多种维生素；37%的运动员使用过肌酸补剂。

肌酸

肌酸是氨基酸的一种衍生物（来自于精氨酸、甘氨酸和蛋氨酸），并合成于肝脏以及肾脏中。因为肌酸在ATP代谢中发挥着很大作用，故肌酸补剂理论上讲能够增加骨骼肌细胞中磷酸肌酸（PCr）的生物利用率，并能够增加肌力。拥有较多的可使用磷酸肌酸能促进ATP的合成，从而为短时、高强度训练提供能量

（如抗阻训练），这也就平衡了ATP的需求与供给。磷酸肌酸同样能够增加肌肉的收缩能力，并在无氧运动中通过中和细胞内乳酸产生的氢离子来延缓疲劳。

人体骨骼肌内的肌氨酸的含量一般会在每千克肌肉90到160毫摩尔变化。肌酸补剂的有效性围绕极限水平上下浮动，但其最大优势往往是在含量最低水平时被监测到。尽管有一些荒诞的研究表明了肌肉的痉挛是由肌酸补剂引起的，但是并没有证实肌酸补剂确有较严重的副作用。

大量研究表明，肌酸补剂在抗阻训练时增肌以及提高肌力方面有较大作用。肌肉力量、围度的增长都可以归因于某些原理，如蛋白质代谢、合成以及蛋白质在基因层面上的转录等。相关研究已经证实了这一观点。以每天20克的剂量服用5天补剂，已经被证实能够使肌酸的使用率增加20%，并能够加快在肌肉收缩训练时磷酸肌酸的再合成的速率。在那些每天摄入20到30克肌酸补剂的男性运动员中，无论是短时训练还是高强度训练至力竭，其训练表现都有一定程度的提高。

研究表明，长期补充肌酸能增加久坐男女在进行抗阻训练中的肌肉力量。通过12周肌酸的补充及大负荷抗阻训练，健康男性能获得肌肉的增长和脂肪含量的降低（但这也可能是较高质量的训练带来的结果）。短期的肌酸载荷能在最大肌力以及举重两个方面加以改善。因此，一些研究表明肌酸的发力效果一部分是由于高强度效果，还有一部分是由于能进行高强度训练的能力（尽管这一原理的具体理解还未弄清）。

支链氨基酸

支链氨基酸主要包括3大类氨基酸（亮氨酸、异亮氨酸以及缬氨酸）。支链氨基酸一般用来维持肌肉力量以及维持糖原。支链氨基酸在食物中被提取出来，如奶制品、肉类、乳清以及鸡蛋。由于支链氨基酸在肌肉代谢中的作用，它常常被用作食品强化剂。关于支链氨基酸补剂的一项研究表明，在为期4周的过度抗阻训练中（早期定义），起初体力会有所下降，爆发力也会有所削减。

左旋肉碱

肉毒碱是在人体的肝脏与肾脏中合成的一种物质，并发现于肉类和奶类制品中。左旋肉碱（肉毒碱的一种补剂）被认为对提升运动表现力有好处。因为左旋肉碱能够转移某些游离脂肪酸到线粒体膜上，这样就有更多的脂肪酸氧化来制造能量，从而保留肌糖原。同时，左旋肉碱还能够减少因锻炼造成的肌肉内乳酸的堆积，从而延缓疲劳。

某些研究表明，在训练中补充左旋肉碱（每天2到6克）能够降低呼吸交换率（指呼吸时在肺部呼出二氧化碳与吸入氧气的比率），这也就表明了补充左旋肉碱时产生能量的是脂肪酸而不是碳水化合物。然而，还有一些研究通过活性切片检查以及血清分析，直接测量肌糖原和乳酸浓度。这项实验没有表明每天补充左旋肉碱6克的情况下，肌糖原的消耗直接影响了或减少了乳酸的浓度。左旋肉碱酒石酸补剂（左旋肉碱的来源之一，并在体内会分解为左旋肉碱与酒石酸）对于健康男性而言，在补充3周之后，会明显感到由健身引起的肌肉组织损伤有所恢复、激素反应受体完整、肌肉酸痛感减轻。但是，它可能会导致肌肉损伤的标记物质减少以及自由基（可能造成细胞损伤的原子或不成对电子的复合体）的形成。

小结

为了使对营养素的代谢反应最大化，力量练习运动员应考虑在抗阻训练中的诸多因素，比如氨基酸的可用性、运动前与运动后补剂与微量元素摄入的时间安排以及胰岛素的影响。为了给恢复阶段的机体创造一个良好的激素环境，在训练的前后，运动员应该同时补充蛋白质与碳水化合物。

尽管我们仍需要大量关于抗阻训练以及营养素的长期适应性研究，但是已有的研究已经表明蛋白质和碳水化合物在训练中能够帮助增肌。大多数市面上的补剂都贴有声明，告知其产品能够增加肌肉力量与肌肉围度，但是经科学研究发现，唯一有效且对人身体无害的补剂是肌酸。肌酸已被证实能够提高健身刺激的质量。

第二部分

抗阻训练指南

在这一部分，你将了解一些合理的力量训练方法，学习怎样制定一个最优训练计划，如何利用正确测试程序来评估自身力量，以及选择正确的训练方法以求训练的低风险、高回报。

第5章“力量评估”。这一章为力量和爆发力测试打下基础，这个评估会帮助你确定力量训练目标。对测试的结果详细解释，根据这些信息你可以认识到自身的优势与短板，从而决定在哪些方面多加练习，提升力量表现。

第6章“力量及爆发力训练的类型”。这一章介绍了一些在室内及户外训练的方法。锻炼肌肉的方法诸多，本章会帮助你选择一个满足自身需要和时间限制的训练计划。

第7章“训练计划表与休息时间”。这一章带你将训练分成具体的阶段，细化每一阶段的训练目标。你的每一项锻炼都是为了实现目标，为达到想要的力量与爆发力效果提供训练步骤。通过本章你将学会如何通过调整训练变量来得到最大收益。

最后，第8章“安全、疼痛与损伤”。这一章提供了力量训练的一些信息，这些信息在一定程度上帮助你在训练过程中免受伤害。同时本章也介绍了肌肉酸痛，这在某些抗阻训练中不可避免，但是通过正确指导，你可以有效控制其程度。最后，通过本章学习你能够轻松识别出各种损伤类型，在其恶化前运用正确的训练形式和方法消除它们。

5

力量评估

凯莉·K.哈蒙
达斯汀·D.郑尼克
李·E.布朗

在开始任何锻炼计划之前，你必须对自己目前的身体力量水平有一个正确的了解。身体力量水平有很多方面，包括力量、爆发力和肌肉耐力等。相应地，这些方面又受到许多其他因素的影响，包括年龄、体重指数和以往的训练经验（即训练年龄）等。

本章讨论的是如何评估你的身体力量水平，特别是肌肉力量和爆发力。正确的评估是制定有效抗阻训练计划的关键所在，通过它你可以发现自身的长处和不足。利用这些信息以及个人目标，便可做出正确合理的训练计划。此外，你可以通过反复的评估来跟进训练进度，从而确定计划中哪些方面是有效的，哪些方面需要改进。不管你目前的身体力量水平如何，抗阻训练都是一个既能够强身健体又充满乐趣的有效方法。

一个人的力量和爆发力可以通过准确、有效、可靠的评估测试和自我评价来衡量。在本章，我们将详细介绍如何通过最常用的评估测试，来帮助你评估自身的力量和爆发力。

设定目标

人们在开始任何一项计划时，通常会制定一系列目标。例如减肥、改善整体

作者对在本章中做出重要贡献的丹尼尔·P.默里，萨吉尔·G.贝拉以及布莱恩·W.芬德利表示感谢。

身体素质、增加肌肉力量，或是在某个专项训练获得优势。收集一些能帮助你决定训练类型的基础数据，可以在最大限度上帮助你实现自己的目标。这种方式对于力量和爆发力训练特别有效。因为抗阻训练有各种各样的训练方法，所以决定专注于哪种训练方式以及哪种训练方式最适合你，这一点非常重要。

抗阻训练的目标应该具体到你想要通过训练达成什么效果。在设定目标之前，先问问自己："我为什么要做这个？"如果你想增强一般肌力，那么你就应该将目标放在增加你能举起的负重。另一方面，如果你想要实现一些更具体的目标，比如成为一名优秀的篮球运动员，提高球技就是你需要专注的任务。

这些目标需要切合实际且易于实现。这并不是阻止你设定远大的目标。相反，为自己设定高标准，有助于自己保持精力集中、充满积极性。但目标设定越高，你需要花费的时间和付出就越大，换句话来说，如果你现在卧推的最高纪录是100磅，那么想要在6个礼拜的训练后，就能举起200磅的杠铃显然不可能。这个目标很难实现，但并非不可能，只是它不能作为短期目标。

不切实际的目标会让人产生一种挫败感，所以我们要避免这一点。另一方面，恰当且切合实际的目标会让人产生满足感以及成就感。一旦这些初始目标完成，你就可以更改计划，以此来体现你所取得的进步。通过目标设定创造成就感至关重要，它不但提高了你对抗阻训练的积极性，而且还能帮助你坚持进行长期的训练。

力量评估

对力量评估的方式取决于你的目标。如果你的目标是改善身体综合素质，那么自我评估可能是最好的选择。但是，如果你的目标是增强某一特定方面的素质，最好选择最大肌力测量法或计算机测试法。此外，人体形态学测量，如身高和体重，适用于所有人。总的来说，进行的肌力和体能水平评估越多，你就越了解自己的基础体能情况。但是，完成更多的测试需要更多的时间。

值得注意的是，本章所讨论的一些评估测试，需要训练者和测试员有更多该方面的经验。例如，进行最大肌力测试时，训练者的体能必须在中上等，并且曾经练习过举重。而测试员则要求有经验，能提供安全的测试环境。计算机测试法可能需要昂贵的设备和训练有素的人员，而人体形态学测量和自我评估应该是成本最低、所需经验最少的方法。

自我评估

做一个简单的自我评估或许是最容易、最方便的方法。尽管有许多评估力量和爆发力的测试方法，但是，简单的自我评估也是了解个人能力最有效的方法之一，因为只有你自己才能感受到自己肌肉锻炼时的情况。因此，快速测量自己的综合力量和爆发力，对于实现最终训练目标非常有价值。

自我评估的妙处在于评估方法并不单一。基本上，你所要做的就是对目前的力量水平与之前的进行纵向比较。这样你就能判断出是否需要改变力量训练计划。或者，如果你正在进行一项训练计划，你只需确定自己所在的力量和爆发力水平，是否有助于实现自己想要达到的训练目标。

自我评估的第一步是确定你为什么需要或想要增加力量或加强爆发力。你可能会问自己：“每天坚持做这些任务很困难吗？”“为什么曾经可以轻而易举地举起杠铃，现在却越来越困难了？”或者你认为在运动中身体得到的力量与消耗的体能没有成正比，或者是想在比赛中跑得更快、跳得更高。对于任何一种情况，你都需要确定自己需要增加多少力量，或是想提高多少力量。我们可以简称为缺乏“很多”“一点点”或“平均数”。简单主观的自我评价可以作为综合力量和爆发力测试方法的有效补充。如果在完成自我评估后仍存疑问，可以咨询专家进行进一步测试。

最大肌力测试法

最大肌力测试法是力量评估中广为接受且颇具实用性的方法之一。从本质上讲，一个人的最大肌力是指在进行肌力训练时，保持动作标准的情况下只能举起一次的重量，即最大重复次数为一次的重量。

最大肌力测试是一个重要的工具，你可以通过它来建立一个基准，用来确定你的训练强度和负荷。事实上，当人们讨论进行力量和爆发力评估时，大多数情况下，他们指的是做最大肌力测试。通常，最大肌力测试仅针对身体的主要肌肉群。最大上肢力量是通过卧推测量，下半身力量则是用颈后深蹲测量。最大肌肉爆发力可以用高翻动作进行测量。

给任何一种训练确定最大肌力都是一个综合过程。经过多组测试后，实际的最大肌力才得以确定下来（这个过程接下来详细说明）。正确地进行最大肌力测试需要采取一定的安全措施。为了顺利地完成训练，在进行下述任何一项程序之前，必须了解正确的测试方法和技巧（详见第三部分的训练说明）。我们必须使用牢固的设备以确保运动员在测量过程中得到保护并找到适合的负荷量。在进行测试的时候，应准备带有安全防护的长椅或深蹲架，并应有一位称职的测试员保护运动员的安全，确保测试的正常进行及技术要领的掌握。最后，一定要有足够的休息时间，以便运动员恢复体力并保证动作质量。

杠铃仰卧推举最大肌力测试

有关杠铃仰卧推举的详细说明，请参阅第9章。

1. 进行小负荷（轻松做起5到10次）热身，热身后休息一分钟。进行下一次热身，增加负荷使运动员完成3到5次重复。通常增加10到20磅或前一组5%到10%的重量。休息两分钟。

2. 进行下一组热身，增加负荷，使运动员可以完成2至3次重复。

3. 休息2到4分钟。

4. 增加负荷10到20磅（5%到10%），这个重量让你在标准动作下只能完成一次反复卧推。如果能举起负荷，进行下一步；如果不能举起重块，则转到步骤6。

5. 再休息两分钟到四分钟，适当增加负荷（10到20磅或5%到10%）。重复测试。

6. 如果不能举起重块，休息两分钟到4分钟，减少负荷5到10磅，重复测试。持续增加或减少负荷，直到确定实际的最大肌力。热身结束后，尽量试着在5组动作内完成这一测试。

颈后深蹲最大肌力测试和高翻最大肌力测试与仰卧推举测试相似。热身次数和重复次数相同。不同的是，需要增加负荷从10到20磅（5%到10%）变为30到40磅（10%到20%）。在最大肌力测量过程中，负荷增加和休息时间同样适用。但是，当颈后深蹲或高翻最大肌力测试失败时，需要减少的负荷量为15到20磅（5%到10%）。

正如你从测试说明中看到的，完成杠铃仰卧推举最大肌力测试需要花费很多时间和精力。这是它的一个缺点。不过幸运的是，最大肌力测试的结果是物超所值的。竞技体育运动队经常使用这些测试来测量运动员的力量或爆发力，最大肌力测试是体能测试的不二之选。

不过，一些人认为最大肌力测试的强度有些超出他们所能承受的范围。这时可以选择多次重复肌力测试来代替它。你可以进行多次重复肌力测试，再利用一系列方程将结果转化为最大肌力。表5.1列出了一些最大肌力估算值，这些数据基于负荷重量以及反复测试得出。利用该表格可以估算你的最大肌力值：第一行找到你能够重复完成的次数，由此向下，找到在该次数下可以举起的最大重量。在最左侧一列所对应的数值，即为你的最大肌力估算值。例如，如果你能重复5次104磅的推举，那么你的最大肌力估算值为120磅。虽然估算值与实际测量最大肌力有一定偏差，但仍然适用于大多数人。而且，正如本章所讨论的，我们可以借助其他一系列测试（个人的或是集体的），来确定力量和爆发力。

表5.1　最大肌力训练负荷推测表

最大重复次数	1	2	3	4	5	6	7	8	9	10	12	15
%RM	100	95	93	90	87	85	83	80	77	75	67	65
负荷（磅或千克）	10	10	9	9	9	9	8	8	8	8	7	7
	20	19	19	18	17	17	17	16	15	15	13	13
	30	29	28	27	26	26	25	24	23	23	20	20
	40	38	37	36	35	34	33	32	31	30	27	26
	50	48	47	45	44	43	42	40	39	38	34	33
	60	57	56	54	52	51	50	48	46	45	40	39
	70	67	65	63	61	60	58	56	54	53	47	46
	80	76	74	72	70	68	66	64	62	60	54	52
	90	86	84	81	78	77	75	72	69	68	60	59
	100	95	93	90	87	85	83	80	77	75	67	65
	110	105	102	99	96	94	91	88	85	83	74	72
	120	114	112	108	104	102	100	96	92	90	80	78
	130	124	121	117	113	111	108	104	100	98	87	85
	140	133	139	126	122	119	116	112	108	105	94	91
	150	143	140	135	131	128	125	120	116	113	101	98
	160	152	149	144	139	136	133	128	123	120	107	104
	170	162	158	153	148	145	141	136	131	128	114	111
	180	171	167	162	157	153	149	144	139	135	121	117
	190	181	177	171	165	162	158	152	146	143	127	124
	200	190	196	180	174	170	166	160	154	150	134	130
	210	200	195	189	183	179	174	168	162	158	141	137
	220	209	205	198	191	187	183	176	169	165	147	143
	230	219	214	207	200	196	191	184	177	173	154	150
	240	228	223	216	209	204	199	192	185	180	161	156
	250	238	233	225	218	213	208	200	193	188	168	163
	260	247	242	234	226	221	206	208	200	195	174	169

源自：National Strength and Conditioning Association, 2015, Program design for resistance training. In Essentials of strength training and conditioning, 4th ed., edited by G.G. Haff and N.T. Triplett (Champaign, IL: Human Kinetics), 455-456.

续表

最大重复次数	1	2	3	4	5	6	7	8	9	10	12	15
%RM	100	95	93	90	87	85	83	80	77	75	67	65
负荷（磅或千克）	270	257	251	243	235	239	224	216	208	203	181	176
	280	266	260	252	244	238	232	224	216	210	188	182
	290	276	270	261	252	247	241	232	223	218	194	189
	300	285	279	270	261	255	249	240	231	225	201	195
	310	295	288	279	270	264	257	248	239	233	208	202
	320	304	298	288	278	272	266	256	246	240	214	208
	330	314	307	297	287	281	274	264	254	248	221	215
	340	323	316	306	296	289	282	272	262	255	228	221
	350	333	326	315	305	298	291	280	270	263	235	228
	360	342	335	324	313	306	299	288	277	270	241	234
	370	352	344	333	322	315	307	296	285	278	248	241
	380	361	353	342	331	323	315	304	293	285	255	247
	390	371	363	351	339	332	324	312	300	293	261	254
	400	380	372	360	348	340	332	320	308	300	268	260
	410	390	381	369	357	349	340	328	316	308	274	267
	420	399	391	378	365	357	349	336	323	315	281	273
	430	409	400	387	374	366	357	344	331	323	288	280
	440	418	409	396	383	374	365	352	339	330	295	286
	450	428	429	405	392	383	374	360	347	338	302	293
	460	437	428	414	400	391	382	368	354	345	308	299
	470	447	437	423	409	400	390	376	362	353	315	306
	480	456	446	432	418	408	398	384	370	360	322	312
	490	446	456	441	426	417	407	392	377	368	328	319
	500	475	465	450	435	425	415	400	385	375	335	325
	510	485	474	459	444	435	423	408	393	383	342	332
	520	494	484	468	452	442	432	416	400	390	348	338
	530	504	493	477	461	451	440	424	408	398	355	345
	540	513	502	486	470	459	448	432	416	405	362	351
	550	523	512	495	479	468	457	440	424	413	369	358
	560	532	521	504	487	476	465	448	431	420	375	364
	570	542	530	513	496	485	473	456	439	428	382	371
	580	551	539	522	505	493	481	464	447	435	389	377
	590	561	549	531	513	502	490	472	454	443	395	384
	600	570	558	540	522	510	498	480	462	450	402	390

人体形态学测量法

人体形态学测量法是一种间接但简单的方法，人们把它定义为身体的科学测量。进行这些测量时所需的唯一仪器是一把简易的卷尺，与裁缝用的差不多。

每隔几周，使用卷尺测量各种大肌肉群（如大腿、上臂、胸部和小腿）的周长（图5.1）。有了这些数据，就可以记录肌肉大小的变化。注意，增加肌肉的同时，脂肪含量也会有所增加，这是因为增肌的时候需要额外的热量消耗。这可能会与肌肉质量评估混淆。一般来说，肌肉围度越大，肌力越大。尽管人体形态学测量看起来过于简单，但它仍是一种记录力量变化的好方法。但是，建议该方法仅作为其他测量方式的辅助及补充。

图5.1　肌肉维度的增加表明肌肉力量的增加

计算机测试法

一面是简单不需要技术的自我测量，另一面是各种计算机测量仪器。比起自我评估，电脑更能够准确地测量一个人的力量。使用电脑可以选择进行大量测试，精确地测量各种姿势和动作下的肌肉力量，从而得到十分准确的结果。最常用的工具是肌电图设备、等速肌力测力测试仪和测力台。

肌电图（EMG）通过测量肌肉中的电信号来确定力量的总体水平。正如我们在第1章中所了解到的，身体中的每一块肌肉都是由一组神经或运动神经元支配或连接的。这些运动神经元最终由中枢神经系统控制，包括大脑。肌肉力量在一定程度上取决于你对神经肌肉的控制。事实上，最初的适应性训练主要是让神经肌肉适应的过程（第2章）（这就是在几周常规训练之前你看不到锻炼效果的原因）。力量训练迫使你的神经学习如何最有效地向肌肉发送信号使肌肉收缩。当一个人的肌肉变得发达，肌肉的电活动也随之增强。将肌电图垫放在肌肉上，或者用针电极直接插入肌肉，另一端连接肌电图机或电脑，当肌肉收缩时便可测量此时的电活动。经过几周的抗阻训练后，通过反复的测量数据确定神经肌肉活动的增加幅度，从而判断肌力的增加情况。

等速肌力测试仪是另一种测量力量的设备（图5.2）。它看起来像一种连着电脑的健身器材，用来测量运动员推拉测力计杠杆臂时，肌肉产生的力矩（或肌力），电脑程序紧接着分析数据，给出所产生的力矩和力量。收集到的信息能提供力量和爆发力方面的一些最精确且可量化的数据。

测力计只需进行细微的调整，几乎就可以检测人体内的每一块主要肌肉。这种机器能够测量肌肉在整个关节活动度内各个角度的肌肉力量，也就是肌肉的动态力量。在第6章我们会更详细地讨论等速训练。

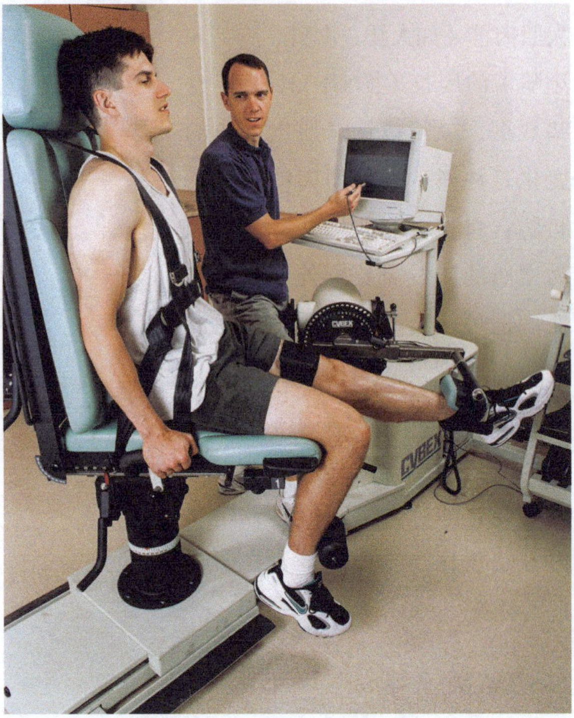

图5.2 通过对等速测力计的杠杆臂施加作用力，测量该受试者的左腿力量

等速肌力测力仪是一种大有作用的临床工具，它也可以测量关节在特定角度的等长或等张肌力，从而确定肌力不足或不平衡的部位。例如，一个做完膝关节手术的运动员可以通过进行等速肌力测定，来检测患侧的股四头肌是否与健康侧一样强壮。同时还可以了解该运动员是否已能够返回训练场，或是需要更多的康复时间。

另一种测力器是握力计（图5.3）。握力计是用来测量握力的。它形状小巧、价格低廉、操作方法十分简单。首先，调整测力计，以适应受试者手掌大小。然后受试者双脚自然分开，与肩同宽，身体保持静止不动，全力握紧握力计保持几秒。握力计上就会显示出力量数值。

测力台是另一种计算机力量评估方法，它可以测量各种力量输出，如峰值肌力以及力量的产生速度。测力台基本上是一个大型体重秤，可以检测体重以及由于运动而产生的输出力的变化。与握力计一样，测力台常用来测量等长肌力。这种类型评估的一个典型例子是等长背拉。进行测试时，将深蹲架放置在测力台上，杠铃位置在大腿中部高度。受试者站上测力台，双手抓杠铃杆，膝盖微微弯曲，保持大腿靠近杠铃。之后，受试者用力向上拉杠铃，脚跟向下用力。此时，产生的力将会显示到另一端的电脑上。

图5.3 受试者自然站立，用最大力气握紧握力计

想要准确地测量肌力，可以选择等速肌力测力仪、肌电图和测力台。可惜，获得准确测量值的同时，这些设备十分昂贵，而且通常只用于临床或实验室。因此操作这种机器需要提前做好功课。此外，你可能还需要学一些运动医学知识。大多数情况下，使用等速肌力测力仪或肌电图测量的数据过于详细复杂，数据量远远超出个人所需。因此，对于大多数人来说，我们还是建议你使用简易常规的评估方法。

爆发力评估

正如力量评估一样，爆发力评估测试同样取决于你的具体目标。这部分提到的最大肌力测试，纵跳和40码冲刺所需的器材相对简单。要知道，肌力的测量是看你能够举起多重的负荷，而爆发力测试是看你快速产生力的能力（第12章）。

最大肌力测试

最大肌力测试同样适用于爆发力评估。测试的技术和过程基本相同，唯一不同的是练习进行的方式。在力量评估过程中进行的重复测试比较缓慢，负荷控制在整个活动度内。而爆发力训练恰恰与其相反，它要求训练者尽可能快地移动重物。15RM方法中的典型爆发力训练为力量举比赛或奥林匹克举（第12章）。

纵跳摸高测试

你可能已经听说过体育节目主持人谈论“垂直1.2米”的篮球运动员或者是“垂直0.9米”的足球运动员。他们指的是这些球员的纵跳成绩。纵跳摸高通常用来测量下肢爆发力，它不能确定个别肌肉的确切爆发力。相反，这个测试是用来比较运动员之间的爆发力（或垂直跳高）大小，或测量一段时间后运动员的进步。许多专业团队和学校运动队使用纵跳测试来检测运动员的爆发力水平，以便确认运动员是否需要提高专项运动的下肢爆发力。

像许多爆发力评估测试一样，纵跳摸高是几乎所有人都能完成的简单测试。运动员的纵跳高度有两种测量方法。第一种方法是使用市面上出售的纵跳测试装置（图5.4a）。或者，可以使用粉笔在墙上画线让测试者用指尖触碰（图5.4b）。机器通常会给出更准确的结果，因为它可以保持测试条件不变。尽管如此，利用墙壁和粉笔同样精确，且廉价易于操作。

从本质上讲，纵跳测试要求运动员尽可能高地向上跳跃。开始前运动员直接站在装置下面或离墙6英寸。初测时，运动员尽量垂直向上跳起，触碰能达到的最高点。如果使用墙壁，用粉笔在这一点上做记号。如果使用测试仪器，调整装置，使标尺位于运动员可以触碰的最低点处。无论是用哪种测试装置，运动员都要首先降低重心，双臂同时向下、向后摆动，然后摆动双臂迅速向上尽力跳起。用粉笔或者纵跳测试装置记录纵跳的最高点。纵跳跳跃高度是指运动员起跳前手指的高度到起跳所达最高点之间的距离。运动员应进行三次实验，取最大记录。隔一段时间再进行下一次测试。

通过比较纵跳摸高测试成绩和一些测试数据分析，来评价运动员的下肢爆发力水平（表5.2）。纵跳高度是一个重要的变量，它直接适用于许多运动，包括篮球和排球。可惜，纵跳高度不等于定量测试（如最大肌力测试）。因此，纵跳摸高测试主要用来测量和比较垂直跳高。有许多力量与爆发力测量，纵跳测试仅仅是整个测试计划中的一小部分。

图5.4 a. 运动员进行触碰测试装置的纵跳测试；b. 运动员垂直弹跳，指尖触碰墙壁最高点，指尖触碰的粉笔位置表示她的跳跃高度

表5.2 不同人群的纵跳摸高、立定跳远和跳远数据分析*

人群、运动项目或位置	运动员人数	纵跳摸高		立定跳远		跳远	
		英寸	厘米	英寸	厘米	英寸	厘米
大学足球队（女）（118）	51	16.1 ± 2.2	40.9 ± 5.5				
中学足球队（女）（118）	83	15.6 ± 1.9	39.6 ± 4.7				
大学曲棍球队（女）（118）	79	15.8 ± 2.2	40.1 ± 5.6				
青少年盖尔足球队（男）（22）	265	17.0 ± 2.0	43.3 ± 5.1			78.0 ± 8.1	198.2 ± 20.7
美国国家足球队（女）（17）	21	12.4 ± 1.6	31.6 ± 4.0	11.9 ± 1.5	30.1 ± 3.7		
U19足球队（女）（17）	20	13.5 ± 1.5	34.3 ± 3.9	1 2 . 9 ±1.1	32.8 ± 2.9		
U17足球队（女）（17）	21	11.4 ± 0.8	29.0 ± 2.1	11.1 ± 1.0	28.2 ± 2.5		
U21足球队（男）（17）	18	15.9 ± 1.7	40.3 ± 4.3	14.6 ± 1.5	37.0 ± 3.9		
U20足球队（男）（17）	17	15.8 ± 1.9	40.2 ± 4.7	15.0 ± 1.9	38.0 ± 4.9		
U17足球队（男）（17）	21	16.1 ± 2.0	40.9 ± 5.1	14.7 ± 1.9	37.3 ± 4.7		
西班牙足球队（女）（99）	100	10.3 ± 1.9	26.1 ± 4.8				
美国国家冰球队（女）（89）	23	19.8 ± 2.2	50.3 ± 5.7#			84.6 ± 4.3	214.8 ± 10.9
美国国家足球队（女）（42）	85	12.1 ± 1.6	30.7 ± 4.1				
挪威足球队（女）（42）	47	11.1 ± 1.6	28.1 ± 4.1				
美国冰球职业联盟选秀（男）（15）	853	24.4 ± 3.0	62.0 ± 7.6#			100.0 ± 7.0	254.0 ± 17.8
大学摔跤队（男）（109）	20	220.5 ± 3.13	52.0 ± 8.0#				
美国国家举重队（男）（32）	6	23.9 ± 1.5	60.8 ± 3.9				
美国国家足球队（男）（123）	17	22.2 ± 1.6	56.4 ± 4.0				

续表

人群、运动项目或位置	运动员人数	纵跳摸高		立定跳远		跳远	
		英寸	厘米	英寸	厘米	英寸	厘米
美国国家足球队（男）（124）	14	22.3 ± 2.6	56.7 ± 6.6				
美国国家足球队（男）（124）	15	20.9 ± 1.6	53.1 ± 4.0				
美国国家足球队（男）（106）	270	17.8 ± 0.7	45.1 ± 1.7	17.4 ± 0.5	44.1 ± 1.3		
美国国家手球队（女）（40）	16	15.1 ± 1.7	38.4 ± 4.4				
美国国家手球队（男）（39）	15	19.0 ± 2.8	48.2 ± 7.2				
U16橄榄球联盟（男）（114）	67	18.0 ± 2.0	45.7 ± 5.2				
U17橄榄球联盟（男）（114）	50	19.3 ± 2.3	49.1 ± 5.8				
U18橄榄球联盟（男）（114）	56	19.9 ± 2.2	50.6 ± 5.7				
U19橄榄球联盟（男）（114）	45	20.7 ± 2.2	52.5 ± 5.5				
U20橄榄球联盟（男）（114）	25	20.8 ± 2.1	52.8 ± 5.4				
中学排球队（女）（98）	27	18.5 ± 3.3	47.1 ± 8.5#				
美国大学排球协会（女）（98）	26	20.8 ± 2.5	52.8 ± 6.3#				
美国国家橄榄球队前锋（男）（20）	12	14.7 ± 1.7	37.3 ± 4.4				
美国国家橄榄球队后卫（男）（20）	6	15.9 ± 2.5	40.3 ± 6.4				
美国全国橄榄球联赛（男）（35）	26	20.0 ± 2.9	20.0 ± 2.9				
美国国家橄榄球联赛（男）（34）	58	24.7 ± 2.2	62.8 ± 5.7#				
美国国家橄榄球联盟（男）（21）	30					101.6 ± 7.9	258.0 ± 20.0

续表

人群、运动项目或位置	运动员人数	纵跳摸高		立定跳远		跳远	
		英寸	厘米	英寸	厘米	英寸	厘米
美国国家橄榄球联盟（女）（10）	15	15.0 ± 1.6	38.0 ± 4.0	13.8 ± 1.2	35.0 ± 3.0		
中学田径队（女）（75）	8					83.4 ± 6.3	212.0 ± 16.0
美国国家大学足球协会（女）（67）	15	12.2 ± 2.0	31.0 ± 5.0			57.9 ± 4.3	147.0 ± 11.0
中学橄榄球联盟（男）（112）	302	16.3 ± 2.1	41.3 ± 5.3				
美国国家青年排球队（男）（33）	14	21.5 ± 0.9	54.6 ± 2.2#				
美国国家青年排球队（女）（33）	15	18.0 ± 0.6	45.7 ± 1.6#				
青少年澳式橄榄球队（男）（127）	177	23.9 ± 2.2	60.6 ± 5.5#				
全国大学曲棍球协会（女）（117）	84	15.8 ± 2.2	40.2 ± 5.6				
美国大学足球协会（男）（102）	27	24.3 ± 2.8	61.6 ± 7.1#				
美国国家足球队（女）（1）	17	12.0 ± 0.5	30.5 ± 1.2				
美国国家足球队（女）（76）	17	12.8 ± 1.5	32.6 ± 3.7				
美国国家足球队（男）（76）	17	17.2 ± 0.9	43.7 ± 2.2				
美国国家青少年足球队（女）（76）	17	11.2 ± 0.8	28.4 ± 2.0				
美国国家青少年足球队（男）（76）	17	17.3 ± 1.9	43.9 ± 4.8				
美国国家足球队（男）（2）	214	15.4 ± 2.0	39.2 ± 5.0	14.8 ± 1.9	37.6 ± 4.8		

*代表所列数值存在一定偏差。数据仅供参考，而非标准数据。

#跳跃时挥动手臂。

源自：National Strength and Conditioning Association, 2016, Adaptations to anaerobic training programs, D. French. In Essentials of strength training and conditioning, 4th ed., edited by G.G. Haff and N.T. Triplett (Champaign, IL: Human Kinetics) 300-301.

为了计算出纵跳摸高测试中产生的功率峰值，我们使用以下公式来计算，其中纵跳高单位为厘米，体重为千克（Harman et al, 1991）。

[（61.9 × 纵跳高）+（36.0 × 体重）]+1822

平均功率计算公式（Johnson & Bahamonde, 1996）。

[（21.2 × 纵跳高）+（23.0 × 体重）]−1393

为计算相对功率，通常用以千克为单位的体重除以最大功率和平均功率。

玛加利亚-卡拉门（Margaria-Kalamen）爬楼梯测试法

玛加利亚-卡拉门（Margaria-Kalamen）这个名字听起来像一杯花式鸡尾酒，但实际上它是一种用于计算个人下肢爆发力的标准方法（Margaria et al., 1966; Kalamen，1968）。进行玛加利亚-卡拉门爬楼梯测试非常简单，只需要借助少量设备即可完成：楼梯和一个计时器（图5.5）。

玛加利亚-卡拉门爬楼梯测试可以在任何一个楼梯间进行，要求至少有9级台阶且平地与第一级台阶之间最少有20英尺（1英尺约为30.48厘米）的距离，每级台阶高约7英寸。测试步骤如下。

1. 使用电子计时器，从第三级台阶开始计时，到第9级台阶计时结束（没有电子计时器也可以用简单的计时器代替，但是结果可能会有误差。这种情况下，最好找另外一个人同时计时，取平均值）。

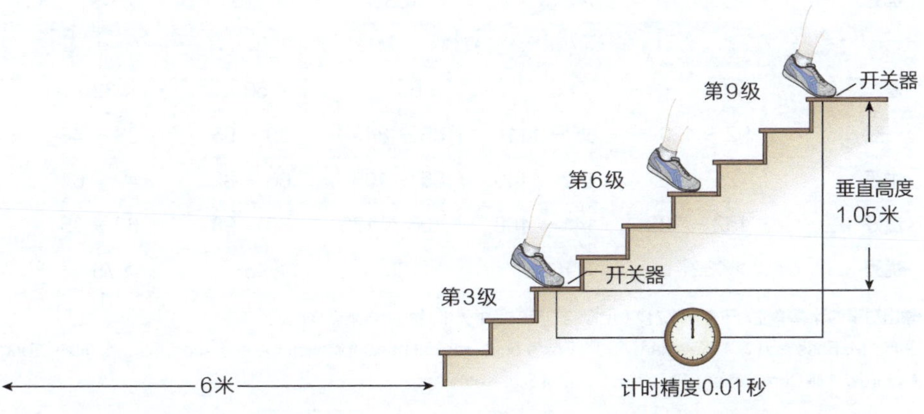

图5.5 玛加利亚-卡拉门爬楼梯测试法是一种评估同龄人之间下肢爆发力水平的简单方法

源自：M. Foss and S.J. Keteyian, 1997, Fox's physiological basis for exercise and sport, 6th ed. (New York: McGraw-Hill Companies). By permission of S.J. Keteyian.

2. 运动员进行3次热身楼梯跑。

3. 运动员自然站立，面朝台阶，离每一级台阶正好20英尺。准备冲刺。

4. 到达台阶时，三个台阶为一步，即分别跨上第3、第6、第9级台阶。计时器在到达第3级台阶时迅速按下，在第9级台阶时结束。

5. 时间以秒计算精确到小数点后两位。

6. 按以下方程式，以瓦特为单位计算功率。

$$功率 = [(M \times D) \times 9.8]/t$$

M为体重（千克），D为第一级台阶到第九级台阶的垂直高度，t为从第3级台阶到第9级台阶所用的时间。

7. 对照表5.3，判断运动员的下肢爆发力水平。

表5.3 玛加利亚-卡拉门爬楼梯测试结果参考

级别	年龄				
	15-20	21-30	31-40	41-50	50以上
男性					
差	< 113	<106	< 85	< 65	< 50
一般	113 ~ 149	106 ~ 139	85 ~ 111	65 ~ 84	50 ~ 65
中等	150 ~ 187	140 ~ 175	112 ~ 140	85 ~ 105	66 ~ 82
良好	188 ~ 224	176 ~ 210	141 ~ 168	106 ~ 125	83 ~ 98
优秀	> 224	> 210	> 168	> 125	> 98
女性					
差	< 92	< 85	< 65	< 50	< 38
一般	92 ~ 120	85 ~ 111	65 ~ 84	50 ~ 65	38 ~ 48
中等	121 ~ 151	112 ~ 140	85 ~ 105	66 ~ 82	49 ~ 61
良好	152 ~ 182	141 ~ 168	106 ~ 125	83 ~ 98	62 ~ 75
优秀	> 182	> 168	> 125	> 98	> 75

输出功率的计算单位为千克·米/秒（更标准的单位是牛·米/秒），再乘以9.8。

源自：M. Foss and S.J. Keteyian, 1997, Fox's physiological basis for exercise and sport, 6th ed. (New York: McGraw-Hill Companies). By permission of S.J. Keteyian.

对于缺乏设备或资源来进行其他测试的人来讲，玛加利亚-卡拉门爬楼梯测试法为他们提供了一种简易可行的方法。它所需设备简单且有计算公式，无须提前训练，大多数人便能够正确进行。尽管玛加利亚-卡拉门爬楼梯测试经常用来估算爆发力，它更适合将爆发力等级进行分类，包括差、中等以及优秀。如果你只是想比较自己与同龄人之间的爆发力水平，而不是准确的爆发力数值，那么或许玛加利亚-卡拉门爬楼梯测试更适合你。

40码冲刺跑

40码冲刺跑用于测量下肢爆发力，它执行起来十分简单明了。测试开始前，首先在草坪或者草坪地面上标记出40码的距离，在终点线外几码处摆放一个圆锥筒。运动员进行几轮试跑，每次试跑逐渐加速。待一切准备就绪，运动员站在起跑线上，收到信号后全力冲刺跑过终点线后的圆锥筒（此举是为了防止运动员过早减速）。使用电动计时仪结果更精确，但是像秒表这样的手握计时装置也未尝不可。使用这类计时器时，计时人员需要站在终点线旁，好在运动员冲过终点时能够及时暂停。

记录冲刺时间，利用如下方式计算下肢爆发力。

1. 将以码为单位的跑步距离换算成以米为单位。
2. 米数除以时间计算跑步速度。
3. 体重（千克）乘以9.8得到力（牛）。
4. 力（牛）乘以速度得到功率（瓦）。
5. 功率（瓦）除以体重，得到下肢爆发力。

温盖特无氧功率测试

温盖特无氧功率测试是一种利用功率自行车测量下肢爆发力的测试。该测试强度较大，因此要求受试者有进行过高强度训练的经验。测试开始前调整自行车座椅，使运动员下肢蹬出踏板的膝关节处于屈曲5到10度的角度。进行2到3分钟左右的热身活动，期间进行几次冲刺，全力蹬车达到自身能达到的最大速度。一旦达到最大速度，预设的体重7.5%的负荷就会被放下从而产生阻力，这些负荷会持续增加到踏板阻力上。为了克服这些阻力，运动员必须尽全力蹬车。另一端连接的电脑使用软件分析测试数据，得出峰值功率、平均功率和疲劳指数（Brown & Weir, 2001）。以上结果大多适用于自行车运动员，因为骑自行车是他们的主要锻炼方式。

结果分析

我们不管选择执行哪种评估方式，完成它们的原因都是相同的。首先，这些测试为制定个人锻炼计划提供了一套基础数据。尽管自我衡量身体素质非常重要，但你可能同样希望将自己的成绩与标准数据进行比较。一些图表和书籍中涵盖这些规范性数据（ Hoffman, 2006 ），借助这些资料对比自身力量和爆发力水平，可以制定目标并为之努力。这个目标会坚定你的信念去进行抗阻训练，同时帮助你做出合理的规划。

分析评估所得结果加上自身目标，就能知道哪种类型的锻炼最适合你。例如，一个中学足球运动员的最大肌力仰卧推举测试成绩优秀而纵跳成绩平平，那么他就需要将训练重点放在下肢爆发力的增强上，即使其他队员都在进行上肢爆发力训练。一位刚开始做抗阻训练的中年女士，她的最大肌力仰卧推举测试成绩不佳，但类似的深蹲测试成绩却不错。如果她的目标是发展综合素质，这些结果表明她的训练应该以上身训练为主，下身训练为辅。

小结

本章叙述了许多力量评估方式的方法。其中一些测试相对简单，如自我评估法、纵跳摸高测试和40码冲刺跑，而其他的测试则更为复杂，如最大肌力测试法和计算机测量法。这些测试没有绝对的对错之分。事实上，测试的选择应基于运动员的自身需要以及可利用的器材。例如，如果想要比较自己和他人的爆发力水平，可以选择玛加利亚-卡拉门爬楼梯测试；而如果你想要得到精确数值，等速肌力测试可能更适合你。专业运动队则倾向于纵跳摸高、最大肌力测试和爆发力测试。不管选择哪种测试，都必须始终注意自身健康和安全，选择正确的形式并严格遵循指导。这些评估结果将帮助你确定进行哪些抗阻练习能帮助你实现最终目标。

6

力量及爆发力的训练类型

达斯汀 ·D. 郑尼克
凯莉· K. 哈蒙
李 ·E. 布朗

第一次走进体能房或健身中心时会看到上百种不同的设备，几乎每个人都会觉得毫无头绪。你会听到健身人员谈论使用健身器材、自由重量器材、药球或弹力带等训练设备所进行的锻炼，但是对于一个不清楚要做哪种锻炼或者使用哪种训练设备的人而言，健身房则是一个令人生畏的地方。

本章介绍了一些不同的训练类型，这些训练常被用于力量或爆发力训练，包括等张训练、等长训练、等速训练；快速伸缩复合训练、药球训练；弹力带练习、绳索训练、壶铃训练以及悬吊训练等。回想一下，力量是指身体肌肉在一个特定速度下所能产生的最大的力，而爆发力则是在一个范围的速度中产生的力。因此，你会希望将快速的、有爆发性的运动融入爆发力训练中去（如高翻）。而力量训练中则应该以稳定性练习为主（如腿部伸展或罗马尼亚硬拉）。我们也讨论了每种主要训练种类的利弊。此外，我们也对如何将这些训练融入整体训练计划中提出了一些建议。选择适合自己的训练种类时，可参考第5章，合理地评估自己的力量水平。

等长训练

针对提高肌肉力量以及爆发力的训练而表现为多种形式。过去，等长训练是提

作者对在本章中做出杰出贡献的萨吉尔·G. 贝拉、丹尼尔·P. 默里以及布莱恩·W. 芬德利表示衷心的感谢。

高力量的最常见的方法。然而，尝试增加力量的人已逐渐将其重心转移到其他本质上更有效的练习类型上。尽管如此，等长训练仍然是获得力量的一种有效训练方法。

等长训练指的是目标肌肉以及关节保持在某个位置上不要移动。换句话说，目标肌肉收缩不会表现出明显的关节移动。肌肉收缩力引发肌肉紧张，但肌肉长度没有明显的变化。等长训练通常是通过在不同关节处模仿推拉动作来进行的。等长训练的一个例子是推固定的物体，如墙壁或附在地面的杆或重量器材（图6.1a）。等长训练的另一个例子是，在固定位置利用肌肉收缩支撑重物，如举起哑铃，手臂微微弯曲（图6.1b）。美式橄榄球中的前锋一定要熟练掌握在球出线之前的几秒的两点、三点或四点站姿。因此，他们可以从爆发性运动之后的等长训练中获益，如半蹲位手持药球于胸前，保持5秒后快速向前迈步并把球投向墙壁。

图6.1 等长训练可以通过两种方式实现：a. 推一个不可移动的物体；b. 在固定位置，利用肌肉收缩，举起重物

研究表明，等长训练能够显著增加肌肉张力。因此，相较于有规律的等张训练（下一部分会讨论到），训练者可以通过等长训练，实现最大化的肌肉收缩。除了获得肌肉力量，等长训练还能够提升肌肉质量以及改善骨骼强度。它也对肌肉力量有着很大的好处，包括提升肌肉的新陈代谢（身体的能量使用）。这对于热量消耗以及燃烧脂肪来说是很重要的。

做等长训练不需要负重器材或重量设备。因此，等长训练是一项既简单又方便的力量训练形式。你可以在任何地方进行，比如宾馆房间或卧室。你需要的仅仅是一个固定的或不动的，可用来推拉的物体。通常而言，这种类型的练习是通过让肌肉或关节在设定位置维持6到8秒来进行的。但是，如果希望力量能够得到明显的提高，建议训练周期设置为4到8周，并且在每阶段，每种练习重复5次到10次。

虽然等长训练是一个很有效的力量训练方法，但是它仍然有很多不足之处，这些不足之处主要与这种训练模式的非功能性训练适应有关。例如，在进行等长训练时，肢体都处于一个固定的位置，因此，涉及的肌肉或收缩的肌肉主要是从该位置获得力量。这种形式的肌肉力量获取很好地解释了练习的专门性，即主要在训练的运动形式和活动度中改善。如果你想在骑行方面有所提升，就不要把你的大部分时间用在跑步上，而是要花在骑行上，因为骑行才是你所训练的特定项目。等长训练是在静止姿势下强化肌肉，所以只能在该特定位置提高力量。结果就是，你需要通过肢体运动的完整活动度来进行等长训练，以便获得肌肉力量的平等改善。此外，考虑到等长训练是在静止姿势下进行的，训练者可能会经历一段时间的动态速度及表现力的下降。这与等长训练状态下的动态运动形成了鲜明的对比。

等长训练的另一个缺陷是，它可以使训练者的血压急剧上升。这是由于等长训练会引起肌肉张力的大量增加与腹内压的增加。然而，血压的上升是危险的，除了不规律的心跳外，还会引起血管损伤或破裂。因此，我们推荐有高血压或心脏问题的训练者应尽量避免等长训练。另外，肌肉耐力会下降是因为血液不能够及时地流通到肌肉中（与等张训练类似）。

运动表现以及肌肉耐力的减少，使等长训练相较于其他训练形式而言，不 那么具有吸引力。等长收缩主要运用在康复以及理疗中。由于该训练的种种不足，等长训练应作为整体训练计划的一部分，而不是体能训练项目中的单一方式。

等张训练

当你听到有人在探讨力量和爆发力训练时，他们一般指的是使用负重器材或普通健身器材的等张训练或简称抗阻训练（使用自由重量或器械）。与等长训练不同，等张训练会在训练中使用恒定负荷。恒定负荷指的是在训练中，无论运动员运动幅度或者速度是多少，承载的重量始终保持不变。这就与通常见到的抗阻训练的其他形式形成了对比。如同每种类型的抗阻训练一样，等张训练对运动员生理以及心理也是有利有弊。

相较于其他的抗阻训练方法，等张训练或许是对于整体健康而言最有益处的一种。常规抗阻训练可以发展你的肌肉力量、爆发力以及肌肉耐力，但等张训练的益处不仅仅只有这些。常规等张训练也已经被证实对肌腱力量和韧带强度的提升也有帮助。训练者可以通过结合更强壮的肌腱和韧带与整体的肌肉力量，改善关节稳定性并保持良好的体态。这一重要的特性能够帮助训练者降低在正常体能训练中受损伤的风险，降低常见问题，如关节炎、下背疼痛等出现的概率。

图6.2　等张训练，例如杠铃过顶举，能够让身体更容易适应每天的活动

等张训练的其他益处还包括增强骨骼强度、改善能量以及燃烧脂肪。持续使身体承受负荷或施加一定的力在身体上对于增强骨密度来说，是有必要的（图6.2）。举起重物迫使体内骨骼来支撑不常支撑的负荷，从而使矿物质能够被吸收并保存在骨骼中以增强力量。经过等张训练的肌肉块也已经被证明能改善减脂能力。尽管这一话题备受质疑，但还是有人认为肌肉质量的增

加可以促进新陈代谢。此外，增加的肌肉块会提供更多能量，以便完成日常生活中的活动。这些健康益处是对于抗阻训练根本目的的补充，能够改善肌肉性能。

肌肉随着对其施加的负荷而相应增长。进阶的抗阻训练使肌肉超负荷，或迫使肌肉在更高强度下活动。超负荷原则是所有训练类型的基础。抗阻训练中的超负荷会引起肌肉轻微撕裂，这些撕裂是正常肌肉建立过程中的一部分。撕裂发生时，就激发了肌肉重建的过程。蛋白质分子产生更多的肌肉纤维。因此，肌肉的围度以及组成要适应练习和增长（详见第1章，讨论肌肉纤维种类）。本质上，在身体不习惯的水平下训练，能够迫使身体适应额外的压力，从而在特定训练中得到改善（正如练习的专项针对性所期待的）。在抗阻训练的情况下，对超负荷的具体适应是为了加大肌肉的围度、增加力量、提高肌肉耐力以及爆发力。

调整负荷以实现目标

无论你是一名经验丰富的运动员、最近受伤刚刚康复的训练者，还是长期整天躺在沙发上的人，我们都建议你参与到某种类型的抗阻训练中。等张训练对于几乎所有人来说，都是近乎完美的选择。因为它可以满足个人的特定需求。更改训练强度、组数以及每一训练动作重复的次数，足够影响肌肉在该练习中做出相应的适应以及增长的方式。然而，对于任何一项训练，去熟悉做什么、怎么做、为什么做以及什么时候做等问题也是十分重要的。这可以确保训练者了解所进行的训练的风险及益处，并能够合理地规划实现练习目标的方法（第5章已经讨论了如何设定目标）。

尽管你可能会发现，所给的任意训练，在肌肉力量、爆发力、肌肉增长以及肌肉耐力等方面都会有所改善，但是最好是在每次训练中着重于某一个方面进行提高。

你可以通过调整强度级别或组数以及每一项训练的重复的次数（也被称为训练计划）来实现预定的改善目标。等张训练的强度通常被定义为在特定的训练中最大肌力的百分比。注意，最大肌力会随练习、训练的肌肉以及练习模式的变化而明显改变（如负重器材vs普通健身器材）。

正如第3章所述，为提高肌肉力量，你应尝试进行2到5组动作，每组动作大约重复2到6次，且强度应至少保持在最大肌力的85%。对于想要尝试提升肌力的训练者来说，最理想的就是进行3到6组、每组重复3到6次的训练。强度应为最大肌力的30%到60%。较低的百分比（最大肌力的30%到45%）应使用在爆发力练习中，这可以让被举起的重物在可控的情况中落下（如仰卧推举）。力量或爆发力训练二者中每组训练之间合理的休息时间应为2到5分钟。

表6.1　调整训练负荷以适应训练目标

	频率（次/周）	强度（%最大重复值）	次数	休息
爆发力	1～2	36～60	3～6次 3～6组	2～5分钟
力量	3～5	>85	2～6次 2～5组	2～3分钟
增肌	4～6	67～85	6～12次 3～6组	30～90秒
耐力	5～7	<65	15～25次 2～3组	<30秒

增强肌肉耐力需要2或3组训练，每组训练重复15到25次。肌肉耐力练习的强度级别应低于最大肌力的65%。其中的休息时间应根据训练强度而定。重复次数多的训练，休息时间应设定在1到2分钟；一般次数的训练其休息时间应为1分钟以下。最后，想增加肌肉的人（肌肥大）应进行3到6组训练，每组重复6到12次，强度应为最大肌力的67%到85%，组间休息时间应为30到90秒。表6.1分别整理了相关数据。

器材的选择

训练负荷只是等张训练中诸多变量中的一个。其他变量还包括训练过程中使用器材的种类。通常来说，两种最常见的器材是自由重量器械和普通健身器。此外一些不太昂贵的健身器材（如阻力带、壶铃、悬挂训练系统）都可以在很多零售店买得到。

尽管上述两类器材都能够有效地改善训练者的肌肉性能，但二者各有所长。首先，抗阻训练的健身器械比自由重量器械贵。由于训练中运动轨迹的固定性，一些健身器对于每个主要肌肉群的改善是十分必要的。相反，自由重量器械（如哑铃、杠铃和训练椅）价格相对较低。而且，这些负重片和训练椅通常可以交互配合使用，因而不同的肌肉可以在多个不同的位置得到锻炼。如果你不能去健身房进行锻炼，或者你正在寻找一个方便在家进行的等张训练方式，你可以选择自由重量训练以及悬吊训练系统。

自由重量器械和普通健身器械也在不同程度上对肌肉产生不同的作用，而且适合不同选择的人群。例如，器材能够移动的方式是固定的，我们强烈推荐刚接触抗阻训练、受伤康复或肌肉力量不足的人群使用这种方式。在使用健身器时，应该合理地控制在运动中所需的活动幅度（图6.3），并建立安全机制，进一步降低受伤风险。健身器材可以通过诸如哑铃肱二头肌弯举、卷腹、肩部推举、腿部屈伸以及蹬腿等训练，锻炼人体主要的肌肉群。除此之外，你可以使用健身器来训练单独的肌肉。

图6.3 在健身器上进行训练帮助没有经验的训练者安全地开始练习，由于训练者的背部固定，因而能够显著降低训练风险

反之，自由重量训练系统，顾名思义，可以让训练者自由站立并在任意平面移动重物进行训练。出于这个原因，自由重量器械更适合于那些有足够的肌肉力量以及健身经验的人。自由重量训练系统下的举重还有一个益处，它不仅使主要肌肉得到锻炼，也锻炼了辅助运动的相邻肌肉（图6.4）。例如，仰卧推举是最基本的用来加强胸部肌肉的练习，但同时又能加强肱三头肌，因为它辅助了训练中的动作。这类练习内容可以大大增

图6.4 在负重训练时，配备一个辅助人员，有助于确保安全性和正确的动作模式

加整体力量以及关节稳定性，但是这些益处还是有一定的代价的：如果你在自由重量训练中使用了不正确的动作模式和器材，受伤风险会增加。这一点你可以参考本书第三部分。本书第三部分还介绍了一系列针对肌肉的自由重量练习动作。

使用悬吊训练的优点之一是训练强度可以通过脚的放置位置来改变运动角度从而轻松地改变训练强度。这可以让新手在没有自由重量器械的情况下进行力量运动，但是这些举重新手需要先进行普通健身器材不能提供的一些稳定性练习。

当训练肌肉力量、肌肥大、肌耐力时，自由重量器械、普通健身器或者悬吊训练都可有效利用。然而，训练爆发力只能使用自由重量系统。爆发力训练（如下蹲、悬吊高翻和抓举）是需要一定动作技巧的，应按规则训练并严格监管。这些运动经常需要很大的负荷以及较大幅度的身体活动。虽然爆发力训练可当作需要规定时间和精湛技巧的一种全身锻炼，但是爆发力训练主要还是应用于竞争环境，以便提升个人表现。

如果你想提升你的力量、爆发力、耐力、肌肉围度和整体健康水平，等张训练是十分重要的。总体而言，等张训练是一种适合于大部分人的抗阻训练。25岁之后，由于身体活动的减少，肌肉块逐渐开始萎缩。因此，人们应该参加等张训练和抗阻训练。这不仅是为了保持肌肉力量，也是要保持日常功能性力量和维持独立自主的日常活动。然而，无论你的训练目的是什么，你都必须设定训练目标，选择实现这些目标所需要的练习类型。力量及爆发力训练计划应该在包括等张训练的同时，融合其他训练类型，来改善其他不足之处。在数周规律的等张训练后，你会发现等张训练的益处。

等速训练

力量训练的第三大类别是等速训练，这种训练方式是最不为大众所熟知的，并且在普通健身中相当少见。在等速训练过程中保持运动速度稳定（分别相对于等长训练以及等张训练的持续长度和持续负荷）。

等速测试仪（第5章）是一种特定的器材，进行这种运动类型时要用到。这种测试仪体积庞大并且价格昂贵，在使用时需要独特的训练和使用知识。因此，等速测试仪通常用于医疗或康复设备中。然而，如果你能在等速测试仪上进行锻炼，就一定可以从中获得一些力量型训练的益处，这些益处是等张训练或等长训练不能单独提供的。

等速训练结合了其他力量训练的优良特性，即等长训练的高强度收缩以及等张训练的活动度。未完成训练时，测试仪可以电动控制运动的速度，但这都与运动员自身的推动力大小无关。这被称作适应性抗阻训练，从而让肌肉得到超负荷锻炼。使用电脑或设备控制板，你可以设置预期的练习速度，通常是30度/秒到500度/秒。慢速比快速强度更大。活动度也可以控制在之前设定的范围内。这对于限制受伤人员的运动也是十分有帮助的。同时，该测试仪的附件是可互换的，因此它几乎可以应用于身体内的每一块肌肉。等速测试仪可以测试肢体整个活动度里的最大阻力以及肌肉收缩速度等指标。

在等速训练器上进行的力量训练，可能是增加力量最有效的方法。它可以使运动员在整个运动范围中得到最大力量，也会使运动员得到等张训练和等长训练的益处。此外，关于等速训练是怎样提高速度的我们也进行了大量的研究。这一速度可以使肢体能够在活动度内运动。这也是用于提升跑步和投掷的速度的方法。与此同时，等速测试仪是非常安全的，因为它有固定的安全性能（如安全停止性能等）。等速测试仪能够完全控制许多变量的参数——运动的活动度和速度。这种形式的锻炼同样也适用于理疗和康复。

但是，等速训练也有一些缺陷。首先，等速测试仪十分昂贵，故在公共健身场所中十分罕见。此外，大部分等速设备使一些在训练中的运动分隔开，从而会抵消一些额外获得的力量。再者，使用设备之前需要大量的背景知识以及复杂的电脑操作。

等速训练是获得力量的最好方法。但是这其中的一些限制因素使其在普通锻炼人士中并不常见。相较于其他方法，等速训练也不是很常见，等长和等张训练比较常见。人们可以实现最大力量的获取，但是这么做也需要耗费大量的时间、金钱以及加倍的努力。除非你能够很容易地使用到等速器材，否则，我们建议你选择更加方便、经济的力量训练方法。

快速伸缩复合训练（增强式或超等长训练）

你是否想过和勒布朗·詹姆斯一样灌篮？是否想过和迈克·泰森一样打拳击？是否想过和乌塞恩·博尔特跑得一样快？如果你的答案是“是的”，那么你需要快速伸缩复合训练，并将其纳入你的整体训练计划和调整计划当中去。大多数精英运动都会使用一些不同种类的快速伸缩复合练习来提升爆发性运动所需的敏捷、速度和爆发力。

快速伸缩复合训练是用来使你的肌肉在最短的时间内产生最大力量的一种训练方法。快速伸缩复合训练是基于拉长-缩短周期来是实现的（在第3章中也有所讨论）。你可以在肌肉向心收缩之前预拉伸肌肉使其产生更多的力。为了更好地理解生理学拉长-缩短周期，你可以将肌肉视为橡皮筋。当你拉伸橡皮筋时，会产生一种弹力，由于橡皮筋具有弹性，拉伸产生的张力会使橡皮筋恢复到原来的形状。与之类似的是，你的肌肉也具有某些弹性成分。任何种类的拉伸都会使其恢复到原始状态（图6.5）。这就是拉长-缩短周期在机体内的运作原理。

快速伸缩复合结合了拉长-缩短周期的生理学特性以及爆发性运动的爆发力和力量输出。为了更好地描述快速伸缩复合是如何运作的，就要考虑到下面这个例子。以双脚立定跳远为例，往往只注重大腿上部的股四头肌的训练（另外的肌肉也都应用于这一训练中，但简化的目的我们不予探讨）。在起初的起跳时，重心稍稍下沉，迫使股四头肌产生离心收缩及拉伸。之后，股四头肌进行收缩是退步发力蹬离地面（第1章）。快速伸缩复合训练则更注重于在离心和向心阶段之间这一阶段的训练活动。

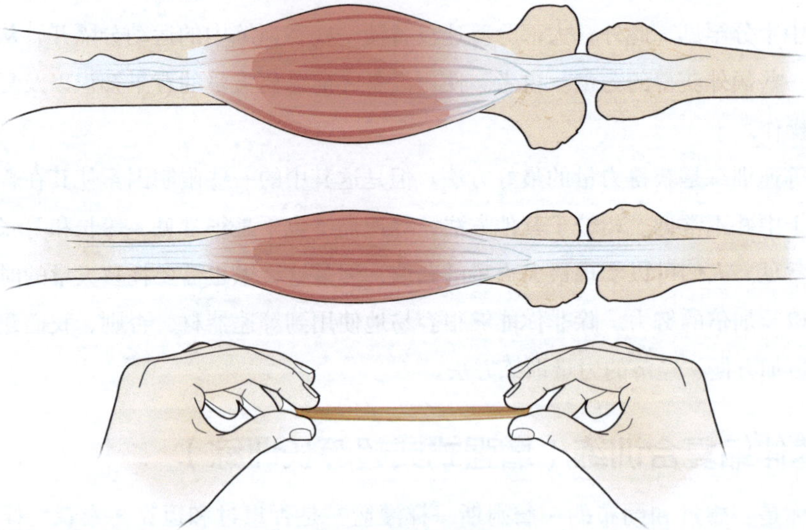

图6.5 类似于拉伸橡皮筋，肌肉快速拉伸会使其回到自然状态，这一现象被视为拉长-收缩周期，并且为快速伸缩复合训练提供了基础

离心与向心之间的过渡时期被称为“缓冲期”，缓冲期的快速转换通过拉长-缩短周期让身体产生强有力的向心收缩。然而，只有当缓冲期时间很短（短到小于0.01秒）时，机体才能产生这种额外的力量。这一短时框架使肌肉的弹性成分和拉伸程度增加了更多的力量。通过缩短缓冲期时间并且提升到拉长-缩短周期层面上，你可以比之前跑得更快、跳得更高以及表现得更好。

快速伸缩复合训练通常运用于运动员的体能训练中，但是在公共健身中更为常见。幸运的是，这种快速伸缩复合训练可以利用任何容易找到的器材中来进行。如稳定的木箱、药球等。最受欢迎的快速伸缩复合运动之一是跳深。在这个训练当中，你开始于站立在一个小箱子上，随后离开箱子，双脚落地时向上发力，尽可能跳得更高（图6.6a～图6.6c描述了这个过程）。跳深练习也被用来训练篮球和排球运动员的跳跃高度。

图6.6 对于那些想要提高他们垂直跳跃高度的运动员来说，跳深是快速伸缩复合训练中很有用的一种练习方式

快速伸缩复合训练也可以训练上肢，最常见的就是药球（我们将在下一部分讨论药球）。胸前传递是快速伸缩复合训练中药球运动的一个典型例子。它实现于两个人互相传球（图6.7a和图6.7b）或者是一个人向墙投掷球都可以完成这个练习。

你可以选择胸前传球或者向墙投球，并且当球回到你手中时，你应立即以胸前传球的方式将球再次推给你的同伴。这一快速伸缩复合训练注重于训练上肢以产生更有力的投掷运动或前推运动，篮球的传球以及橄榄球的拦截就是其中的例子。

图6.7 正确的胸前传球方法是需要你在接到球的同时立刻将球以同样的方式回传给你的同伴

与其他抗阻训练类型相同，快速伸缩复合训练同样拥有许多优点，如增加肌肉和骨骼的力量。此外，在进行发力训练时要学会模仿平时运动的动作，因此可以增强力量提高性能，将其投入到训练之中（即产生功能性力量）。而这正是在进行体能训练时首先进行快速伸缩复合训练的主要原因。适当的快速伸缩复合训练能让人在各种场地（如球场、跑道等）学会如何充分利用肢体产生最大的力量。

快速伸缩复合训练也有弊端及局限性。首先，健身房可能不具有足够大的场地和训练所需器材（不过，像上文所说，你可以利用结实的木箱等材料自己制作器材）。其次，由于快速伸缩复合训练具有密集性的高强度，训练者需要拥有一些强度训练基础。在进行快速伸缩复合训练之前，需要建立一套常规训练计划，从最小强度开始，循序渐进。最后，想要学习正确的快速伸缩复合训练技术还需要请教专业人士。另外，快速伸缩复合训练的频率不应多于一周2或3次，以便留出充足的时间进行肌肉放松及恢复。

如你所见，快速伸缩复合训练在使肌肉积攒最大能量方面大有裨益，它可以让你在高强度的运动中提高运动成绩。实际上，如果你想在参加竞技项目时爆发出全部力量，进行快速伸缩复合训练是较好的选择。

药球训练

药球并不是如它的名字所说的那种装着药物的球形容器，而是具有一定重量的球。其重量、颜色、尺寸都不尽相同。药球的重量一般介于0.5到30磅，直径尺寸介于3.5到10.6英寸。药球有多种形式（图6.8 a），其中有两种最为常见：一种是类似你儿时当作游戏的躲避球；另一种则与老旧的篮球相似。大多数公共健身房都会为其健身会员提供药球。

因其重量范围可以广泛选择，药球可以应用于多种力量与爆发力训练当中。此外，与哑铃、杠铃、举重台的功能相似，药球也可以应用于普通的等长/等张训练。事实上，使用药球训练有时可以轻松地模仿那些使用哑铃才能完成的训练动作（图6.8b）。尽管药球可以作为增加力量的有效方式，但是更常见的是其在爆发力训练方面的应用。

药球的质地及其构成使其能够应用于多种训练中。例如，与上述胸前传球训练中所展示的相似，药球可以被扔到空中或投掷撞墙随后被轻易地接住。许多篮球运动员和拳击运动员都使用这种训练方法来提升他们快速传球的爆发力和出拳速度。此外，药球可以用来提升核心肌肉的力量及稳定性。核心肌肉（腹部、下背和躯干肌群）常常被忽视，但往往这些肌肉在力量训练中扮演着重要的角色。训练腹部周围的肌肉不会直接增加你的爆发力，但使用药球进行核心训练将会帮助你更好地将你进行的动作（无论是什么动作）转化为爆发力。例如，有强壮腹肌的棒球投手往往从腿部和腹部转移爆发力最终转移到手上来投球。也正是这种力量，帮助了像棒球投手阿罗迪斯查普曼这样的运动员能够将投球时速达到160.9千米/小时。

图6.8 a. 药球在种类、重量和尺寸方面都不尽相同；b. 有些药球两侧有把手，可以作为哑铃一样来使用

但要注意的是在训练中使用药球同样也有一些不足之处。首先，有些健身房空间有限，无法让健身者安全地撞墙投掷或高空投掷药球。这也就限制了药球可进行的训练种类。这也是为什么药球爆发力训练在大学或者专业运动环境下更为常见，而在普通健身房内并不常见。

第二，尽管药球的制作材质能够降低在意外失手的情况下周围的人或物受损伤的风险，但药球仍有许多安全方面的隐患。为了使受损伤风险降到最低，一定要确保使用药球进行爆发力训练的训练者有足够的力量来进行爆发力训练，并且在进行训练时使用正确的动作模式和技术。

药球训练能够在极大程度上改善并丰富力量以及爆发力训练。同时药球是一种相对较便宜且在家中操作比较方便的运动形式。药球应与其他种类训练相结合使用以实现终极训练目标。再次强调，在进行这类运动时，安全问题应永远作为你的首要考虑因素。在你的训练计划中，如果有合适的器材和场地来使用药球，这种训练就能够增加许多乐趣。

壶铃训练

虽然壶铃早在18世纪就已经被发明，但在近年来才逐渐流行起来。起初壶铃是一种衡量谷物的称量设备，农民常用壶铃来炫耀他们的力量。最新的壶铃看起来就像带有把手的炮弹。其重量为5到200磅。壶铃训练在摇摆练习和稳定性练习方面有很大优势。因其主要重量集中在把手下方位置，而不是像哑铃那样在两侧。

图6.9　壶铃甩摆充分利用了壶铃的形状来增加身体后链激活

由于壶铃近年来日渐流行，其种类越来越多，获得的方法也越来越多。它们可以是有橡胶层包裹的结实的铁或钢，因此在落地时不需要担心会损伤地面。壶铃已经在家庭中、小型健身房中以及其他运动场所中十分常见。它可以手提，并且仅需要很小的空间来储存的优点使其变得流行起来。

壶铃可以应用于为实现不同的目标所进行的训练当中，其中更常见于同时完成多种目标的训练当中。但是对于壶铃的研究相对较少，并且在力量（Manocchia et al., 2013）、爆发力（Lake & Lauder, 2012）以及耐力（Thomas et al., 2014）方面的数据也十分有限。

对于壶铃而言，最常见的练习是壶铃

甩摆。壶铃较低的重心增加了重物与身体之间的距离。因此，冲力与使用哑铃进行同样练习相比，壶铃甩摆更能够激活身体后链的运动（图6.9）。壶铃的使用在核心训练以及稳定性训练中也十分常见。单手持一个壶铃在使用冲力时，举重者的核心变得更紧以便使其脊背保持垂直。此外，将壶铃举过头顶能够使运动员稳定运动更加困难，这多应用于增加肩部关节的稳定性需求。在你使用壶铃来提高稳定性时，正确的使用动作模式是十分关键的。需要注意的是，举重初学者应使用一个较轻的壶铃。使用壶铃举过头顶是一种能够控制它上下移动的爆发力。始终保持重量处于垂直的方向同时也能满足握力以及稳定性的需求。

悬吊训练

悬吊训练近年来越来越流行，主要的原因是它用途广泛并且易于使用。尽管在市场上能够找到不同种类的品牌，但悬吊训练所需要的只是足够结实且能够承担得起一个人重量的绳子或者皮带。此外，可移动性以及这一设备可以简单搭建都是它成为受欢迎的锻炼工具的原因。

悬吊训练最值得称道的特点是它能够利用训练者的自身体重，通过不同身体角度和姿势调整训练强度进行练习。悬吊训练的一个例子就是俯卧撑。如果一个人前倾角度较大则阻力就会很小。然而，若将他们的双脚向后移动一定位置，身体与地面的角度就会变小，那么运动的强度就会增加（图6.10a）。对于那些不具有可以规律性做俯卧撑的训练者而言，这就使悬吊训练成了一种极好的训练方式。此外，相较于在地面上的俯卧撑，强度的增加更加需要肩部的稳定性。更高难度的挑战则是将脚抬起，而不是手（图6.10b）。

悬吊训练的进阶稳定需求使其更加适合于腹部训练。增加或降低身体角度也可以改变腹部训练的强度。另外，传统的平板支撑是双臂、双脚都在地面上，但是在悬挂式训练的介入下，你可以悬起你的上身（本质上则是俯卧撑）或下身（图6.11）。研究表明，相较于传统的平板支撑而言，使用悬吊训练，腹直肌能够得到更好的锻炼（Atkins et al., 2015）。

对于新手举重运动员或者没有接触过负重训练的人而言，悬挂式训练使他们获取力量的某种刺激受到限制。如果训练者仅使用悬吊训练，并且能够做30个俯卧撑，缺乏超出体重附加的阻力会引起获力的停滞。然而，只使用自由重量器械或者一般健身器的高级举重运动员将会从悬吊训练中获得稳定性的益处。

图6.10 a. 在悬吊训练当中挂起手臂，这给予使用者更多自由来进行俯卧撑或者更易于前后移动他的脚；b. 在悬吊训练当中挂起双脚，这可以增加其双肩及腹部稳定性的需求

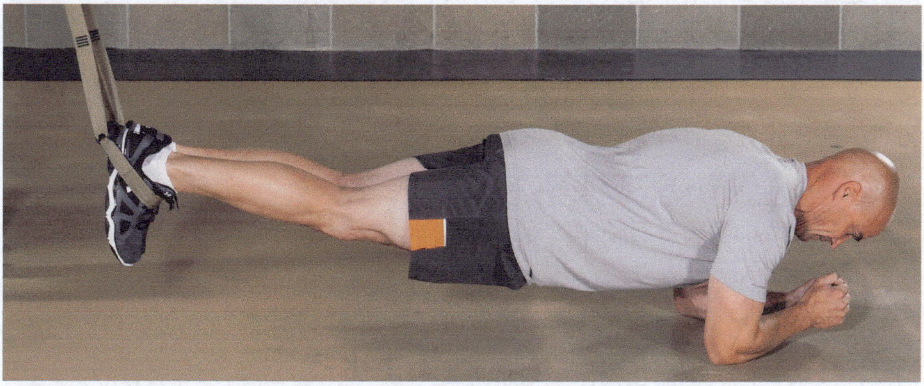

图6.11 使用悬吊训练的平板支撑比传统平板支撑更加困难

和其他健身器材一样，在使用悬吊训练时，考虑安全因素以及正确的动作模

式也是十分重要的。因为悬吊训练与一个人的体重有关（无论是总体体重还是部分体重），并且设备的放置与固定也是十分重要的。训练者应该确保它能被悬挂于一个坚固的平面上足以支撑大于一个人体重的重量。此外，还应确保在该区域内不会发生滑动。如果使用自由站立结构（如深蹲架等），要确保不会发生架子翻倒。

阻力带（弹力带）训练

使用阻力带或阻力绳进行训练的方式近来越来越为人熟知，但这种带子与你平常在超市中看见的橡皮带有所不同。其颜色多为亮色并且每一单片宽约4英寸，长约6英尺，阻力绳更长。每一种颜色代表着特定的训练强度。与正常的橡皮带或者橡皮筋相同的是，阻力带的张力也会随着拉长而增加。这也为训练提供了一些必要的阻力。你可以结合不同水平的阻力来制定适合你的健身计划。

图6.12 在用阻力带进行类似拳击练习时，带子的弹性会增加整个动作过程中的阻力

阻力带和阻力绳对于所有力量与爆发力训练都是有效的。例如，一名拳击运动员可以将阻力带缠在其背上或者绑在一个固定的器材上。每一只手都抓住绳子的末端，然后向前发力（图6.12）。这种方法可以大大提高训练者的出拳力量和爆发力，这是别的器材所不能实现的。阻力带对处于瓶颈期的高级举重运动员的训练中也十分常见，例如下蹲或仰卧推举。将阻力带一端固定在杠铃杆末端，之后将另一端固定在地上或者深蹲架的末端，这些都能够增加提举的阻力并且使举重运动员产生负荷并帮助突破瓶颈。

阻力带和阻力绳都会有一般的橡皮带的反冲效果，但这也能在拉伸主动肌时使其获得额外的益处（见第1章关于主动肌与拮抗肌的讨论）。例如，在肱二头肌屈伸时，主动肌就成为二头肌，其他的所有参与中的肌肉都在运动中起辅助作用，反之肱三头肌则是你的拮抗肌。这一带（绳）的恢复到原始形状的趋势可以改善整体力量与关节稳定性。

阻力带在康复的过程中的使用也非常频繁。阻力带提供的轻微的阻力可以使初始锻炼者以及那些肌力有限或损伤刚刚恢复的人得到最好的锻炼。坐在或者站在一个较小的橡皮带上进行肩部推举，这样会帮助使用者在减轻阻力的同时增强肩部肌肉力量以帮助恢复。

大多数的阻力带或阻力绳价格都不高。相较于药球训练，阻力带训练是一种方便并且便宜的训练方式。将一个终端连接到一个固定的物体上，然后做好进行多种训练的准备。小型化的带子和绳子十分方便携带，因此你可以在几乎所有的地方进行体能训练。因为这些带子可以拉长，相关的肌肉在拉伸运动中也会得到加强。

可惜阻力带和阻力绳也具有一定的限制因素，例如在一般的公共体育馆中很难找到这类器材。此外，很少有体育器材商店会零售这类产品。但是，在网上简单地搜索健身、训练或者康复器材，你可以搜索到很多种类的相关产品。这类器材的缺陷之一就是阻力一般会比你拉伸的力要大。在运动起初的时候你只会感受到很小的阻力，从而就会导致你只能获得更少的力。因此这也会导致使用者在力量和爆发力的获取上十分不平衡。但是幸运的是，阻力带或阻力绳都是十分安全的，并且使用的时候不需要什么特殊的训练。阻力带可以同时贯穿于你整个训练计划中。但是，你不能把这个训练作为你的主要训练方式，反之你应该将其设计为你训练时的辅助练习。

小结

一些先进的抗阻训练方式对于保持肌肉力量和维持身体健康而言是很有必要的。同时，这些训练对于骨骼的力量、肌腱、韧带强度等都有很大益处，并且已经被证实能够增加能量。拥有了恰当的可以实现每日正常功能运作的力量以及爆发力，对于人们的身体健康是十分关键的，并且在无论是娱乐性的还是专业性的比赛中都大有裨益。幸运的是，关于抗阻训练可选择的范围十分广泛，能够适应每个人的需求。

在你开始进行力量以及爆发力训练之前，你要想明白自己的目标是什么，并且你将会通过何种方式来实现你的目标。例如，如果你想针对之前受伤的部位进行康复，你可能会选择等长训练；或者如果你想要提高肢体的运动速度，你应该选择等速训练；再如，如果你想提高你的爆发力，你可以选择快速伸缩复合训练。如果你想提升整体的健康水平以及肌肉质量，你可以选择等张训练。无论你的目标或意图是什么，总会有一种恰当的抗阻训练方式，并且这种方式一定是有效的，同时在你的生活中是可以很方便进行的。

7

训练计划表与休息时间

达斯汀·D. 郑尼克
凯莉·K. 哈蒙
李·E. 布朗

现在你已经学会如何评估自己的基础力量（第5章），以及实现不同的目标所需的不同类型的力量与爆发力训练（第6章）了，那么接下来你就需要了解一个成功的抗阻训练计划都包括哪些内容。本章将带你熟悉创建训练计划表时涉及的各种因素，同时还介绍了一些专业人员在修改完善计划时使用的术语。在本书的第四部分，你将学习如何采集并处理已知信息，从而制定一个目标明确的力量训练计划。

抗阻训练能够获得的益处在很大程度上取决于你付出的时间和精力，但繁忙的日程安排和忙碌的工作也不应成为你停止锻炼的理由。记住，强度再小的一次运动都对身体有益。然而，当你适应抗阻训练后，每一次的训练强度都需要比上一次更强，这样才能不断取得进步。给计划增加适当的训练组、重复次数、休息时间，以及注重动作模式和技术，这样才有助于实现你的个人目标。

本章具体介绍了一些在设计有效的抗阻训练计划时必须考虑的特定因素。通过处理这些因素，可以改变你的训练结果，也就是说，你可以进一步增强力量、爆发力或耐力。虽然本章的一些内容可能与前几章有所重叠，但这些信息将帮助你创建一个目标明确的抗阻训练计划。

作者对本章中做出重要贡献的布莱恩·W. 芬德利、丹尼尔·P. 默里，以及萨吉尔·G. 贝拉表示感谢。

调整适合目标的训练变量

开始制定训练计划表最好的方法，是明确自己想要进行抗阻训练的原因。在这方面，需求分析十分重要（第5章）。通过第5章我们了解到，力量训练的益处不胜枚举，抗阻训练的适应性不仅局限于增加肌肉围度和力量，你同样可以通过训练增强肌肉耐力、爆发力以及运动表现。你为自己定下的目标对训练计划的制定有着很大的影响，这些目标会影响计划中的变量因素。

回顾第3章所讲内容，调整这些重要训练变量可以帮助你实现自己的目标，以下是七个主要因素。

- 选择。选择是进行简单的锻炼还是进行个性化的锻炼方式。
- 顺序。训练方案或练习动作顺序（比如先进行强度最大的运动，并将多关节运动放在单关节运动之前）的选择比运动本身更重要。
- 频率。运动频率指一个肌肉群每周进行训练的次数。
- 强度。在力量训练中，强度是指选用负荷占最大负荷或1RM的百分比。这个负荷越接近最大值，运动强度就越高。
- 运动量。运动量等于组数和重复次数的乘积。它用来描述一组单独练习或一套锻炼方案。
- 间歇时间。指每组练习之间用来恢复体力的时间。
- 进阶。指随着时间推进，训练内容的增加，它通常体现在训练计划中运动量和运动强度的增加。

和训练因素一样，制定训练计划时也需要将目标纳入其中。以下列出四种主要目标。

肌肉增长（肌肥大）

人们开始进行抗阻训练最常见的原因之一，就是为了增加肌肉围度，也称肌肥大。对于新手来讲，可能只需锻炼四到八个星期，就会发现肌肉尺寸的变化（Moritani & deVries, 1979）。了解了这点，就不会因为训练之初没有效果而感到挫败。

如果没有正确合理的计划，即使曾经参加过抗阻训练，肌肥大也不会最大化的发展。通常来说，当你使用重负荷（1RM的67%到85%）以及大运动量（3到6组，每组重复6到12次）时，增肌训练效果会达到最佳（Kraemer & Ratamess,

2005）。增肌训练所需的休息时间为30到90秒，以便为每组训练提供充分的恢复时间。

力量

进行抗阻训练的另一个常见目标是提高最大肌力。正如第3章讨论的，在进行抗阻训练时，施加的阻力越大，肌肉的适应就越强。本着这个原则，想要显著提高最大肌力，你就需要进行最大强度或次最大强度的负荷——举起接近1RM（大于1RM的85%）的负荷，并进行几次重复次数（2到6次）。为了效益最大化，一般建议训练组数为2到5组，每组休息时间为2到5分钟。

目前，对于能够使最大肌力得到显著提高的负荷量的具体数值仍存在争议。目前的主流观点认为，要想提高最大力量，所需的肌肉超负荷量要达到1RM的85%到95%。最近有研究分析表明，或许当负荷为1RM的85%时，锻炼效果最佳（Peterson et al., 2004）。

最大力量训练计划要求有很长的组间间歇时间。当你将运动强度提到最高时，因为是训练最大力量，所以每组之间至少要休息3分钟。过去，许多专家建议完成每组高强度训练后休息5分钟。但是最近的研究表明，休息3分钟与休息5分钟，对随后几组的运动效果没有太大影响（Kraemer & Ratamess, 2005）。

对于举重初学者来讲，他们的最大力量会通过一系列各级负荷的训练而改变。因此，对于新手来讲，最好选择强度较低、运动量较大的锻炼计划。这样一来，当他们的进度达到稳定水平时，就可以直接进行高强度训练。

爆发力

在物理学中，功率指移动一个物体所用的力，除以移动该物体所用的时间得到的数值。换句话讲，移动物体的速度越快，或用于移动物体的力量越大，产生的功率就越大。这个理论同样适用于肌肉爆发力。因为爆发力是力量和速度的乘积，所以在制定提升运动表现的计划时，爆发力是一个不可或缺的考虑因素。

训练的目标是尽可能地快速度移动给定负荷，这个过程不仅增加了爆发力，还提高了速度。爆发力训练习惯上使用重负荷，过程与最大力量训练相似。重负荷被认为是产生明显肌肉超负荷的必要条件，因为爆发力训练的目的是能够“爆发地”举起重负，通常认为这样将会最大限度地增加爆发力。

最近，越来越明显的是，采用快速移动较轻负荷（1RM的30%到60%）、低运动量（低组数和低重复次数）的方式进行训练，进步效果更明显（McBride et al., 2002）。这个负荷的重量可以足够轻，让人可以快速移动，又足够重到需要费一些力气才能移动。因此，产生的力乘以移动负荷的速度，就能够得到最大爆发力。

虽然较轻负荷使举重人员在训练过程中拥有更快的移动速度，且因此能够训练爆发力的速度，但是，爆发力力量也是不可或缺的较重负荷训练。尽管这两种策略都能有效地提高肌肉爆发力，但似乎较轻负荷训练（即加快运动速度）可以更有效地完成这个目标。

然而，对于较轻负荷训练应该进行多少组，以及重复多少次，还没有一致的看法。过去，人们一直研究的是重负荷与轻负荷的差别，而不是运动量的多少。对轻负荷训练的运动量进行研究，设置运动量范围为3到6组，重复次数3到6次，结果表明重复3次似乎是避免疲劳的最佳数量。每组训练之间最好休息2到5分钟，这个时间段和最大力量训练的休息时间相似。

肌肉耐力

抗阻训练的另一个目标是提高局部肌肉耐力。与最大力量训练完全不同，肌肉耐力训练的目的是提高肌肉在次最大强度下保持较长时间的缩力能力。因此，这种类型的训练要求轻负荷（通常小于1RM的65%）和高运动量（2或3组，每组重复15到25次）。

肌肉耐力训练每组的休息时间很短，通常设置在30秒之内。事实上，肌肉耐力训练的目的是让肌肉有更长的工作时间以及增强抗疲劳能力。短暂的休息时间保证了肌肉的长时间工作，这样有助于延缓神经肌肉疲劳。

肌肉耐力训练对初学者、特殊人群，以及像登山和定向越野等耐力运动的运动员而言是非常有效的。对于不习惯抗阻训练的人来说，可能不喜欢需要举起高负荷的训练，因此肌肉耐力训练是更理想的选择。由于肌肉耐力训练会让抗阻训练的初学者看到几乎所有训练量组合的好处，因此肌肉耐力训练通常是向新手介绍抗阻训练的最佳方式。

对于中级和高级耐力训练来讲，肌肉耐力训练为训练计划带来多样性和平衡性。虽然增强肌肉耐力通常不是人们开始进行抗阻训练的主要原因，但这个训练好处颇多，表现在日常生活当中，如园艺或者搬东西，都大有益处。在之后的章节中你会了解到，均衡性和多样性是训练计划中快速进步的关键。

竞技运动表现

近几十年来，所有的运动员都将抗阻训练作为一种必要的热身工具。通过抗阻训练，他们的力量和爆发力得到显著加强。为了更有效地得到这些提高，训练计划需要依照运动的具体性质制定。例如，计划中的锻炼和训练目标必须与体育项目中所用肌肉群和运动模式相适应。仔细检查这项运动的要求，不仅是训练哪组肌肉群，还包括是否需要对力量、爆发力或肌肉耐力进行针对性训练。例如，在篮球运动中，跳跃需要腿部爆发力，同时在篮下进行肢体接触时需要肌肉力量。因此，对于大多数篮球运动员来说，下肢的爆发力训练以及整体肌肉力量训练尤其重要。

练习动作的选择与顺序

根据训练与目标的关系，可以将练习动作分为三类：爆发力练习、核心练习和辅助练习。

- **爆发力练习**作为一种爆发性的动作，要求运动员尝试尽可能快地移动重物。一些经典的爆发力练习包括高翻和借力推举。爆发力练习涉及许多肌肉群，需要多个关节共同运动（正如核心训练，见第11章）。训练时，举重人员应处于最佳状态，以减少疲劳感，降低受伤的危险。因此，在整个计划中爆发力练习应该最先进行。爆发力练习对均衡阻力训练极为重要，尤其是对于那些想要提高运动成绩的运动员。但是，爆发力训练要谨慎进行，因为正确的动作模式至关重要。所以，建议你在专业人员的指导和监督下进行。
- **核心练习**使用的是位于身体中心附近的大肌肉群。它们通常连接一些肌肉群，跨越多个关节。这些锻炼主要运动胸部、肩部、背部和臀部肌群，锻炼可能包括颈前深蹲、弓步和仰卧推举。由于核心训练涉及多个肌肉群，你应该在进行辅助性练习前完成核心训练。
- **辅助性练习**运用手臂和腿部较小的肌肉群，通常是单关节运动。辅助性练习能够锻炼单独的特定肌肉群，包括哑铃肱二头肌弯举、颈后臂屈伸和负重提踵等。辅助性练习一般在核心训练后进行，以防止个别肌肉群在进行多关节运动时处于疲劳状态。

训练的组织安排

在制定你的训练计划时，必须要考虑几个因素。首先，确定你可以为每次训练留出多少时间。例如，你能否每次训练达到30分钟，或者能否一次性锻炼满2小时？你还需要确定每周可以运动的次数（即频率）。我们将在下一节讨论更多与运动频率相关的问题，以及如何有效地锻炼。

接下来，你必须决定你能使用哪些运动器材。你有没有自由重量器械和训练器械？你能否接触到类似跳箱和药球之类的器材？这些问题的答案将决定你在计划中选择什么类型的锻炼。本章后我们会讨论更多关于选择运动和顺序的内容。

最后，你需要考虑自身训练背景。你的身体做好准备了吗？你有足够的力量训练经验来开始一项高级、复杂或困难的训练吗？或者你需要从为初学者制定的计划开始？第四部分提供了一些初级、中级和高级力量训练计划的示例，同时是帮助你确定哪一种训练更适合你的指南。

训练频率

在制定训练计划时，首先要确定的是你准备训练的频率。这个频率通常是指每周完成训练的次数。通常，一个有效的训练频率为每周2到5次。

频率的快慢与你的可用时间以及训练中使用的阻力大小、精力直接相关。当你在一周内更频繁地去健身房锻炼时，就会感觉到更明显的效果。但是这个高频率也需要与适当的休息时间相平衡，这样才能收获最佳效果。尽管更高的频率会带来更大的整体益处，但每周只有两天时间锻炼仍可以得到较好效果，不要因为没有更多锻炼时间而感到气馁。任何时候进行抗阻训练都是有益的，同时抗阻训练还有助于养成健康的生活习惯。

花在健身房的总时间由你繁忙的日程决定，但是你应该意识到，越持之以恒坚持不懈的训练，得到的益处越大。还有，记住，所举的负荷与训练的频率应该是负相关的。换句话说，如果你举起相对重一些或接近最大负荷的重物，那么训练时你需要更多的休息时间。因此，与那些选择相对轻一些负荷的人相比，你的训练次数可以较少。（在本章后半部分，我们将更细致地讨论休息时间的问题。）

当在健身房有了更多经验后，为了继续增强力量，你应该提高你的训练频率，并且在训练中加入新的或不同类型的运动。另外，初学者在进行任何抗阻训练时，都会有所进步并且可以看到力量的增强。在锻炼之初，选择较低频率的训练，可以让你的肌肉在休息时得到适当的休息和恢复。当你适应了你的训练后，进步就会开始变得困难起来。增加训练的天数是得到更大益处的一种方式。

有几种方法可以用来优化力量训练，以便有效地锻炼，获得最大益处，同时每组训练之间还能有足够的休息时间。这些方法包括分隔训练（即根据身体部位或区域、肌肉群或运动类型进行交替训练）；交替进行轻重训练；循环训练、金字塔训练、超级组或综合组训练。

分隔训练

增加锻炼频率的一个好方法是进行分隔训练，你可以在一周的不同时间完成不同的练习。这种常见的方法，可以在一天中锻炼一些身体部位，同时让其余身体部位得到休息。这种方法也能够持续训练几天。因为不同的肌肉群在不同的日子里进行锻炼，你就无须担心训练的肌肉处于疲劳状态。

尝试把你想要完成的每项锻炼都融入一个计划中去是非常困难的。或许你可能想要有一个全面的计划，锻炼身体所有主要的肌肉群。然而，你可能没有足够多的时间去完成所有内容。分割你的锻炼计划，最大限度地利用你的时间和精力，锻炼多数肌肉群，而不用每次花费数小时在健身房里。

分隔训练也为你的训练带来多样化。每次进行同样的训练难免让人感到枯燥乏味。改变日复一日的重复训练 ，每天重点训练两到三个身体部位，而不是全身，这样就为计划提供了更多的多样性，让锻炼不再单调。

计划可以用不同的方式分割开来：一种方法是计划身体部位或肌肉群训练，例如在不同的日子里锻炼上肢和下肢；另一种方法是将运动相似的肌肉群进行分组，例如把所有的推和拉练习放在同一个训练中。

按照身体部位或肌肉群的练习进行设置。或许，人们分隔训练计划最常见的方式就是根据身体部位或肌肉群。这种分割方式可以创建平衡的训练计划，或者让你着重锻炼需要注意的单一部位。

组织训练的一种方法是上肢和下肢交替训练。这种做法保证了上肢肌肉与下肢肌肉的训练平衡，确保训练之间的适当恢复，对于抗阻训练的初学者来说不失为一种好方法。

因为本质上每一个训练课程都是综合性的（无论是上肢还是下肢），你可以从各种各样的练习中进行挑选。这种多样性是初学者喜欢这种锻炼的另一个原因。不断地重复训练会使抗阻训练变得单调乏味。

对于有更多阻力训练经验的人来说，身体部位训练可用于训练目标中的重点区域。当你对锻炼越来越熟悉时，你可能会意识到某些肌肉群是你想重点训练的，或者你只是简单地享受这种训练。特定的身体部位训练同样可以将你的锻炼集中在肌肉群上，如重点训练那些进步效果不如其他肌肉群的部分。例如，假设你在卧推训练时，由于卧推训练主要用到肘部的肱三头肌无法在没有监视人帮助的情况下完成最后几次重复训练，遇到瓶颈，所以你决定把接下来的上肢锻炼重点放在肱三头肌上。几周后，你会看到自己仰卧推举的负荷再次增加，因为你现在拥有了完成它的力量。

按照推拉练习进行设置。你也可以将训练计划分隔为推动运动和拉回运动，在不同的日子里分别进行练习。推动运动是指当一个负荷靠近身体时将其推开。相反，拉回运动是指将离身体较远的负荷拉回身体附近。

推动运动和拉回运动所用的肌肉群通常是相反的。推动运动往往运用胸肌、肩部肌肉和上臂后群（肱三头肌）的肌肉，如杠铃仰卧推举和杠铃肩部推举或借力推举之类的举重运动。拉回运动倾向于用背部和上臂前举（肱二头肌）的肌肉，如背阔肌下拉和后拉练习。下肢的肌肉群很难归类到推拉练习的其中一种，因为它们大多数都倾向于同时参与这两种运动。

推拉概念也可以用在同一个单独的锻炼上。初学者有时在进行练习上肢训练时，可能想要交替进行推拉运动。这种技巧使肌肉群在练习之间得到适当休息，确保训练在主要肌肉群之间保持平衡。

轻重负荷交替训练

不同的训练量和主要目标（如肌肥大、力量或爆发力），可以最大限度地增加益处，避免训练停滞不前。这种改变训练变量的循环训练计划被称为周期性训练，这点在第3章有讨论。第四部分有介绍这种方法的应用。改变训练计划的训练量，可以让你在缓慢的进步过程中取得突破。

让我们举例说明上述观点。比如说你已经进行了8周上肢增肌训练。在过去的8周中，有2周你无法在保持适当的重复次数（8到10次）的情况下增加负荷。这可能是因为你的最大力量没有改善到8到10RM对应的程度。在这种情况下，用最大强度计划进行接下来的几次训练（即增加负荷和减少运动次数）可以帮助你度过你的瓶颈期。

另一方面，如果你的肌肉无法利用训练间歇得到恢复，这有可能是因为你缺乏肌肉耐力。在这种情况下，你可能需要用减小负荷、增加重复次数的方式来完成接下来的几项练习。这样可以提高你的肌肉耐力，使你在增肌训练中得到更好的恢复。

循环训练

循环训练是一种特殊的抗组训练，它的每组训练中都有不同的运动（一般是10至12种），这些运动是连续完成的，且运动间几乎没有休息时间。通常，训练过程中进行一到三次循环练习。循环训练通常保持低负荷（一般为1RM的40%到60%），采用的练习要么是有大量的重复次数（12到15次），或者更多的时候，一组训练（如30秒）休息时间很短或没有休息时间。这种训练的好处在于它能在一次训练中增强力量和提高肌肉耐力。

训练动作通常是全身练习（例如蹬腿练习、杠铃仰卧推举、屈膝仰卧起坐、腿部伸展练习、站姿肩部推举、坐姿腿弯举、哑铃肱二头肌弯举、负重提踵、背阔肌下拉、躯干背伸练习和绳索坐姿划船，见第9到11章），每个关节周围的主要肌肉群在每次训练中都得到锻炼。为了让身体休息，大多数的循环训练都按照从下肢到上肢的顺序交替练习（例如先腿部运动后手臂练习）。由于休息时间较短，在循环训练中，人的心率通常比进行其他重量训练时要高。

循环训练对人体心血管需求较高，人们经常用它来改善心血管健康。和提升力量一样，对那些极度不健康的人只需进行少量训练，他们的心血管健康就会得到迅速改善。虽然循环训练可能会改善体质较弱的人的心血管条件，但对于那些更健康的人，有氧运动的作用则没有那么明显。即使这种训练确实在一定程度上改善了心血管健康，但真正的有氧训练还是能更大程度提高有氧耐力。

同样，进行循环训练后，基础力量的提高在初学者身上效果更明显。运用高负荷进行最大力量训练和增肌训练，更可能在较大程度上取得进步。可以说，循环训练是一种很好的入门训练，因为它比传统的抗阻训练更快速，持续时间更短，但低负荷训练则限制了力量的增加。

事实上，最能说服人们进行循环训练的一个原因是，这类训练短时间内就可以完成。十种练习进行三次循环，每次30秒，每个练习之间只有几秒时间休息，一套下来只需半小时。对于那些没有时间进行抗阻训练的人来说，循环训练是一个很好的选择。

毫无疑问，循环训练的最大成效是改善了局部肌肉耐力。轻负荷、大量重复和短休息间隔的组合对于那些追求提高局部肌肉耐力的人来说十分完美。

金字塔训练

金字塔训练指每组训练强度都改变的训练。金字塔训练可以分为上升型、下降型或完整型。上升型金字塔训练以较轻的负荷开始，之后每一组训练的重量递增。下降型金字塔从重负荷开始，之后减少下一组的重量。三角金字塔先递增再递减，最重的负荷是中间一组。金字塔训练根据适应负荷的情况改变重复次数。例如，进行10RM、8RM、6RM、4RM、2RM、4RM、6RM、8RM和10RM的阻力训练，训练组只进行上述重复次数。正如第3章所提到的，这种训练的训练时间密集，因此通常只用于锻炼计划中的少数练习。

金字塔训练结合了最大力量训练和增肌训练的一些方面。其运动量相对较高，因为训练组数较多且有大量重复次数的训练组。这种类型的增肌训练中至少包含一组重负荷的训练。这个高强度组代表了最大力量训练。

虽然这种方法能够在单一锻炼中刺激多种肌肉，但它的运动量并不适合所有的任务。例如，如果你的目标是获得最大力量，这种长期高负荷、低重复次数组的训练可能会导致你的肌肉过度疲劳（如前面2RM到4RM组训练）。这种疲劳可能会阻止神经肌肉适应性的建立。然而，像循环训练一样，金字塔训练偶尔也可以用来打破重复同样的锻炼带来的单调感。

超级组与综合组

使用综合组和超级组是一个很好的方法，它可以提高锻炼的时间效率。尽管在术语中综合组和超级组经常交替使用，但它们是两种不同的技巧。超级组是多组运动，一组使用拮抗肌群后立刻使用主动肌群（例如肱三头肌下压后紧接着肱二头肌弯举）。综合组则是第一组和第二组的两个练习使用相同的肌肉群，第三组训练重复第一个训练内容（例如肱三头肌下压后进行肱三头肌屈伸，接着进行下一组肱三头肌下压）。

超级组对于想要训练最大力量十分有效，组与组之间需要较长的休息时间。通常安排运动排序，反复训练主动肌与拮抗肌，这样可以在花费更少的休息时间的同时进行更多的锻炼。

过去研究者认为，超级组能使拮抗肌产生更多力量，因为这时主动肌已经疲乏，不能抵抗拮抗肌的运动。然而，最新证据表明事实恰恰相反。由于拮抗肌多少参与了主动肌的收缩过程，拮抗肌本身在前一组就有轻微的疲劳感，这使拮抗肌产生力量的能力有所下降。

举例可以更好地理解这种效果。你可能希望股四头肌在经过一组腿弯举训练后有更好的力量输出，因为此时腘绳肌已经疲劳，不太可能抵抗（离心收缩）股四头肌的运动。事实上正相反，股四头肌的运动会轻微受阻，因为它们多少参与了之前的腘绳肌运动（即进行了稳定的共同收缩）。

复合组用来锻炼疲劳状态下的肌肉。它的原理是在训练时令肌肉完全疲乏，从而产生更多的超负荷力量。

两次训练之间休息时间

你已经了解到训练过程中休息时间的长短与训练的强度直接相关，换句话说，随着训练强度的增加，休息时间也会增加，因为身体需要更多的时间来为下一组运动做准备（第3章）。本章之前已经讨论了这个因素是如何根据你的目标来影响你的训练计划的。

每次训练之间的休息时间称为训练间歇休息期。通常对于这段时间的长短没有具体建议，而是作为每个星期选择训练频率的副产品。普遍认为，在训练结束后，肌肉至少需要休息48小时才能得到充分恢复。

无论我们能否确定最佳的训练间歇休息期来使益处最大化，这个因素仍需要通过你的训练经验来决定。当你刚开始训练的时候，运动频率保持每周2至3次。事实上，一些研究表明，初学者每周只需要进行一次训练就可以进步。随着经验的增加，恢复能力的改善让你可以增加训练的频率。

同样，当进步停滞不前时，训练频率或训练间歇时间应该是你需要检查的因素之一。当运动频率太低时，肌肉接受不到足够的超负荷来引起变化。而当运动频率太高、休息时间不足时，肌肉无法恢复到最佳状态去进行下一次训练。因此，在一次循环训练结束，到达平台期时，你可以考虑调整训练频率。

小结

记住，你的训练目标将在很大程度上决定如何去处理那些训练因素。换句话说，锻炼不是一直重复同一件事情，而是根据需要不断调整你的计划，用正确的方式达到预期效果。

8

安全、疼痛与损伤

凯莉·K.哈蒙
达斯汀·D.郑尼克
凯文·K. W. 曾
李·E.布朗

本章着重讨论在抗阻训练中一个十分重要的话题。有很多人对于阅读有关标准动作、运动技术的长篇大论说明以及训练中安全的重要性这些文字并不感兴趣，但很多时候，我们学会如何避免受伤，要远远好过去学习受了伤之后如何康复。严重的伤病会让训练者疼痛难忍，并会出现功能障碍导致运动员浪费宝贵的训练时间。在训练过程中，训练者灵活运用预防损伤的技巧将有助于大大降低发生严重伤病的可能性。

必须强调的一点是，在抗阻训练中，能够预防损伤的发生概率远远高于在运动中所造成的损伤。有的训练者不愿意进行负重练习，因为他们误认为负重训练会让他们伤病或加重伤病程度。事实上，只要使用标准的运动方式，严格遵循正确的训练技术，真正由抗阻训练引起的损伤是很小的。换句话说，抗阻训练的正面影响远比其潜在的负面影响要大得多。

在本章中，我们都将着重讨论安全地进行抗阻训练的重要性。此外，我们也会讨论由于该种训练方式引起的疼痛，以及如何在短时间内消除这种疼痛感的方法。最后，我们会提供一些相关信息以帮助训练者学会判定损伤并对其进行适当处理。

作者衷心地感谢在本章中做出杰出贡献的布莱恩·W.芬德利、丹尼尔·P.默里和萨吉尔·G.贝拉。

安全训练

在负重训练中，训练者未能遵循训练指南或进行抗阻训练时所做动作不标准，所以他们经常受伤。在力量训练中，除了适当的热身运动和放松拉伸之外，穿戴合适的衣服和鞋子也是极其重要的。举重运动员还必须掌握每一种正确的举重技术。

热身与整理运动

进行抗阻训练之前需要进行适当的热身。在训练项目开始前，训练者都应该进行5到10分钟的常规热身运动，如低强度有氧训练、慢跑或者在自行车上进行骑行练习等。同时也需要做动态热身运动，即提高训练者体温的运动和肌肉准备运动。标准的动态热身运动流程由全身各个部位的运动组成，目的在于通过可用的活动度提高肌肉的温度，尤其是那些在训练项目中的目标肌肉。常用的热身运动有行进间抱膝、交叉抱膝、跳跃练习、弓步走、股四头肌拉伸、虫式伸展、高抬腿以及10至20米的持续后踢腿等。训练方法多种多样，无法一一列举。动态热身运动有无数种可选择的方式，训练者可根据实际需求进行搭配。

全身的热身运动结束后，训练者需要用一到两组轻负荷（大约是最大肌力的一半）进行专项热身运动，这样可以增加训练所需肌肉的血液供应。热身活动会增加肌肉在后续的训练中产生力量的能力。在训练之前的热身活动时间不需过长，并且在最后一组热身活动之后你应该立即进行第一组正式训练。注意，热身运动不应计入当天训练负荷的总组数之中。在高强度训练之前进行适当的热身也尤为重要。在没有进行生理学准备的情况下对某一块肌肉进行训练，并训练至其达到或趋近于最大强度，这样的做法应避免。

健身后的整理运动能够帮助机体恢复。肌肉收缩产生的副产物（如乳酸等）常常会在训练之后堆积在肌肉当中，无法被清理到血液中进行处理或排出体外。整理运动是促进清理或排出副产物的一种有效方法，能够帮助肌肉在锻炼间隔中很快得到恢复。要注意的是，整理运动不宜持续时间过长。对于下肢的整理，可以选择骑行或者以一定速度在跑步机上走5到10分钟等。同样，进行5到10分钟上身有氧运动，如上肢手摇机，则能帮助上肢训练之后清排废物。

拉伸

拉伸也是抗阻训练计划中的重要部分，肌肉以及各关节良好的灵活性能够提高你正确训练的能力。增加灵活性，尤其是对于下肢而言，同样也会有助于预防下腰背的损伤。

许多专家倡议将拉伸作为抗阻训练之前的热身活动。然而近来某些研究表明，这一做法是无益的。一些研究表明，训练之前进行肌肉的静态拉伸会使肌肉产生力的能力降低（Cramer et al., 2004）。但是这一状态往往只会持续2到5分钟（Wolfe et al., 2011）。

现存的拉伸方法包括静态拉伸、动态拉伸、弹振拉伸以及本体感受神经肌肉易化拉伸法等。静态拉伸包括最大限度地拉伸肌肉（即拉伸到距离身体尽可能远的地方）以及保持某一拉伸动作一定时间的拉伸方式。拉伸的强度应适中以便达到更好的效果，并且不会因过度拉伸造成疼痛（图8.1）。最佳的拉伸持续时间应为30秒左右，每次重复进行之间应短暂停顿。常见的拉伸练习一般重复2或3次。相关研究显示，更好的训练效果常常是在增加拉伸次数或延长拉伸时间方面展现出来的（Malliaropoulos et al., 2004）。在任何力量训练之后，运动员都应该进行全身范围的拉伸，尤其是主要关节。动态拉伸（与之前讨论相同）即积极地让肌肉移动一定距离直到达到肌肉的最大运动范围。这样做的目的是增加肌肉的柔韧性。

图8.1 静态伸展期间，肌肉应拉伸到或接近于其最大运动范围，并且应该保持到30秒左右

本体感受神经肌肉易化拉伸法是一种拉伸技术，包括放松和主动收缩肌肉，

使肌肉得到更好的拉伸。本体感受神经肌肉易化拉伸法是有伙伴练习中较为典型的一种，首先它是肌肉的被动拉伸，继而是活跃的肌肉收缩，最终是肌肉的被动拉伸。仰卧腘绳肌拉伸是一个典型的例子。训练者躺在地面上，其同伴通过向上提腿，顺从地拉伸训练者的大腿肌群，在没有其他不适的情况下尽可能地向远处拉伸。在简短的拉伸之后，训练者的肌肉会主动收缩并在之后会进行肌肉的拉伸与放松。在监控肌肉张力的高尔基腱的协助下，肌肉会得到更高水平的伸展。

训练服装

在抗阻训练中服装的正确选择，对于调节人体体温以及促进举重运动而言都有所帮助。由较重材料制作的长腿裤子或者长袖衣服都会在一定程度上阻碍运动，并且也会抑制热量的释放。如果身体不能释放出足够的热量，或者身体产生的汗液不能及时蒸发掉，人体的核心温度就会升高，这会导致脱水以及动作障碍等情况的发生。在训练时穿着舒适透气的衣服会帮助预防上述问题。在选择服装的时候，还要关注服装是否方便身体的活动，这也是判定良好运动服装的关键因素。

鞋是运动的又一重要因素。穿着漏脚趾的鞋或凉鞋都不适合进行抗阻训练。舒适的运动鞋能够帮助运动员保护他们的脚免受重器械的压伤或刮伤，并且能够在举起重物时给双脚提供一种支撑力。虽然运动鞋在你的脚被厚钢板砸中时不能使你免于损伤，但是却可以起到一个缓冲的作用，帮助你尽量减轻损伤。

正确地进行运动

尽管理论上直接由抗阻训练所引起的损伤并不常见，但是确实有这种情况出现。不过导致这些损伤的绝大部分原因是举重运动员不当的运动形式。其中关于抗阻训练最大的误解之一就是进行该种训练会造成下背及颈部的损伤。这些部位在举重时的确很容易受损伤。但是你可以通过标准的运动姿势和避免错误的技术等方法来显著降低这些损伤发生的风险。另外，制定合适的举重计划也是十分关键的。通过进行一系列伴有恰当级数的训练（第3章），举重运动员将不会在进行他们不适应高载荷或复杂运动时使用更高级的举重技术。

当你为标准的运动模式而努力时要注意下列误区。

- 抵抗住诱惑。在你增加负重的载荷的时候，增加到你能够举起来的重量即可，同时也要预防将抗阻训练转变成与他人的竞争。超负荷从根本上就是有损伤的，它会导致使用代偿的方式来进行动作从而不能有效单独地训练目标肌肉。

- 在举重过程中不要倾斜或者旋转身体。一名举重运动员通常会在载荷过大而无法进行正确的运动方式的情况下，向腿部、背部或者颈部借力代偿。一些帮助你进行坐姿举重练习，并且给予你的背部很强的支撑力的器械（如可调节训练椅等），能够让训练者避免相关肌肉的代偿或者使用身体惯性完成动作。
- 尽量避免在完成运动时将动作限制在某一范围内。例如，深蹲时下蹲高度大于预计值，或肱二头肌弯举时活动范围较小，这些都表明了运动载荷过大。而肌肉的长度与张力之间的关系则表明肌肉活动最困难的部分是在给定运动范围内的开始与结束阶段。一般情况下训练者会选择在运动范围内最简单的（如中部）那一部分，并且伴有一个比所需的载荷稍高的重量。尽管局部锻炼可以帮助训练者增强局部肌肉力量，但是举重运动员还应尽量避免使用单一的方法进行训练，因为肌肉需要一个完整的活动幅度。肌肉和关节贯穿着人身体的全部区域，故应在日常生活中进行全面的锻炼。如果一名举重运动员在锻炼时只在某种特定的范围下进行，那么在薄弱区域的肌肉就不会得到更好的训练。
- 在抗阻训练中不能改变颈部的正确姿势。刚开始时保持一种良好的形态是很困难的，但是重复地进行这种良好的形态将会加强肌肉组织，同时你也会感到这种姿势变得日益简单。一个常见的问题就是在举重时头部向前倾。这个姿势会给背部和颈部施加一定的压力，并且还会给颈椎后下方的微小组织施加一定的压力。在坐姿或站姿抗阻训练中，头部处于一个正确的位置（中立位），此时耳朵应与肩部呈一条直线或

图8.2 在站姿或坐姿举重时将耳朵与肩部呈一条直线或微微向前可以保证你的头部是处于恰当位置的，从而能够保持你的颈部和颈椎免受过度的压力或张力的影响

轻微向前一点（图8.2）。监督运动姿势的正确与否，可以由专业人员完成或训练者在镜子前完成该动作。

- 要始终保持下腰背的正确姿势。这也是在举重训练中的又一挑战，尤其是在核心训练中尤为突出。当负荷比所需要的重时，腰椎过伸就成为最典型的代偿方式。举重运动员应该通过降低负荷坚决地消除这一有缺陷的动作。这也是为减少负载所必须要做的事情，同时也为下腰背提供了一个安全的举重环境。下腰背的经常性转动常常出现在地面举重过程中，如硬拉。这一转动给腰肌造成了一定机械性的损伤，使他们在举重过程中腰部扭伤的风险大大增加。在保持自然轻微背弯曲姿势时，还需要收紧腹肌。这也确保了腰椎处于“自然状态”，并且这样，腰椎的上、下部位都不会有过度施加的压力。

当一名健身者有了良好的经验，并且一直以一种良好的模式进行锻炼，他们就应该从健身器械转向自由重量训练当中。

在国内几乎所有的健身场所都可以发现有训练者使用着错误的形态。这也使一些健身专家阻止健身者进行一些高效却有潜在危险的运动项目。颈后的背阔肌下拉和膝关节小于90度的深蹲，是不良或危险动作的代表。实际上没有不好的训练动作，只是这些动作不适合那些使用错误动作模式进行训练的人而已。

以背阔肌下拉为例。一些人认为，进行这一项在头部后方的训练使肩部处于一个极易受伤的位置，并且会使头部过度前倾。对于缺乏肩部外翻能力的训练者而言，正确地进行训练是极其重要的。然而，如果训练者有足够的动作活动幅度，并且如果举重者能够注重拉起这个重物时能将重物保持在颈部稍后方，而不是靠头部前倾来躲避障碍物，那么对于他来说，这种训练就是安全且有效的。另外，对于某些运动员来说，颈后背阔肌下拉可能是他们训练计划中最重要的部分，以摔跤选手为例，他们就需要将他们的肩部处于该位置。

本书第三部分描述力量训练中正确的运动模式。参考第三部分的介绍以及在必要时请求训练辅助者来确保你所训练的方式是正确的。

使用腕带、护膝、腰带和杠铃片护圈

举重腕带、护膝以及腰带通常是由健身以及力量举重训练专业人士所使用的。他们常常从事高强度的训练并且使用较重的重量。腕带能帮助举重运动员通过减少一些手和前臂的压力以改善其抓杠。一只手需要一条腕带。将腕带的末端缠绕在手腕上，另一末端则缠在杠铃上（图8.3）。腕带一般使用于较重负荷的动作（如硬拉）。

图8.3 使用举重腕带的抓握方式，注意大拇指要绕过杠铃杆以防止滑动

护膝可以于高强度下肢训练时在膝盖周围使用，如深蹲或蹬腿练习。一些人认为护膝能够在重物举重时帮助支撑膝盖，并能够保护他们免于遭受过度的压力。实际上，护膝应直接应用到进行举重用到的关节附近，以对相关关节提供更大的支撑。

举重腰带通常使用在高强度以及爆发力举重中。这些腰带通过增加腹内压给下腰背以及躯干提供强有力的支撑。这也会给举重运动员以提示，提示他们要在举重过程中使用正确的姿势。

使用这类器械的负面影响是举重者可能会过度依赖于它们。这就会引起在举重过程中本被认为是稳定化的肌肉变得松弛。例如在深蹲时，背部稍微弯曲收紧腹肌是正确的形式中的重要部分。使用重力腰带产生的压力与腹部收缩时产生的压力相同。使用腰带时，在举重过程中，腹肌以及下腰背的稳定化肌肉都会得到放松，但这也许是由这些肌肉的薄弱造成的，同时可能是弊大于利的。因此，在进行非最大载荷举重时最好不应考虑使用腰带、护膝和腰带。

最后，杠铃片护圈是自由重量训练中用于固定杠铃片的一个很小的但极其重要的器械。由于自由重量器械的不稳定性，它可以防止杠铃片从杠铃杆两端脱落，因此推荐使用。

找一位训练伙伴

对于安全的抗阻训练而言，较为完整的模式是在训练过程中有一个健身同伴或助手。这在你进行高强度训练或者你打算训练某一部分肌肉达到力竭时尤为重要。拥有一名训练伙伴不代表着你比较柔弱或者没有训练经验，相反，这的确是一个很明智而专业的选择。因为它不但能够保证你的肌肉达到训练到某一限度的目的，同时能够大大提高训练的安全性。训练伙伴在安全的抗阻训练中最明显的贡献就是它能够帮助你完成你自己可能无法做到的举重训练。

因此，训练伙伴首先要了解的就是你举重的重量是多少以及你打算重复的次数。拥有一名健身伙伴能够使你克服对高强度训练的恐惧，并且能够使你锻炼的肌肉达到一个更好的疲劳状态。你将从每一组训练中获益，因为你举起重物时尽了你最大的努力、使用了最大力量或者是没有安全顾虑条件下的最大强度。

健身伙伴还会对你进行鼓励与激励。举重时有一个训练伙伴能够使你的训练过程更加有趣，并且能够给你进行更大难度训练提供动力。他的鼓励与回馈能够帮助你度过那些你的动力与欲望缺乏的时期。

一名好的训练伙伴同样也能够指导你避免使用错误的运动方式。他们可能会在你没有保持正确的运动姿势或者举重过程中弓背的时候对你加以提醒。一个受过良好训练的训练伙伴能够帮助你避免一些由于不当姿势引起的损伤。正确的动作模式会在本书第三部分进行介绍。

当你作为一名训练伙伴时，你必须为你的伙伴进行良好的辅助。在不打扰训练者的情况下尽可能地接近负重并能够帮助训练者保持一个正确的运动模式。同样，作为一名训练伙伴，你也应在需要时随时准备着给予帮助。换言之，不要低估了你对于你训练伙伴的帮助。相较于起初就低估了重量继而尝试更高重量而言，这种训练方式是更安全、更高效的。

偶尔，在使用非常重的负载时（如举杠铃），需要两个训练伙伴。这两位应位于杠铃杆的两端。如果举重训练者需要帮助，则两位训练伙伴应必须进行简短的交流以便在杠铃两端使出同样的力。

损伤

损伤发生在组织（如韧带、肌腱、肌肉和骨骼）所承担的瞬间负荷或者长期负荷过大时。这种损伤往往指的是炎症。炎症总是被误解为是对人有害的，但是事实证明，炎症仅是身体对于移除或者修复损伤组织的一种反映。在身体受伤时，身体会出现一系列的化学反应，因为这是身体开始修复损伤的组织。炎症、发热、红肿等都是这一愈合过程中的症状。因此，炎症是机体愈合的方法。然而，急性炎症与慢性炎症和过度炎症反应有所不同。急性炎症会带来更多的问题。如果炎症持续了数天，或是变得更加严重时，你就应该去看医生。

通常情况下，炎症的症状包括红、肿、热、痛以及功能障碍。疼痛表明损伤已经形成，更大的压力会造成更严重的损伤。肿胀阻止了正常的功能运动并且建立了一个天然的夹板来保护损伤组织。然而，每一个人不同部位造成的损伤都不尽相同，故相同的体征或症状也不能反映出相同的损伤程度。损伤的体征与症状在刚刚损伤时表现得较为强烈，在开始愈合时逐渐下降。体征是损伤的客观指示剂，而症状则是主观指示。例如，发红就是体征，医学专家可以看得到，而疼痛就是一种症状，只有损伤主体自己能够感知得到。

在考虑重返运动时，了解每一种容易反复的体征与症状都是很重要的。那么，体征与症状二者是否会同步增加、减少或保持不变？如果损伤在良好恢复之前又受到了过多压力，那么身体就会重新产生炎症反应。准确的恢复时间是不存在的。凭借于组织的种类、创伤的程度，体征与症状会在48到72小时中逐渐增加，并可能会持续数月甚至一年的时间。因此，在发生损伤的时候应极力避免在疼痛状态下坚持训练的行为。

“PRICE”损伤管理法

“PRICE”是被普遍接受的损伤管理方法的首字母缩写词。该方法包括保护（Protect）、休息（Rest）、冷敷（Ice）、固定（Compression）以及抬高患处（Elevation）。这种“PRICE”方法可以在损伤后出现过度疼痛、肿胀或炎症出现时使用，并能保护损伤部位免于过度负载或压力的再次损伤。即使肿胀可以建立起一个天然的夹板，我们也可以在损伤区域通过填充物和支撑物以更好地保护受伤区域。休息损伤部位能够预防二次伤害并且能够帮助进行愈合过程的进行。冰敷能够缓解疼痛，并能起到一些其他的抗炎效果。我们通常是使用橡胶绷带进行固定，这样能够帮助消肿。抬高身体部位高于心脏位置能够中和重力与支撑力，从而获得更好的休息以及固定制动。

“PRICE”方法同样被用于急性损伤管理当中，但是在恢复阶段，该方法应该加以修正。例如，主动运动能够帮助组织完成愈合，并且能够使体征与症状得到减轻。受损伤的组织应该有足够的休息时间，适度的休息时间能够帮助身体恢复到活跃状态并且能够防止由于非移动性或负载降低过多而引起的肌肉流失。

据证实，冰块或者其他制冷药剂的使用，已能够降低组织周围的温度，能导致血管收缩以及神经传导能力下降。尽管这能缓解相关症状，紧缩的血管可能会抑制组织恢复所需的营养物质的运输，从而减缓愈合过程。现在还没有明确的证据表示制冷药剂是有害处的，与此同时，也没有证据表明其对损伤的管理是有益的。

肌肉酸痛的处理

令人遗憾的是，在进行抗阻训练时，肌肉酸痛是在所难免的。这种疼痛是由于肌肉承受了其所不习惯的压力。在生理学上产生酸痛的过程没有被完全理解，最可能的一种解释是，不习惯的运动常常会引起肌肉细胞的细微撕裂。这些轻微的撕裂会引起肿胀、疼痛、炎症以及肌肉运动受限，还会导致功能下降或改变并引起僵硬。这些症状可能在抗阻训练刚开始时就出现，但是常常在48至72小时之后才能达到最大程度。出于这个原因，各种类抗阻训练引起的酸痛指的都是延迟性肌肉酸痛。

由于对引起延迟性肌肉酸痛的进程缺乏了解，我们对其的治疗以及预防的办法就少了许多。因此，我们反之尝试着来管理疼痛和肿胀的症状。冰敷、加热、伸展、布洛芬等都被用来治疗延迟性肌肉酸痛。但遗憾的是，所有的这些方法都没有取得完全的成功。

我们了解到，延迟性肌肉疼痛出现在抗阻训练重复的阶段。这也被称为重复效应。尽管在最开始几次训练中你也许会感到明显的不适，但是这种不适在你继续训练的时候会明显减少。

延迟性肌肉酸痛会在较强的强度下发生，比如训练比较激烈等。因此，我们建议初学者应该在锻炼时使用较小强度。这种强度应该小于中级和高级练习者，并且在计划中应将核心肌肉训练最小化。初学者在锻炼时应尽量避免使用高强度的运动。直至他们能够在低强度运动下实现明显的力量获得并且通过这种方式减少延迟性肌肉疼痛的程度。

综上所述，我们建议举重训练者在重新进行举重训练之前确保在先前锻炼中引起的酸痛感已经消失。延迟性肌肉疼痛能够明显降低力量以及你的积极性，因为它降低了锻炼的质量并且提高了损伤的风险。一旦酸痛感消失，举重运动员就可以在没有力量下降的情况下返回训练。然而，力量和延迟性肌肉疼痛恢复到正常水平所需的时间是不同的。因此，延迟性肌肉疼痛通常不能作为一种对于何时能重返运动的有效指示。研究表明，尽管力量会在24到48小时之后恢复正常，但延迟性肌肉疼痛可能会存在72小时甚至更长时间，这对于初学者而言尤为如此。

损伤的诊断与处理

如前文所述，由于抗阻训练引起损伤的概率很低，除非是使用了错误的运动方式。但是，区分肌肉酸痛与损伤的能力也是十分重要的。一旦被认定为损伤，你需要及时了解处理措施并且进行合理的治疗。

酸痛是弥漫的、广泛的，而损伤则可能是局部的或者是具体的位置。疼痛常在某一位置被感知，例如，在身体的一侧或者仅是某一块肌肉或者某一个关节。这就表明了是损伤而不是酸痛。因为身体两侧分担了相同的载荷，酸痛一般是出现在身体两边的。

损伤的持续时间一般比典型的肌肉酸痛的时间要长。如果疼痛感在72小时之后还没有消失，那就可能意味着身体出现损伤。如果损伤在前期没有被合适的处理，那么这个损伤的时间就会延长，情况可能会变得更糟糕。了解何时能够恢复损伤并返回到运动中也是十分重要的。你应该在所有疼痛平息的时候记录下受伤部位的运动和功能，如运动方式是否发生了改变，肢体和关节是否能够正常运作等数据。为了预防二次伤害，在重返运动之前要保证所有的症状都消除。

当然，我们极力推荐你们在处理损伤时应尽快拜访一下优秀的理疗专家，这样损伤能够被及时恰当地处理。与此同时，还应继续在前文中提到的“PRICE”损伤训练原则。在你见到合适的专业从业者之前，进行这种方法的操作是处理这些急性损伤极其有效的方法。

小结

安全是在抗阻计划中一个最重要的方面，通过学习本章的指南能得到最基础的保障。本章的一个核心内容就是要注意区分酸痛感与损伤之间的区别。酸痛感在大多数新的抗阻训练中是预期的结果。然而，损伤通常是由错误的运动模式或者运动技术造成的，并且伴有不常见的或预料之外的疼痛。一经确定为损伤，应立即就医。

第三部分

训练技术

本书这部分讨论了力量训练的一般性技术。这种练习分别针对上肢、下肢和躯干，这部分也涵盖了爆发性举重练习。

在开始力量训练之前，你应该检查几个安全性问题。虽然重量训练是最安全的活动之一，但你绝不能在安全性问题上放松。第8章详细介绍了几种可用的预防措施，以减少受伤可能性。在进行任何力量训练之前，请检查这些预防措施。除此之外，请注意以下安全性问题。

- **体检证明：** 建议在参加力量训练计划之前，从有资质的医生处获得体检证明。医生会检查任何可能危害你健康和安全的疾病，例如冠状动脉风险因素、用药史、骨科问题、最近的手术和生活方式管理。这是你在开始训练之前，要考虑到的非常重要的信息。如果存在尚未显露的疾病，医生在检查期间可能就会发现。
- **握法：** 为了减少杠铃、哑铃或其他设备的手柄从手中滑出的可能性，应该将拇指绕在杠铃杆或手柄上，这叫作闭合握法。大家通常会容易使用开放性握法，这时拇指不会绕在手柄上，但是，这种握法增加了手柄从手中滑落的可能性。
- **物理空间：** 一个举重运动员周围的物理空间也需要确保安全。举重运动员周围的空间在训练中会有轻微的变化。但是，一般来说，在举重运动员的任何方向上都应该有3英尺的空间。在人流量大的区域和利用率极高的时期，空间常常是有限的。确保远离缺乏物理空间的区域。
- **呼吸：** 在整个推举过程中保持呼吸的节奏。一般来说，你应该在下落、离心阶段吸气，在上举、向心阶段呼气。要记住最重要的一点，在进行抗阻训练时，千万不要屏住呼吸。

- **举重技术**：如第8章所述，绝对不能为了增加重量或者重复做更多的次数而改变举重技术。使用不恰当的技术会减慢力量的获取，并且可能导致受伤。由于身体大小和外形差异，每个人使用的技术都稍微不同，但在技术上的可接受差异范围是有限的（如同你将在本书这部分的练习描述中看到的）。常见的会危害技术的举重错误包括以下几种，以摆动负荷开始重复训练、足部支撑位置的变换、臀部抬离训练椅表面、身体向前或向后倾斜以协助运动等。最理想的方式是以双向控制的方式进行举重。
- **合理的进阶**：随着身体适应训练情况，应逐渐增加训练量和强度。某个人理想培训计划可能对其他人来说是适得其反的，因此，最好从基本的计划做起，按身体允许情况增加锻炼时间和强度（递增负荷原则在第3章中有进一步详细讨论）。
- **脊柱中立位**：脊柱有三条生理曲线：颈椎前曲、胸椎后曲和腰椎前曲。脊柱中立位置是椎骨的排列在各个方向上都能均等地分布力的位置。这是一个健康的人直立时通常能够看到的脊柱的位置。脊柱中立位是可取的，因为它能承受最大的力量施加，同时也减少了受伤的风险。如果超出它的活动度，可能会导致脊柱损伤。
- **辅助者**：辅助者负责训练者的安全，并通过正确协助，使他可以进一步减少受伤的可能性。 在适当的情况下，训练说明中详细描述了正确的协助技术以及举重的具体说明，例如重量在头顶（上举练习）或躯干上（深蹲）的动作等。助手和训练者之间的清楚沟通至关重要。在尝试任何举重之前，辅助者应该知道如何帮助举重者，同时计划其重复训练次数。他也要熟悉训练者的力量水平。辅助者还要负责在重块上使用夹簧，并确保杠铃两边的重量是平衡的。

9

上肢训练

罗布 · W. 萨拉托
凡妮莎 · M. 罗霍
贾里德 · W. 科伯恩

你可以进行多种练习来加强上肢的肌肉力量。在本章中，我们着重进行强化胸部、肩部、上背部和手臂肌肉（图9.1a ~ 图9.1c）的练习，同时也可以进行一些更高级的练习。本章的练习有几个目的，它们可以帮助你达到良好的健康状态，改善运动时的表现，并调节身体的“上举”运动，如健美、力量举和举重。此外，这些练习可以防止你受伤，并帮助你完成日常活动，如携带重物和搬家具。

当你进行这些练习时，一定要注意训练技术。正确的动作会最大幅度地提高你的力量，减少受伤的可能。当你将进行杠铃杆举过头顶或面部的举重练习时，可以让辅助者提供帮助。为了保护背部，确立脊柱中立位，下腰背（腰椎）要保持正常的脊柱弯曲。另外，当你在训练椅上进行上举运动时，无论你是躺着还是坐着，保持一个稳定的姿势是很重要的。具体来说，你应该利用身体五点接触姿势。

1. 头部固定在长凳或靠垫上。
2. 肩部和上背部牢固且均匀地放在长凳或靠垫上。
3. 臀部均衡地坐在长凳或坐垫上。
4. 右脚平放在地面上。
5. 左脚平放在地面上。

有些练习需要辅助者来确保举重者的安全，特别是在把杠铃或哑铃举过头

作者由衷感谢迈克尔 · 巴恩斯和基思 · E. 西内亚对本章做出的重大贡献。

顶或脸部的练习中更要注意。必要时，辅助者应握住杠铃、哑铃或训练者的手腕（本章中有提供不同练习的具体指南）并且为训练者提供帮助来完成重复训练，还要肩负重新安装杠铃或将哑铃放回地面的工作。在开始训练之前，辅助者还应该注意到举重者可能完成的重复次数、举重者在练习中会需要多少帮助以及“重物下降”的时机，如卧推。

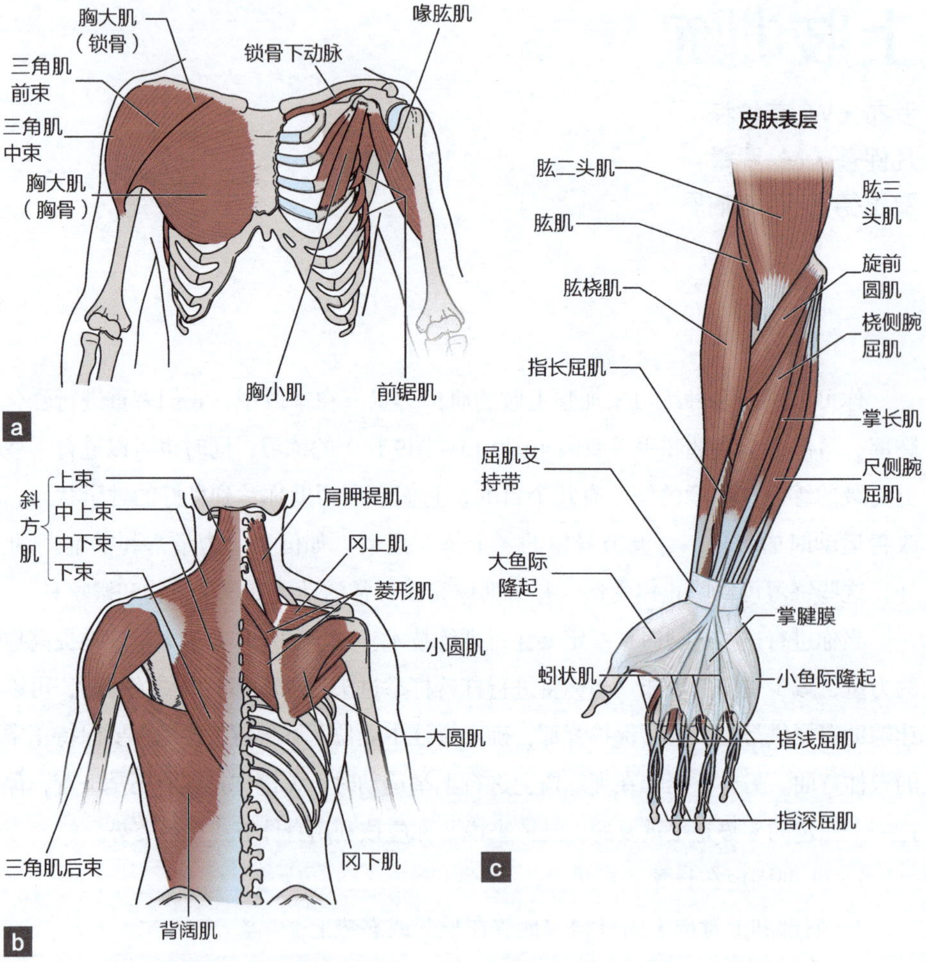

图9.1 a. 胸部和肩关节前部的主要肌肉；b. 上后背和肩关节后部；c. 前臂

为了在举重计划中达到平衡，每个推出的练习要与拉回的练习相结合。例如，进行三组卧推，就要用三组后拉练习来补充，如坐姿划船。这样肌肉群在强度和大小上就产生平衡，并确保关节的稳定性。大多数人喜欢训练上肢肌肉，因为在镜子中很容易就能看到训练成果，并且很容易在杠铃或器械上进行量化训练。

绳索侧平举

三角肌前束，三角肌中束

▶ 起始位置

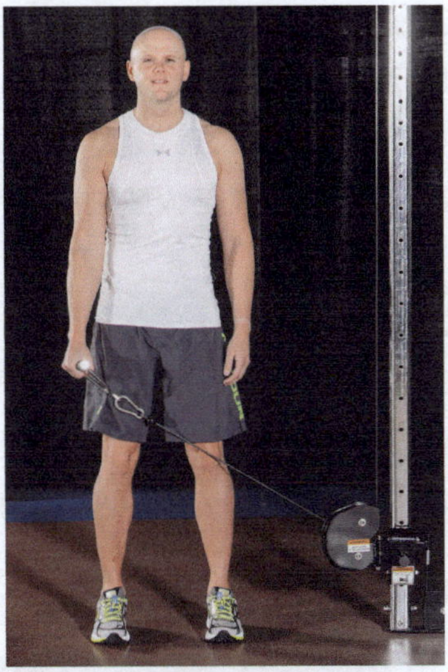

1. 在绳索训练器械旁自然站立，要锻炼的肩膀处于设备远端。握住手柄并调整绳索的位置，手臂靠着腿部放松。
2. 在配重片上选择适当的阻力。

▶ 动作

3. 肘部适当弯曲，慢慢地将手臂向侧面抬起，直到与地面大致平行或基本与肩膀平齐。在运动幅度最大处，收紧肩部肌肉。
4. 慢慢回到起始位置。重复练习之间不要让配重片完全落回原位。

哑铃侧平举

三角肌中束，斜方肌

▶ 起始位置

1. 双脚分开，与肩同宽。膝盖微屈，在整个运动中保持躯干直立。
2. 握住哑铃放至大腿前方，手掌相对，肘部微屈。

▶ 动作

3. 保持躯干直立，膝盖微屈，同时控制双臂平稳地向上抬起，直到与地面平行或与肩膀平齐。
4. 按照相同路线放下哑铃，同时保持直立姿势，肘部微屈。

哑铃前平举

三角肌前束，斜方肌

▶ 起始位置

1. 双脚分开，与肩同宽。膝盖微屈。保持身体直立。
2. 握住哑铃放在大腿前方，手掌面对大腿。

▶ 动作

3. 保持躯干直立，肘部微屈，控制一只手臂平稳地抬到躯干前面，直到哑铃处于或略低于肩膀的位置。
4. 身体不要晃动，不要用惯性提起哑铃。
5. 按照同样的路线放下哑铃，同时保持躯干直立，肘部微屈。
6. 另一只手臂重复此操作。轮流交换手臂，直到达到所需要的重复次数。

哑铃俯身飞鸟

三角肌后束，斜方肌

▶ 起始位置

1. 双脚分开，与肩同宽，膝盖微屈。
2. 屈曲髋关节，将臀部向后推，直到躯干接近水平，保持脊柱中立位（下腰背应具有正常的生理曲线）。
3. 握住肩膀下方的哑铃，两手掌心相对。手臂保持直立，肘部微屈。

▶ 动作

4. 颈部和脊柱保持中立位，同时控制双臂，朝两侧举起哑铃，直至上臂与背部齐平。在运动的顶端收紧肩部肌肉。
5. 身体不要晃动，不要用惯性提起哑铃。
6. 按相同路线缓慢放下哑铃，保持脊柱中立位。

哑铃直立划船

三角肌中束，上斜方肌

起始位置

1. 双脚分开，与肩同宽，膝盖微屈。
2. 将手臂放在身体前方，手掌朝向大腿，肘部朝外。

动作

3. 肘部屈曲，将手举到肩膀下方，同时耸肩。
4. 在整个运动中，让哑铃靠近身体，肘部保持向外。
5. 手臂上拉到顶端时，稍作停顿，收缩肩部肌肉，之后慢慢放下手臂回到起始位置。
6. 身体不要晃动，不要用惯性提起哑铃。
7. 在开始下一次重复练习之前，肩膀降低到起始位置，同时伸展肘关节。

杠铃直立划船

三角肌中束，上斜方肌

▶ 起始位置

1. 双脚分开，与肩同宽，保持躯干直立，膝盖微屈。
2. 抓住杠铃杆，双手间距大约与肩同宽，掌心朝向大腿。

▶ 动作

3. 屈曲肘部，同时耸肩，将双手举到与肩同高。
4. 杠铃杆应在整个过程中尽可能地靠近你的身体，肘部保持朝外。
5. 身体不要晃动，不要用惯性提起杠铃。
6. 手臂上拉到顶端时，稍作停顿，收缩肩部肌肉，之后慢慢放下手臂回到起始位置（在最高点时，肘部应与肩膀和手腕的高度一致，或略高于肩膀和手腕）。
7. 在开始下一次重复练习之前，肩膀降低到起始位置，同时伸展肘关节。

器械肩部推举

三角肌中束，三角肌前束，肱三头肌

▶ 器械设置

1. 调整坐垫的高度，使手柄与肩同高，或略高于肩。
2. 在配重片上选择合适的阻力。
3. 握住手柄（手掌朝前或两手相对）。
4. 调整身体的位置，挺胸，肩膀和头部紧挨着靠垫。整个运动过程中保持脚不离地。

▶ 动作

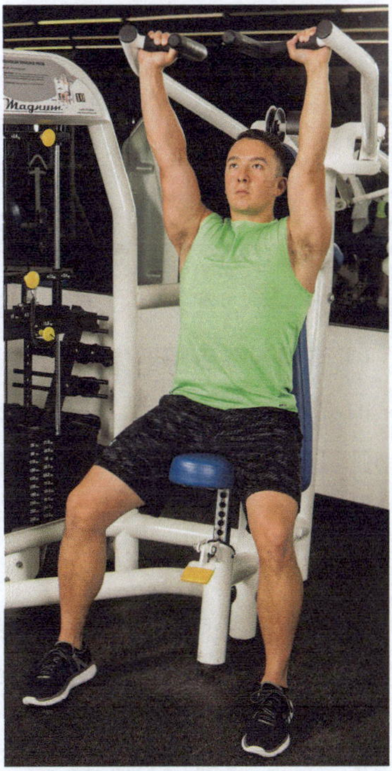

5. 控制手柄慢慢地向上推起，直到肘部完全拉伸。
6. 将手柄放回起始位置。重复练习之间不要让配重片完全落回原位。

坐姿杠铃推举

三角肌中束，三角肌前束，肱三头肌

▶ **起始位置：运动员**

1. 坐在直立的肩部推举凳上，向后倾斜，将身体置于5点接触姿势。
2. 采用闭合正握法握紧杠铃杆。
3. 双手的间距比肩略宽。
4. 示意辅助者，让他帮忙将杠铃杆从支架上起动移开。
5. 将杠铃杆举过头顶，直到肘部完全拉伸。
6. 所有重复练习从这个姿势开始。

起始位置：辅助者

☐ 站立在训练椅后面，双脚分开，与肩同宽，膝盖微屈。

☐ 双手在训练者的双手之间握住杠铃杆，采用闭合正反握。

☐ 询问训练者想要尝试完成多少次重复训练。

☐ 在训练者示意后，协助训练者将杠铃杆从支架上移开。

☐ 将杠铃杆移动到训练者头部的位置。

☐ 平稳松开杠铃杆。

向下运动：辅助者

☐ 将手放在正反握的位置，当手柄下降时，靠近杠铃杆，但不要接触到杠铃杆。

☐ 跟随杠铃杆时，保持膝盖微屈，脊柱中立位。

▼ 向下运动：运动员

7. 当训练者的肘关节完全伸展，超越肩膀时，缓慢屈曲肘部，以便降低杠铃杆。
8. 根据需要向后伸展颈部，使杠铃杆在面前通过，降低杠铃杆，直到其触及锁骨和三角肌前束。

向上运动：运动员

9. 向上推动杠铃杆，直到肘部完全伸展。
10. 轻微后伸颈部，使杠铃杆在被抬起时经过脸部。
11. 不要拱起背部或脱离座位。
12. 在运动结束时向辅助者示意，帮助自己放下杠铃杆。
13. 握住杠铃杆，直到放到架子上。

站姿肩部推举

三角肌，肱三头肌

首先在架子上安装杠铃。可以使用许多不同的设备，比如深蹲架。尽可能使用质量最好、最方便的设备。

▶ 起始位置

1. 杠铃杆放置在肩膀顶部，双脚分开，与髋部同宽。
2. 在比肩宽1到2英寸的地方握住杠铃杆，手掌朝向身体前方。
3. 保持躯干直立。

▶ 动作

4. 将杠铃杆向上推举，举过头顶，直到手臂越过肩膀完全伸直。稍微倾斜头部，避免碰到下巴或脸部。
5. 按照相同路线慢慢返回到起始位置。

杠铃耸肩

上斜方肌，肩胛提肌

在架子上设置杠铃。可以使用许多不同的设备，例如深蹲架或独立耸肩平台。尽可能使用质量最好、最方便的设备。

▶ 起始位置

1. 将杠铃放在大腿中部。
2. 保持脊柱中立位，将杠铃杆靠在大腿上，双脚分开，与髋部同宽。
3. 双肩后拉至正常位置，同时保持上身直立姿势。

▶ 动作

4. 尽可能地直接向上抬起肩膀，理想情况下应距离起始位置3到4英寸。稍作停顿，挤压肩膀。在整个运动过程中保持双臂伸直。
5. 按照相同路线返回到起始位置。

器械胸部推举

胸大肌，三角肌前束，肱三头肌

▶ 器械设置

1. 调整坐垫的高度，使手柄与胸部同高。
2. 调整手柄的起始位置，使其位于胸前。
3. 在配重片上选择合适的阻力。
4. 双手手掌面向前方，握住手柄。
5. 保持直立的姿势，将脊柱和头部靠在靠垫上（使用前面介绍的5点接触姿势）。

▶ 动作

6. 保持直立姿势，把手柄向外推，直到肘部完全伸直。
7. 慢慢回到起始位置。重复练习之间不要让配重片完全落回原位。

器械胸部飞鸟

胸大肌，三角肌前束

用于此练习的机械通常被称为扩胸机，这种训练要使用器械的垂直手柄。

▶ 器械设置

1. 调整坐垫的高度。握住垂直手柄时，手臂与肩膀齐平。
2. 在配重片上选择合适的阻力。
3. 保持肘部轻微屈曲，抓住垂直手柄。
4. 整个运动中保持上身直立姿势。

▶ 动作

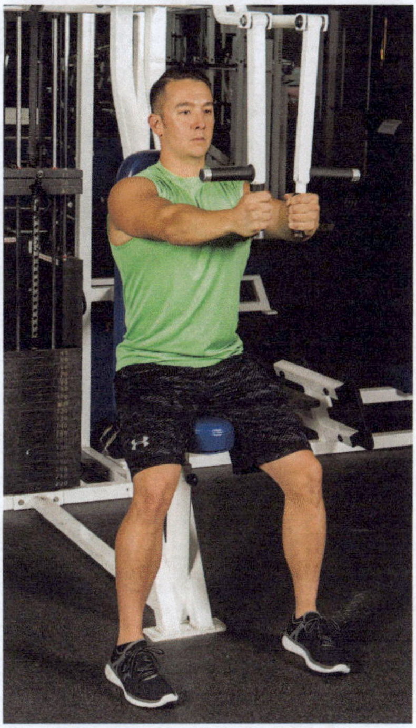

5. 控制两只手臂一起运动，直到手柄在身体前方几乎相接触。
6. 慢慢回到起始位置。重复练习之间不要让配重片完全落回原位。

哑铃仰卧飞鸟

胸大肌，三角肌前束

▼ 起始位置：运动员

1. 从地面或架子上拿起哑铃，坐在凳子边，将哑铃靠在靠近膝盖的大腿上。
2. 大拇指绕过把手握住哑铃。
3. 躺在长凳上，把哑铃放到肩部前方。
4. 请确保身体处于五点接触姿势：双脚、臀部、上背和头部。
5. 伸直肘关节，将两侧哑铃推至胸前（如有需要，请让辅助者帮忙将哑铃移动到起始位置）。
6. 双手位于肩关节正上方，手掌相对，肘部略微屈曲并指向两侧。

辅助者

- □ 清除该区域的其他设备，以防训练者因任何原因要放下重块。
- □ 询问训练者要尝试完成多少次重复训练。
- □ 站在长凳的前端，当训练者躺在长凳上时帮助他。
- □ 当训练者躺在长凳上时，将手放在训练者的手腕上。在整个举重的过程中将手始终维持在这个位置。

▼ **动作：运动员**

7. 保持五点接触姿势，以可控方式平稳地将哑铃落在身体两侧，直到位于肩部的水平线。
8. 确保肘部保持稍微屈曲。
9. 按照与向下移动相同的路径，推举哑铃，进行全活动范围的运动。
10. 一旦一组训练完成，降低哑铃，将哑铃放在大腿上，并在辅助者的帮助下坐起来。

杠铃仰卧推举

胸大肌，三角肌前束，肱三头肌

▶ 开始位置：运动员

1. 躺在长凳上，保持双脚、臀部、上背和头部这五点与长凳接触。
2. 以正握的方式抓住杠铃，双手间距略宽于肩，拇指绕在手柄上。
3. 让辅助者帮忙从架子上取下杠铃杆。在胸前支撑起杠铃杆，与乳头对齐。

辅助者

- □ 在训练者开始训练之前，使杠铃两边平衡并使用夹簧固定。
- □ 询问训练者要尝试完成多少次重复训练。
- □ 站在训练者头部的杠铃杆后面，使用正反握，帮助训练者将杠铃杆从架子上拿起。
- □ 当训练者处于起始位置时，将重量慢慢地转移到训练者身上，并告知训练者自己已经准备好了。
- □ 站立时膝盖微屈，双手在靠近杠铃杆的位置做准备。大多数训练者需要在举重练习凳训练的向上运动阶段寻求帮助。
- □ 一旦一组训练完成，或训练者需要帮助，将杠铃平稳地转移到架子上。

▼ **动作：运动员**

4. 保持五点接触姿势，控制杠铃杆平稳慢速地下放，直到它接触到胸部。不要让杠铃杆被胸部反弹。
5. 在推举杠铃杆的同时，上臂应位于身体两侧，与躯干约呈45度，前臂应保持与地面垂直。
6. 按相同路线把杠铃放回到起始位置，肘部完全伸直。

杠铃上斜仰卧推举

胸大肌，三角肌前束，肱三头肌

▶ **开始位置：运动员**

1. 躺在长凳上，保持双脚、臀部、上背和头部这五点与长凳接触。
2. 双手间距略比肩宽2到3英寸。拇指握住杠铃杆。
3. 让辅助者帮忙从架子上取下杠铃杆。

辅助者

- ☐ 在训练者开始训练之前，使杠铃两边平衡并使用夹簧。
- ☐ 询问训练者要尝试完成多少次重复训练。
- ☐ 站在训练者头部的杠铃杆后面，使用正反握，帮助训练者将杠铃杆从架子上拿起。
- ☐ 当训练者处于起始位置时，将重量慢慢转移到训练者身上，并告知训练者自己已经准备好了。
- ☐ 站立时膝盖微屈，双手在靠近杠铃杆的位置做准备。大多数训练者需要在举重练习凳训练的向上运动阶段寻求帮助。
- ☐ 一旦一组训练完成，或运动者需要帮助，将杠铃平稳地转移到架子上。

▼ 动作：运动员

4. 采用五点接触姿势，控制杠铃杆平稳慢速下落，直到杠铃杆轻轻触及胸部上部（锁骨和乳头线之间），不要让杠铃杆被胸部反弹。
5. 在举起杠铃杆的时候，上臂应位于身体两侧，与躯干约呈45度，前臂应保持与地面垂直。
6. 将杠铃杆推至起始部位，使肘关节完全伸展，然后按原路把杠铃放回到起始位置。

哑铃仰卧推举

胸大肌，三角肌前束，肱三头肌

▼ 起始位置：运动员

1. 躺在长凳上，保持双脚、臀部、上背和头部这五点与长凳接触。
2. 双手握住手中的哑铃，拇指绕在手柄上。
3. 将哑铃轻轻往下放置在与胸部水平的两侧。

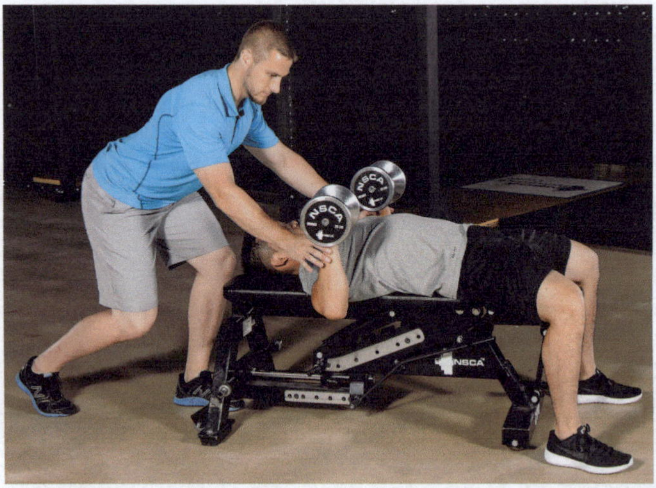

辅助者

- ☐ 清除该区域的其他设备，以防训练者因任何原因要扔下哑铃。
- ☐ 询问训练者要尝试完成多少次重复训练。
- ☐ 站在长凳的前端，双脚分开，与肩同宽，准备在训练者躺在长凳上时协助他。
- ☐ 协助训练者将哑铃拿到起始位置，双手放在训练者前臂靠近手腕处，直到哑铃达到起始位置。
- ☐ 保持双手放在训练者前臂靠近手腕的位置，在整个推举的过程中将姿势保持在这个位置。
- ☐ 协助训练者在一组训练完成后坐起来。

▼ 动作：运动员

4. 保持五点接触姿势，控制哑铃平稳地向上运动，直到双臂在胸前完全伸直。
5. 推举哑铃时，上臂应在身体两侧约呈45度，前臂应保持与地面垂直。
6. 按相同路线降低哑铃。
7. 按照指示继续推举哑铃，直到达到所需的重复训练次数。

哑铃上斜胸前推举

胸大肌，三角肌前束，肱三头肌

▼ 开始位置：运动员

1. 躺在长凳上，保持包括双脚、臀部、上背部和头部五点与长凳的接触。
2. 双手握住手中的哑铃，拇指绕在手柄上。
3. 将哑铃轻轻放置在与胸部水平的两侧。

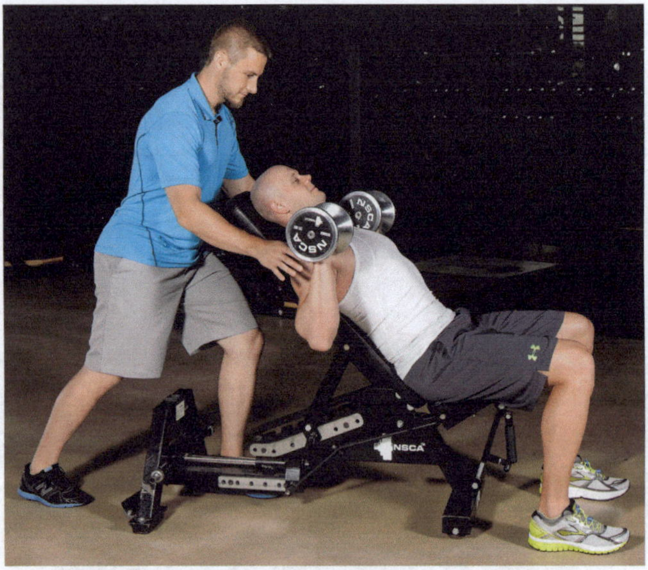

辅助者

- □ 清除该区域的其他设备，以防训练者因任何原因要扔下哑铃。
- □ 询问训练者要尝试完成多少次重复训练。
- □ 站在斜凳的前端，准备在训练者躺在长凳上时协助他。
- □ 协助训练者将哑铃拿到起始位置，双手放在训练者前臂靠近手腕处，直到哑铃到达起始位置。
- □ 将手放在训练者前臂靠近手腕的位置。
- □ 协助训练者在一组训练完成后坐起来。

▼ 动作：运动员

4. 保持五点接触姿势，控制哑铃平稳地向上运动，直到双臂在胸前完全伸直。
5. 推举哑铃时，上臂应与身体两侧约呈45度，应保持前臂与地面垂直。
6. 按相同路线放下哑铃。
7. 按照指示继续推举哑铃，直到达到所需的重复训练次数。

器械坐姿划船

背阔肌，斜方肌，菱形肌，三角肌后束，肱二头肌

器械设置

1. 调整座椅的高度，使胸部中间与胸垫顶部对齐。
2. 调整胸垫，使手臂可以完全伸展。
3. 在配重片上选择合适的阻力。
4. 握住手柄，手心相对或者手掌向下。
5. 保持直立的姿势，使胸部对着胸垫。

动作

6. 控制肩膀慢慢地向后拉，在运动终末阶段将肩胛骨挤压在一起。
7. 慢慢回到起始位置。重复训练之间不要让配重片完全落回原位。

绳索坐姿划船

背阔肌，斜方肌，菱形肌，三角肌后束，肱二头肌

▶ **起始位置**

1. 坐在绳索划船机上，膝盖微屈，双脚平放在支撑平台上。
2. 保持上身直立姿势。
3. 用拇指紧紧握住手柄，手臂向前伸。

▼ **动作**

4. 将手柄向后拉向躯干，同时屈曲肘部，并向后移动上臂。在运动终末阶段收紧肩胛骨。
5. 按相同路线缓慢地伸出双臂，返回起始位置，进行全范围活动幅度的运动。

背阔肌下拉

背阔肌，肱二头肌

▶ 器械设置

1. 坐在座位上并调整大腿垫，使大腿上方与大腿垫紧密贴合。
2. 在配重片上选择合适的阻力。
3. 站立，双手握杆距离略宽于肩，手掌朝下。
4. 牢牢抓住杠铃杆，坐下并将大腿放到大腿垫下面。
5. 身体略微向后倾斜。避免背部向前或向后弯曲。

▶ 动作

6. 把杠杆向下拉到胸前，将其控制在锁骨和乳头线之间，同时将肘部拉向身体。
7. 慢慢地将杆放回到头顶位置，完成运动。
8. 当已经完成想要完成的训练次数时，站起来，牢牢地抓住杠杆，慢慢地把杆放回到起始位置，在重物下降的过程中控制其下降速度。

助力引体向上

肱二头肌，背阔肌

助力引体向上训练器有一个踏板可以将膝盖或双脚放在上面。无论何种器械都可以参照此说明进行练习。

▶ 器械设置

1. 在配重片上选择合适的阻力。
2. 将较低的杆向外旋转，为身体在器械内部腾出空间。
3. 如果需要帮助，可以降低踏板（膝关节垫并固定来提供助力）。
4. 紧紧抓住稍宽的手柄，手掌朝前。
5. 把脚放在踏板上(或将膝盖放在垫子上)，同时离开支撑物。

▶ 动作

6. 屈曲肘部将身体向上拉动，同时将上臂拉向身体。继续向上拉，直到下巴与手平齐。
7. 沿着相同路线将身体放下。
8. 完成动作后，身体处于低位置，从踏板（或膝关节垫）上移开一只脚，并移到支架上。用另一只脚（或膝盖）控制踏板（或膝关节垫）缓慢回到起始位置。当配重片完全下落至原位时，离开器械。

引体向上

背阔肌，菱形肌，肱二头肌

▶ 起始位置

1. 双手握杆，手掌朝前，双手间距比肩略宽。手臂拉杆保持垂悬，肘部保持微屈。
2. 身体应该垂直悬垂于杆下。

▶ 动作

3. 首先将肩胛骨收缩并挤压在一起（不应该放松肩胛骨，只有在完成想要的训练次数之后才可以使其放松）。
4. 屈曲肘部将身体向上拉动，同时将上臂拉向身体。继续将身体向上拉，直到下巴达到手的位置。
5. 按相同路线慢慢将身体放下，回到起始位置，完成一次练习。

哑铃单臂划船

背阔肌，菱形肌，肱二头肌

▶ 起始位置

1. 将身体一侧的手和膝盖放在长凳上，躯干与地面基本平行。与正常站立姿势一样，保持脊柱中立位，避免腰部下弯。
2. 支撑腿伸直，但应避免关节锁死。
3. 用另一只手握住哑铃，将拇指绕在哑铃手柄上，手掌朝向长凳。

▼ 动作

4. 在屈曲肘部的同时，向上提起哑铃，直到碰到躯干。
5. 按照相同路线缓慢放下哑铃回到起始位置，完成一次练习。

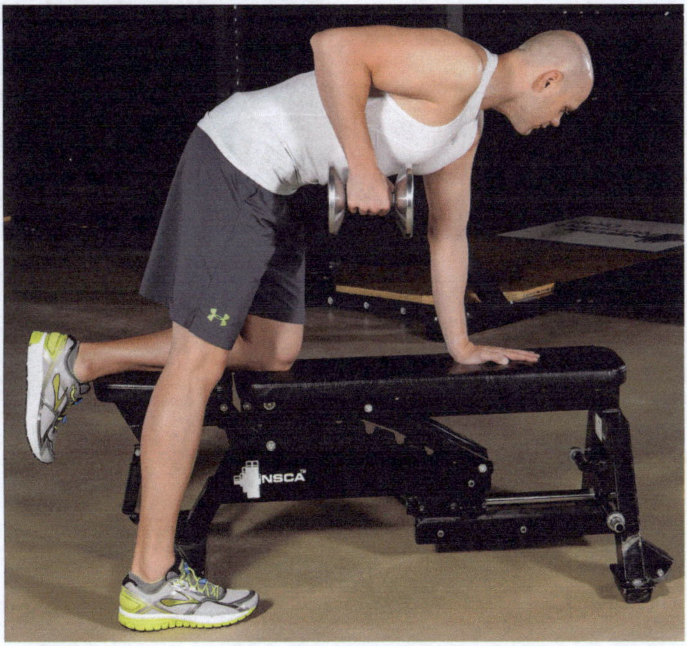

杠铃俯身划船

背阔肌，菱形肌，肱二头肌

▶ 起始位置

1. 双脚分开，与肩同宽，膝盖微屈。
2. 手掌紧紧握住杠铃，手心朝向身体，拇指绕在杠铃杆上。
3. 按第10章讲述的硬拉动作模式，将杠铃杆从地面上提起。
4. 髋关节屈曲，直到身体平行于地面并且手臂完全伸直。当你进行杠铃俯身划船练习时，要保持屈髋姿势。

▶ 动作

5. 保持脊柱中立位，两侧肘关节屈曲的同时，将上臂后移，直到杠铃杆几乎触到躯干。
6. 将杠铃提起至顶部时收缩肩胛骨。
7. 按照相同路线放下杠铃，始终保持脊柱处于中立位。

器械坐姿肱三头肌下压

肱三头肌

▶ 器械设置

1. 调整座椅的高度，使手臂平放在手臂垫上，肘部与器械转动轴对齐。
2. 在配重片上选择合适的阻力。
3. 将手柄向后旋转并紧紧地握住它们。
4. 后背紧贴靠垫。

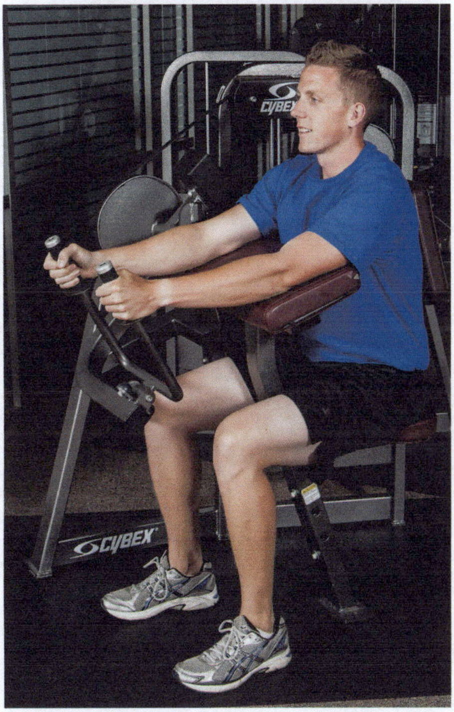

▶ 动作

5. 控制肘部移动手柄，直到肘部完全伸展。
6. 慢慢回到起始位置。重复练习之间不要让配重片完全落回原位。

绳索肱三头肌伸展

肱三头肌

▶ 起始位置

1. 站在器械前，肘部在身体的两侧屈曲到大约90度，使前臂平行于地面。
2. 紧紧地握住手柄，将拇指绕在上面。
3. 在整个运动过程中，保证肘部在肩膀正下方。
4. 保持躯干直立。

▶ 动作

5. 向下拉动手柄，直到肘部完全伸展，上臂不应有移动。
6. 按相同路线慢慢回到起始位置。重复练习之间不要让配重片完全落回原位。

助力屈臂伸

胸大肌，肱三头肌，三角肌前束

▶ 器械设置

1. 在配重片上选择合适的阻力。
2. 将握把向内旋转。
3. 如果需要帮助，可以把踏板（或膝关节垫）放下来。
4. 握紧手柄，手心朝向身体。
5. 把脚放在踏板上(或膝盖放在垫子上)，同时脱离支撑物。

▶ 动作

6. 肘部屈曲，同时控制身体使其平稳下降，直到上臂与地面平行。在运动过程中保持身体直立。
7. 按相同路线返回到起始位置。
8. 完成动作时，身体处在较低的位置，从踏板（或膝关节垫）上移开一只脚，并移到支架上。用另一只脚（或膝盖）控制跳板（或膝关节垫）缓慢回到起始位置。当阻力完全落在配重片上时，离开器械。

屈臂伸

胸大肌，三角肌前束，肱三头肌

进行这种训练的开始阶段可以借助长凳完成。将长凳放在屈臂伸架前方，双手握住手柄后，双脚抬起达到初始位置。

▶ **起始位置**

1. 紧握手柄。
2. 保持直立姿势，膝盖可以弯曲。

▶ **动作**

3. 通过屈曲肘关节控制身体平稳地下落，直到上臂与地面水平。
4. 手臂用力将身体向上推，使身体返回起始位置。
5. 重复上述步骤，直到完成需要的重复次数。

窄握仰卧推举

肱三头肌

▼ 起始位置：运动员

1. 躺在训练椅上，保持五点接触姿势，即双脚、臀部、上背部以及头部与训练椅接触。
2. 双手分开与肩同宽，并握住杠铃杆。
3. 助手协助训练者将杠铃杆从架上取下。帮助杠铃杆移动到训练者胸前，与乳头平齐。

辅助者

- ☐ 在训练者开始训练之前，通过在杆两侧放置杠铃片使杠铃两端载荷相同。
- ☐ 询问训练者要尝试完成多少次重复训练。
- ☐ 站在训练者头部后方，使用交替握把的方法，帮助训练者将杠铃杆从架子上拿起。
- ☐ 当训练者处于起始位置时，将重量慢慢地转移到其身上。
- ☐ 站立时膝盖微屈，双手靠近杠铃杆，处于准备状态，因为大多数训练者都是在进行向上推举阶段时需要一定的协助。
- ☐ 在每组训练完成时或训练者需要帮助时，应缓慢地协助训练者将杠铃放回杠铃架上。

▼ **动作：运动员**

4. 保持五点接触姿势，控制杠铃杆平稳慢速下放，直到它接触到胸部。上臂应靠近身体两侧。不要使用胸部将杠铃弹回。
5. 使用相同路线，伸直手臂将杠铃向上推举，直到回到起始位置。

仰卧肱三头肌伸展

肱三头肌

该动作因其有较大的危险性，也被称为“头颅破碎机”。

▼ **起始位置：运动员**

1. 仰靠在长凳上，使用曲杆来进行练习。
2. 躺在长凳上，确保身体五个部位与长凳和地面保持接触，即双脚、臀部、上背和头部。
3. 握住曲杆，手掌朝向脚部，拇指握住手柄。
4. 在助手的帮助下，肘部完全伸直，将杠铃举在胸部上方，此为该练习的起始位置。

辅助者

- ☐ 在训练者开始训练之前，通过在杆两侧放置杠铃片使杠铃两端载荷相同。
- ☐ 询问训练者要尝试完成多少次重复训练。
- ☐ 站在训练者头部后方，使用交替握法，帮助训练者将杠铃杆从架子上拿起，并将重量慢慢地转移到训练者身上。
- ☐ 站立时膝盖微屈，双手靠近杠铃杆，处于准备状态，因为大多数训练者都是在进行向上推举的阶段需要一定的协助。
- ☐ 在一组训练完成后或训练员需要助力时，协助其将杠铃取下。

▼ **动作：运动员**

5. 保持身体部位与地面和长凳的五点接触姿势，保持上臂固定，屈肘，将曲杆缓慢向前额方向移动，但不要触碰到额头。
6. 运动过程中要控制住力量以及运动速度，在整个运动过程中要保持肘部始终位于肩部正上方。
7. 使用相同路线向上举起杠铃，回到起始位置。

器械肱二头肌弯举

肱二头肌

▶ 器械设置

1. 调整座椅的高度，使上臂的下方能够平放在扶手垫上。
2. 肘部与机械的旋转轴对齐。
3. 通过配重片来选择适当的阻力。
4. 向前转动并紧握手柄。
5. 保持直立的姿势，如有必要，身体可以稍微向前倾斜，以增加稳定性。

▶ 动作

6. 控制肘部慢慢屈曲，将手柄卷到肩膀上，直到肘部完全屈曲。
7. 慢慢地返回到起始位置。重复练习之间不要让配重片完全落回原地。

绳索站姿肱二头肌弯举

肱二头肌

▶ **起始位置**

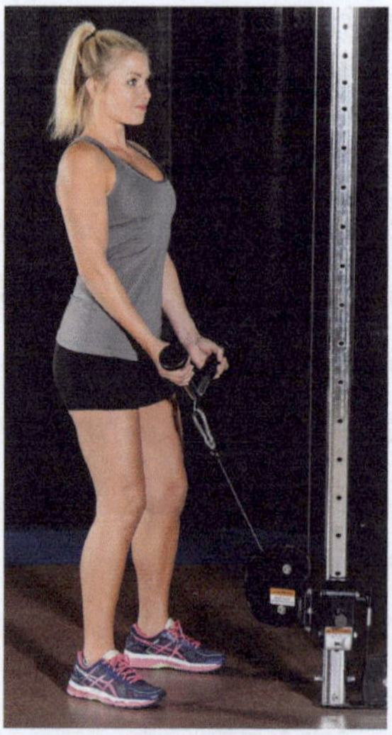

1. 站在器械前面，肘部在身体的两侧完全伸展。
2. 拇指握紧手柄。
3. 在整个运动过程中，要始终保持肘部在肩部正下方。
4. 保持直立的姿势。

▶ **动作**

5. 向上拉动手柄，直到肘部完全屈曲，动作终末阶段收紧肱二头肌。运动过程中上臂不要移动。
6. 使用与弯举相同的路线缓慢回到起始位置，重复练习之间不要让配重片完全落回原位。

哑铃肱二头肌弯举

肱二头肌

你也可以使用站姿进行此项练习。

▶ 起始位置

1. 坐姿，双脚张开约与肩同宽，双膝弯曲。运动过程中保持上身直立。
2. 紧握哑铃于身体两侧，双手掌心面向大腿，拇指抓住哑铃杆。

▶ 动作

3. 屈肘，控制力量及运动速度缓慢地向上提起哑铃，直到肘部完全屈曲，同时转动手腕，在运动终末阶段双手手掌面向胸部，与此同时收紧肱二头肌。
4. 按相同路线缓慢地放下杠铃，并在下降过程中，逐渐改变手掌的位置，最后面向大腿。
5. 不要用惯性提起哑铃，也不要过度伸展下腰背来代偿动作。

哑铃锤式弯举

肱二头肌，肱桡肌

你也可以坐姿条件下进行此项练习。

▶ 起始位置

1. 直立，双脚自然开立约与肩同宽。保持双腿伸直，但不要锁住膝关节，并保持直立姿势。
2. 紧握哑铃，置于双大腿两侧，手掌朝向大腿，拇指握住哑铃杆。

▶ 动作

3. 屈肘，控制力量及运动速度缓慢地向上提起哑铃，直到肘部完全屈曲。注意在肘部屈曲时不要转动手腕。在整个运动过程中，双手掌心应始终朝向上身躯干。
4. 按照与提起哑铃相同的路线，缓慢地放下哑铃。
5. 不要用惯性提起哑铃，也不要过度伸展下腰背来代偿动作。

曲杆弯举

肱二头肌

▶ **起始位置**

1. 直立，双脚张开约与肩同宽，保持双腿伸直，但不要锁住膝关节。保持直立的姿势。
2. 握住曲杆，掌心向前，拇指握住杠铃杆，并将手臂完全伸直。

▶ **动作**

3. 屈肘，控制曲杆平稳地向上提起，直到肘部完全屈曲，此时，收紧肱二头肌。
4. 按照上举杠铃的相同路线将杠铃缓慢落下。
5. 不要用惯性提起杠铃杆，也不要过度伸展下腰背来代偿动作。

10

下肢训练

凯瑟琳·E. 巴斯盖特
安德鲁·J. 加尔平

腿部肌肉的锻炼无论是对竞技运动员还是平常人来说都十分重要。绝大部分的日常活动都需要依靠下肢力量来维持（图10.1a ~ 图10.1d），如走路、园艺工作、徒步甚至是站立等。增加腿部肌肉就能增加腿部力量，以此才能更高效地完成日常活动。另外，腿部肌肉不但可以帮助运动，还能够保护骨骼系统，这一点也尤为重要。比如在跑步或跳高过程中人体承受的作用力，如果这些力处理不当就会造成损伤。

在制定下肢训练计划时，应当考虑到个人的需求因素。为了提高计划的有效性，我们应选择与日常生活类似的运动。我们也要考虑到一些其他的限制因素或损伤，并要尽量避免因个人的错误动作模式而受伤。这些都十分重要。

本章包含了大量下肢力量训练练习。这些训练能够满足不同身体状态下的各种需求，因此在适应性方面略有不同。本章中介绍的每种练习都是能够帮助人们改善运动表现的工具，无论是踢足球还是为健美比赛增肌等。

作者对在本章中做出杰出贡献的迈克尔·巴恩斯和基思·E. 西内亚表示衷心的感谢。

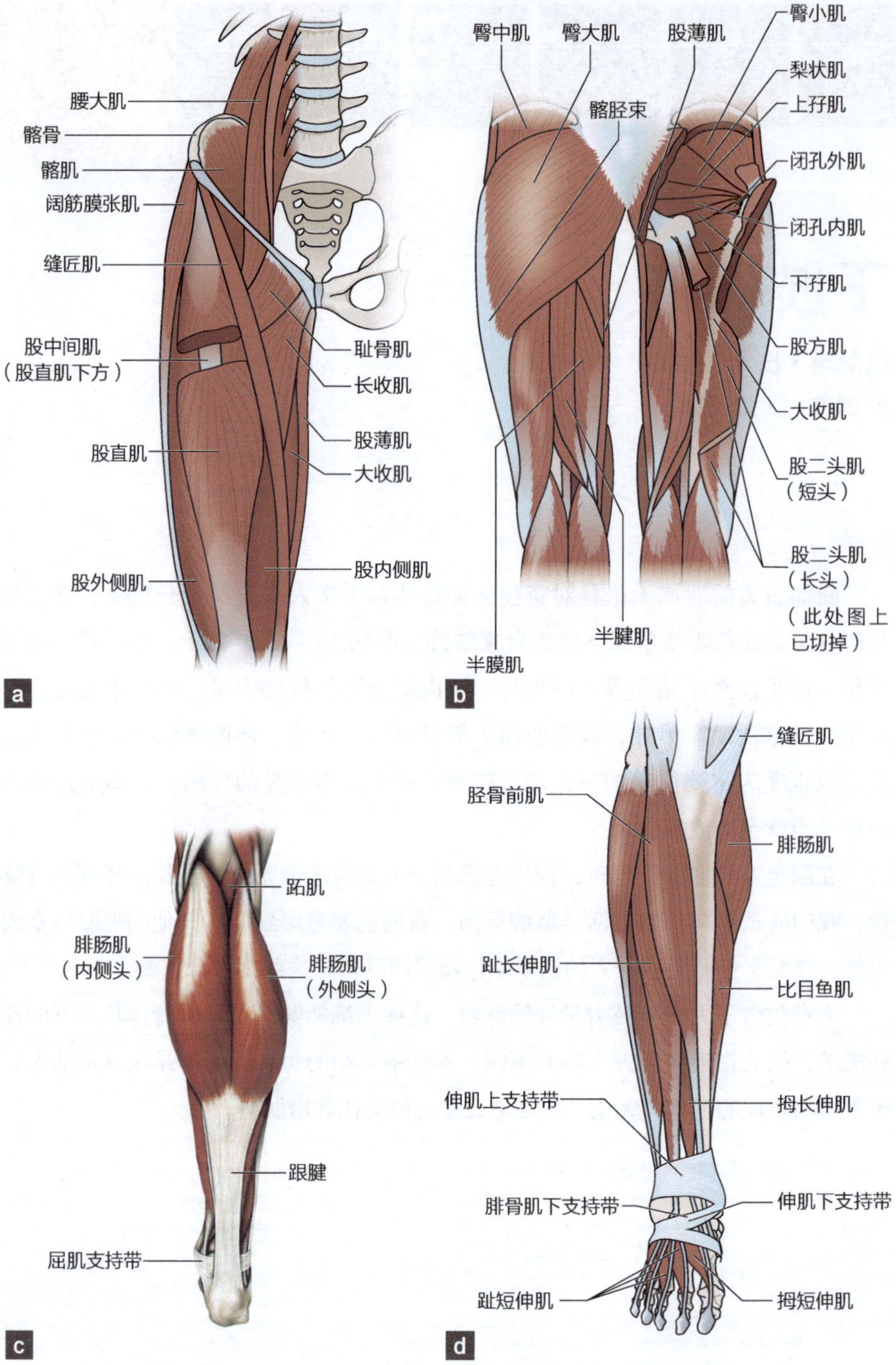

图10.1 a. 大腿正面肌肉；b. 大腿背面肌肉；c. 小腿背面肌肉；d. 小腿正面肌肉

蹬腿练习

臀肌，股四头肌，腘绳肌

▶ **器械设置**

1. 调整初始位置，双脚踩在脚踏板上时，膝盖屈曲约90度。
2. 双脚放在脚踏板上，分开与髋关节同宽，脚趾向前或稍稍外展。
3. 在配重片上选择合适的重量。
4. 上身靠在背垫上，呈直立状态，头处于中立位，面部朝前，双手紧握手柄。

▼ **动作**

5. 通过伸展膝关节和髋关节，将脚踏板向前蹬，直到膝关节几乎完全伸直时停止动作。避免膝关节完全锁死。
6. 缓慢地回到起始位置，重复动作，重复练习之间不要将配重片完全落回原位。

颈后深蹲

臀肌，腘绳肌，股四头肌

▶ **起始位置：运动员**

1. 站在深蹲架前，杠铃位置约与肩同高。
2. 走向深蹲架，将杠铃放在上背部和肩部位置，不要压迫脊柱，使脊柱保持中立位。
3. 握住杠铃，手应握在杠铃滚纹（杠铃杆上的粗糙部分）一指处或者两手间距离比肩稍宽的位置。
4. 从深蹲架上扛起杠铃，该动作应通过伸展髋关节和膝关节完成，继而后退一步，两脚开立同肩宽，脚趾尖稍微外展，同时始终保持杠铃与地面平行，头部保持中立位，面部朝前。

辅助者

- ☐ 询问训练者是否需要在杠铃（辅助者的手应位于杠铃下方、处于训练者两手者之间、手心向上）、胸部（辅助者的胳膊应位于训练者的腋窝下方，两手心朝向训练者的胸部）以及手臂（辅助者的胳膊应位于训练者腋窝下方，手心正对训练者的身体）上提供助力。
- ☐ 使杠铃均匀负重，使用杠铃的卡夹来固定负荷。
- ☐ 询问训练者准备完成的动作次数。
- ☐ 杠铃在深蹲架上放置时，辅助者应站在训练者身后。
- ☐ 当训练者从深蹲架后退时，辅助者的双手应做好准备姿势，姿势的选择应根据训练者需助力的倾向来判断。尽可能地靠近训练者，但不要触碰或者打扰其运动。
- ☐ 在训练者下蹲时，辅助者也应下蹲，以便在整个运动过程中能够给训练者提供所需的助力。
- ☐ 在每组训练完成时，视情况帮助训练者将杠铃复位。

▼ 动作：运动员

5. 保持双脚水平接触地面，重心位于脚踝，髋关节向后来启动动作。
6. 屈髋屈膝使身体下蹲，保持膝盖与脚趾的方向一致。
7. 当身体下蹲时，躯干要保持直立，脊柱保持中立位。
8. 持续使自己的身体向下蹲，直到大腿与地面平行时或大腿与小腿刚接触时（在做深蹲的情况下）结束动作。
9. 使用相同路线回到起始姿势。

提示

- 在动作模式正确的前提下尽可能地深蹲。
- 避免躯干过度向前倾。

颈前深蹲

臀肌，股四头肌，腘绳肌

▶ 起始位置：运动员

1. 站在深蹲架前，杠铃位置约与肩同高。
2. 握住杠铃，手应握在杠铃滚纹（杠铃杆上的粗糙部分）一指处或者两手间距离比肩稍宽的位置。向上转动肘部，使用手指来进行固定，杠铃可以依靠在肩部或者锁骨上，完全屈肘使大臂与地面平行。上述情况被称为颈前深蹲姿势。
3. 通过伸髋伸膝将杠铃从深蹲架上扛起，然后后退，两脚开立约为肩宽，脚趾尖稍微外展。

辅助者

- ☐ 询问训练者是否需要在杠铃（辅助者的手应位于杠铃下方、处于训练者两手之间，手心向上），胸部（辅助者的胳膊应位于训练者的腋窝下方，两手心朝向训练者的胸部）以及手臂（辅助者的胳膊位于训练者腋窝下方，手心正对训练者的身体）上提供助力。
- ☐ 使杠铃均匀负重，使用杠铃的卡夹来固定负荷。
- ☐ 询问训练者准备完成的动作次数。
- ☐ 杠铃在深蹲架上放置时，辅助者应站在训练者身后。
- ☐ 当训练者从深蹲架后退时，辅助者的双手应做好准备姿势，姿势的选择应根据训练者需助力的倾向来判断。尽可能靠近训练者，但不要触碰或者打扰其运动。
- ☐ 在训练者下蹲时，辅助者也应下蹲，以便在整个运动过程中能够给训练者提供所需的助力。
- ☐ 在每组训练完成时，视情况帮助训练者将杠铃复位。

▼ 动作：运动员

4. 保持双脚水平接触地面，重心位于前脚掌，肘部保持高位，髋关节向后以启动动作。
5. 屈髋屈膝使身体下蹲，保持膝盖与脚趾的方向一致。
6. 当身体下蹲时，躯干要保持直立，保持脊柱中立位。
7. 持续使自己的身体向下蹲，直到大腿与地面平行时或大腿与小腿刚接触时（在做深蹲的情况下）结束动作。
8. 使用相同路线回到起始姿势。

提示

- 动作模式正确的前提下尽可能地深蹲。
- 避免躯干向前过度倾斜。躯干应比颈后深蹲时挺得更直。
- 相较于颈后深蹲，这一动作会更多地激活股四头肌。

分腿蹲

臀肌，股四头肌，腘绳肌

▶ 起始位置：运动员

1. 站在深蹲架前，使杠铃几乎与肩同高。
2. 站在杠铃下，将杠铃放置在上背部及肩部。
3. 握住杠铃，手应握在杠铃滚纹（杠铃杆上的粗糙部分）一指处或者两手间距离比肩稍宽的位置。
4. 通过伸髋和伸膝将杠铃从深蹲架上扛起，然后后退，双腿以躯干为中线，一前一后站立，两腿在额状面上保持与髋部同宽。

辅助者

- ☐ 询问训练者是否需要在杠铃（辅助者的手应位于杠铃下方，训练者的手的范围之外，手心向上）、胸部（辅助者的胳膊应位于训练者的腋窝下方，两手心朝向训练者的胸部）以及手臂（辅助者的胳膊位于训练者腋窝下方，手心正对训练者的身体）处施加助力。
- ☐ 使杠铃均匀负重，使用杠铃的卡夹来固定负荷。
- ☐ 询问训练者准备完成的动作次数。
- ☐ 杠铃在深蹲架上放置时，辅助者应站在训练者身后。
- ☐ 当训练者从深蹲架后退时，辅助者的双手应做好准备姿势，姿势的选择应根据训练者需助力的倾向来判断。尽可能靠近训练者，但不要触碰或者打扰其运动。
- ☐ 在训练者下蹲时，辅助者也应下蹲，以便在整个运动过程中能够给训练者提供所需的助力。
- ☐ 在每组训练完成时，视情况帮助训练者将杠铃复位。

▼ **动作：运动员**

5. 前脚脚掌着地，上身躯干保持直立状态，通过屈曲后腿膝盖，使身体重心下降。
6. 在重心下降时要保持上身直立，尽量避免臀部向后翘起。在重心下降的同时前腿的膝盖屈曲。
7. 重心下降时，应保证躯干直立，脊柱处于中立位。
8. 当前腿的大腿上平面与地面趋近于平行，并且后腿膝盖即将接触地面时停止下降。
9. 使用相同路线回到起始姿势。
10. 前后腿互换位置，重复该动作，直到完成计划次数。

提示

- 避免躯干过度前倾，双肩应与髋关节保持在一条直线上。
- 同样，也可以通过两侧使用哑铃来限制脊柱负载，或者将杠铃放在前面用颈前深蹲的姿势来提高股四头肌的活性。颈前深蹲姿势的有关介绍请参考前文颈前深蹲部分。

杠铃登阶练习

臀肌，股四头肌，腘绳肌

▶ 起始位置：运动员

1. 选择一个合适的箱子（通常与膝盖同高），使单脚踏在箱子上时膝关节处于屈曲90度的位置。
2. 调整杠铃在架子上的位置，使杠铃约与肩同高。
3. 面对箱子，将杠铃置于肩上。
4. 用舒服的方式握住杠铃，手应握在杠铃滚纹（杠铃杆上的粗糙部分）一指处或者两手间距离比肩稍宽的位置。
5. 通过伸髋伸膝将杠铃扛起，之后向箱子方向移动，最后面对箱子，双脚站稳。

辅助者

☐ 询问训练者否需要在杠铃（辅助者的手应位于杠铃下方、训练者的手的范围之外，手心向上）、胸部（辅助者的胳膊应位于训练者的腋窝下方，两手心朝向训练者的胸部）以及手臂（辅助者的胳膊位于训练者腋窝下方，手心正对训练者的身体）处施加助力。

☐ 使杠铃均匀负重，使用杠铃的卡夹来固定负荷。

☐ 询问训练者准备完成的动作次数。

☐ 杠铃在深蹲架上放置时，辅助者应站在训练者身后。

☐ 当训练者从深蹲架后退时，辅助者的双手应做好准备姿势，姿势的选择应根据训练者需助力的倾向来判断。尽可能靠近训练者，但不要触碰或者打扰其运动。

☐ 当训练者踏上箱子时，辅助者前腿应向前迈一小步。

☐ 当运动员身体达到最高点时，辅助者的后腿向前腿靠拢，准备好在训练者提示或需要的情况下给予助力。

☐ 引导训练者复位（在完成一组训练或者需要帮助时），辅助者采用后退的方式，并在有必要时双臂伸展以提供助力。

▼ 动作：运动员

6. 一只脚完全踩在箱子上，膝关节屈曲90度。通过前腿的伸膝与伸髋来提升身体重心。注意在此过程中应避免后腿的助力。
7. 不断提升身体重心直到前腿完全伸直，且后腿在箱子上站稳。保持脊柱中立位，注意避免躯干的过度前倾。
8. 准备下箱子之前应暂缓一会儿。下箱子过程中，身体应将重心集中在前腿上，然后用后腿向后迈下箱子。下降阶段与上升阶段的路径相同。
9. 重复该动作一定次数后前后腿互换位置，进行对侧练习。
10. 同样，可以通过使用哑铃（且应两手各持一个哑铃以限制脊柱负载）或者把杠铃放在颈前的位置来进行该项练习。具体姿势可参考前文颈前深蹲部分。

后脚悬吊抬高分腿蹲

臀肌，股四头肌，腘绳肌

▶ 起始位置

1. 调整悬吊系统，使两个把手的高度在小腿中部左右。
2. 背对悬吊带，将一只脚放在悬吊带下方的环中。在放置过程中应将环套在鞋带周围，足跟支撑在硬质把手上。
3. 迈出另一条腿，呈分腿姿势。

▼ 动作

4. 后侧髋关节伸展同时前腿膝关节屈曲，使身体垂直下降。
5. 身体重心下降时，保持躯干直立，脊柱保持中立位。
6. 保持身体持续下降直到大腿上部与地面平行，且膝盖位于脚趾上方。后腿允许向后摆动。
7. 采用与下降时相同的方式回到初始位置。
8. 重复该动作一定次数，然后前后腿互换位置，进行对侧练习。
9. 该训练的强度是可调节的。通常是通过在向上阶段的末尾增加一个爆发力跳，或者在胸前持一个壶铃来增加负荷。

坐姿器械伸腿练习

股四头肌

▶ 器械设置

1. 背靠背垫，调整膝关节与器械的旋转轴平齐。
2. 调整起始姿势，当膝关节屈曲90度时，使腿压板位于踝关节上方或正对小腿的位置，且训练者无任何不适。
3. 通过配重片来选择合适的阻力。
4. 背部紧贴背垫，身体坐直，头部保持中立位。双手握住两侧把手。

▼ 动作

5. 以平滑可控的方式进行伸膝练习，直到腿部完全伸直。
6. 以缓慢可控的方式回到起始位置。重复练习之间不要让配重片完全落回原位。

侧弓箭步

臀肌，股四头肌，腘绳肌

▶ 起始位置

1. 站在深蹲架前，使杠铃与肩同高。
2. 站在杠铃下，将杠铃放置在上背部及肩部。
3. 握住杠铃，手应握在杠铃滚纹（杠铃杆上的粗糙部分）一指处或者两手间距离比肩稍宽的位置。
4. 通过伸膝和伸髋将杠铃从深蹲架上扛起，然后后退，两脚开立约与髋关节同宽。

▶ 动作

5. 一条腿向侧方迈出一大步，整个脚掌与地面接触，用力撑地，脚尖指向正前方。
6. 允许通过腿部的运动，使身体重心在水平方向移动。
7. 屈曲髋关节和膝关节使身体重心下移。
8. 身体重心下移时，躯干保持直立，保持脊柱在中立位。
9. 通过蹬地，将弯曲一侧下肢伸直，并返回起始位置。
10. 交换双腿，重复进行该动作。

提示

- 避免躯干过分前倾，双肩应与髋关节保持在一条直线上。
- 同样，也可以通过两侧使用哑铃来限制脊柱负载。

滑垫侧弓箭步

臀肌，股四头肌，腘绳肌

▶ 起始位置

1. 在光滑的地面上放一个滑垫，将一只脚放在滑垫上。
2. 两脚自然开立，与肩同宽。

▶ 动作

3. 上身下降，髋部向后坐，滑垫一侧腿向外滑动远离身体中线。另一条腿膝关节屈曲，直至大腿上部与地面平行。保持膝盖方向与脚趾方向一致。
4. 保持脊柱中立。
5. 通过无滑垫一侧下肢髋关节和膝关节的伸展来使身体回到直立姿势，滑垫一侧下肢利用与下降时相同的路线回到起始位置。
6. 交换双腿并重复该动作。

提示

- 这项练习可以通过在胸前持壶铃增加负荷来加大训练强度。

硬拉

臀肌，腘绳肌

▼ 起始位置

1. 起始时杠铃置于地面。双脚站在杠铃杆下方，杠铃杆应在鞋带上方。脚趾微微外展。两脚间宽度应处在髋关节与肩部宽度之间。
2. 髋关节后坐，上身躯干前倾位于杠铃上方。膝盖微屈达到合适的起始位置。肩部应在杠铃上方稍前位置。通过收缩肩胛骨、挺胸来保持脊柱中立位。
3. 握住杠铃，手应握在杠铃滚纹（杠铃杆上的粗糙部分）一指处或比肩稍宽的位置并伸直肘关节。

提示

- 如果你没有足够的力量来提起标准杠铃的话，可以使用减震杠铃片或支撑式举重台来保持一个理想的起始位置。
- 抓紧握法或宽握可以更好激活臀肌和股四头肌，并降低下腰背的压力。

▼ 动作

4. 双脚脚掌贴紧地面，力量集中于脚踝，将杠铃从地面提起。
5. 举起杠铃时髋关节向前，并伸直膝关节。注意双脚用力蹬地，避免髋关节比肩部先抬起。使杠铃贴紧身体，手臂伸直，保持脊柱中立位。
6. 在杠铃达到膝盖之前，肩部的位置应始终保持在杠铃正上方或稍前一点。继续向上提拉杠铃直到膝关节与髋关节完全伸展时停止。
7. 采用相同路线回到初始位置，始终保持脊柱中立位。

罗马尼亚硬拉

臀肌，腘绳肌

▼ 起始位置

1. 起始时杠铃置于地面上。双脚站在杠铃杆下方，杠铃杆应在鞋带上方。脚趾微微外展。双脚张开，两脚间宽度应在髋关节与肩部的宽度之间。
2. 握住杠铃，手应握在杠铃滚纹（杠铃杆上的粗糙部分）一指处或比肩稍宽的位置。伸展髋关节和膝关节来将杠铃从地上提起，并后退。
3. 两脚自然张开与肩同宽，双膝微屈。

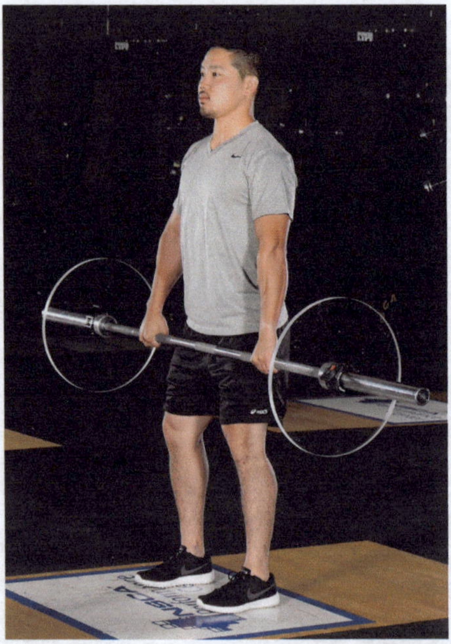

提示

- 避免躯干弯曲以及弓背。
- 同样的训练可以通过使用壶铃作为负荷的方法来限制脊柱的负载。

▼ **动作**

4. 双脚水平接触地面，重心集中于脚踝，通过髋关节屈曲（屈髋并向后移动），使上身躯干与大腿的夹角变小，保持脊柱中立位。
5. 下放杠铃直至与髌腱平齐或略低于膝关节。
6. 通过伸髋，按照相同路线回到初始位置。在整个运动过程中，膝关节始终保持静止并维持微屈的角度。

单腿罗马尼亚硬拉

臀肌，腘绳肌

▼ 起始位置

1. 起始时杠铃置于地面上。双脚站在杠铃杆下方，杠铃杆应在鞋带上方。脚趾微微外展。双脚张开，两脚间宽度应处在髋关节与肩部的宽度之间。
2. 握住杠铃，手应握在杠铃滚纹（杠铃杆上的粗糙部分）一指处或比肩稍宽的位置。伸展髋关节和膝关节来将杠铃从地上提起，然后后退。
3. 两脚自然张开与髋关节同宽，双膝微屈。

提示

- 避免躯干弯曲以及弓背。
- 训练者的身体应像跷跷板一样，以着地的脚为支点。
- 可以通过着地腿对侧的手中持一个哑铃来进行相同的训练，以激活臀中肌的主动发力。
- 注释：这是提举训练中比较高级的一个动作，完成时要确保已经熟练掌握硬拉和罗马尼亚硬拉的运动技术。

▼ **动作**

4. 在做动作的过程中要保持膝盖角度固定，通过屈髋减小躯干与大腿之间的夹角，从而降低杠铃的高度。同时，一条腿抬起离开地面，向躯干后伸展。在运动过程中始终保持脊柱中立位，髋关节应始终与地面保持平行。
5. 在下放杠铃时，杠铃与髌骨平齐或在略低于膝关节的位置时停止。
6. 通过伸髋，采用相同路线回到初始位置。

单腿硬拉

臀肌，股四头肌，腘绳肌

▼ 起始位置

1. 起始时杠铃置于地面上。双脚在杠铃杆下方，杠铃杆应在鞋带上方。脚趾微微外展。两脚间宽度应处在髋关节与肩部的宽度之间。
2. 握住杠铃，手应握在杠铃滚纹（杠铃杆上的粗糙部分）一指处或比肩稍宽的位置。伸直肘关节，伸展髋关节和膝关节来将杠铃从地上提起，并后退。
3. 两脚自然张开与髋同宽。

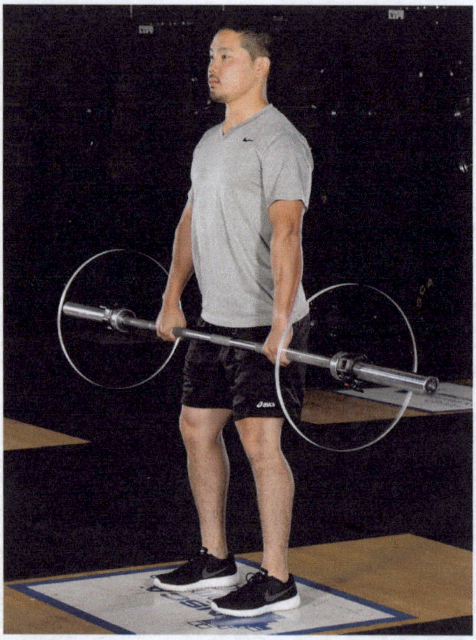

提示

- 避免脊柱弯曲以及弓背。
- 可以通过着地腿对侧的手中持一个哑铃来进行相同的训练，以激活臀中肌的主动发力。
- 同罗马尼亚硬拉相比，这一运动的变化更能激活股四头肌的主动发力。
- 注释：这项提举练习比较高级，进行时要确保已经熟练掌握硬拉和罗马尼亚硬拉的运动技术。

▼ 动作

4. 通过屈髋减小躯干与大腿之间的夹角，从而降低杠铃高度。
5. 通过屈髋屈膝来放下杠铃，同时抬起一条腿，并向身后伸展。运动过程中始终保持脊柱中立位，髋关节应始终与地面保持平行。
6. 将杠铃放到地面上。
7. 通过伸髋按照相同路线回到初始位置。

器械反向腿臀起

臀肌，腘绳肌

▶ 起始位置

1. 身体于臀起器上，大腿近端靠在靠垫上。双脚伸进脚夹垫板中，钩住脚垫板，脚掌踩住踏板。
2. 上身躯干向下弯曲使腿部伸展。头部指向地面，始终保持脊柱中立位。

▶ 动作

3. 控制运动的力量，通过伸髋缓慢抬起上身躯干，直到躯干与下肢在一条直线上或与地面平行时为止。同时膝关节应处于伸直状态。
4. 当上下身处于一条直线时，继续通过屈曲膝关节抬高躯干。
5. 继续向上抬高躯干，直到膝关节屈曲90度，且躯干与地面垂直时停止。
6. 缓慢地按照相同路线回到初始位置。

提示

- 避免脊柱过度伸展。
- 可以通过在胸前持杠铃片或药球来提高运动的强度。

弹力带助力反向腿臀起

臀肌，腘绳肌

▶ 起始位置

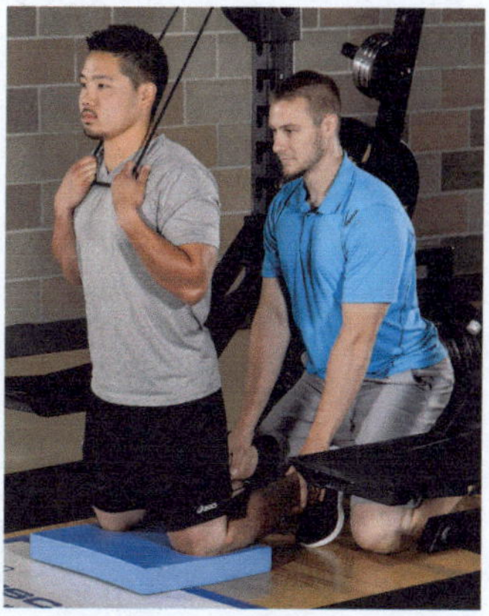

1. 将一弹力带打结成环，一端挂在深蹲架顶部。
2. 拉下弹力带，双手握住放于锁骨下方。
3. 采取跪姿，双膝分开，距离与髋同宽。
4. 在做这项练习时，你需要一个助手来压住你的后腿，防止小腿与双脚离开地面。

▼ 动作

5. 上身躯干缓慢前倾，以可控的方式进行躯干向下的运动。
6. 持续缓慢下降直到身体贴近地面。
7. 通过屈膝，按照相同路线回到初始位置。

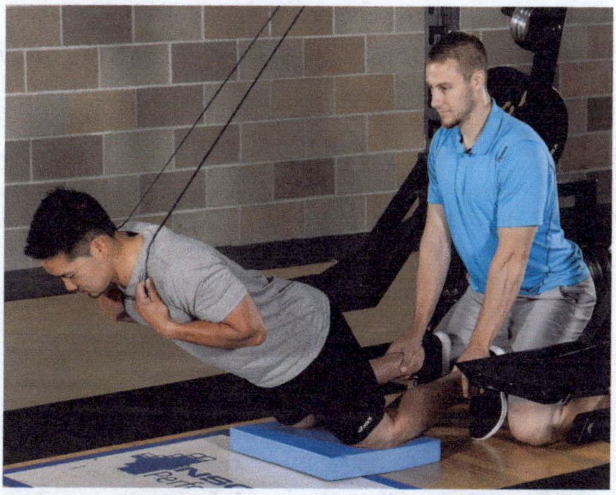

提示

- 尽量避免脊柱的屈曲和伸展。
- 该练习的强度可以通过改变弹力带的弹性来加以改变。弹力带的弹性越大，训练的强度越小。受过专业训练的运动员可以在没有弹力带的情况下完成该项练习。

臀冲练习

臀肌，腘绳肌

▶ 起始位置

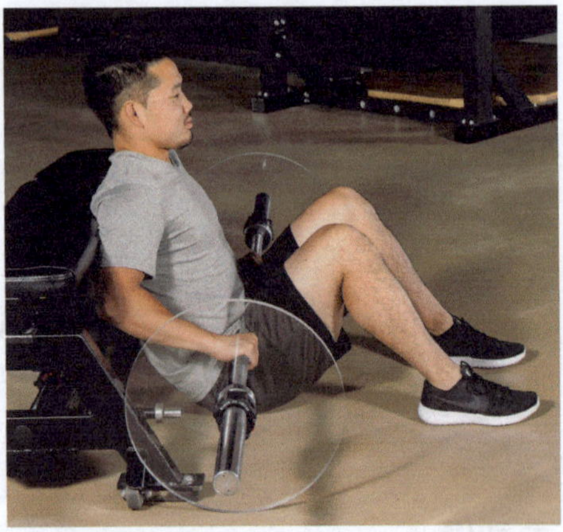

1. 在长凳旁放置一个杠铃（带有配重盘或减震器）。训练者坐在地上，上背部靠在长凳上，双腿在杠铃下方。
2. 在大腿上方滚动杠铃杆，直到杠铃杆抵住髋关节位置（接近腹股沟处）。为了舒适，你可以使用一个垫子。在髋关节两侧握住杠铃杆。
3. 膝关节屈曲90度，双脚分开贴紧地面，距离约与肩同宽。之后向后移动身体，将双肩靠在长凳上。

▼ 动作

4. 通过完全伸展髋关节和收紧臀部肌群来使身体抬起离开地面。双脚应始终贴紧地面，肩部也应始终贴紧长凳上方。在整个运动过程中，应始终保持脊柱中立位。
5. 按相同路线回到初始位置。

阻力带早安练习

臀肌，腘绳肌

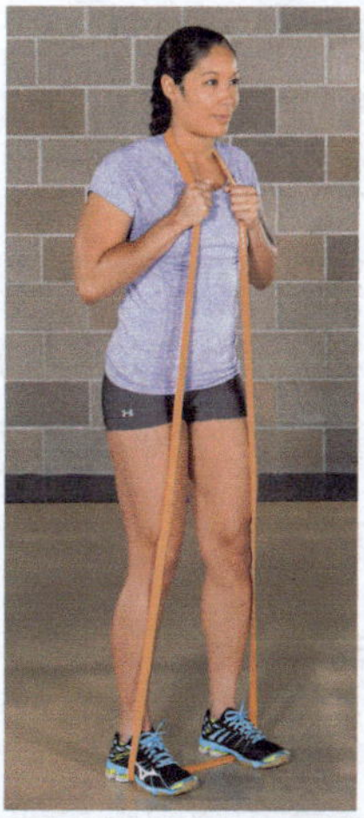

▶ 起始位置

1. 将阻力带打结成环形，双脚踩在阻力带上，使阻力穿过足底和足外侧。
2. 向上拉起阻力带使其高于头部，并将其围绕在肩关节上部或斜方肌上。双手在锁骨下方松弛地握住阻力带。

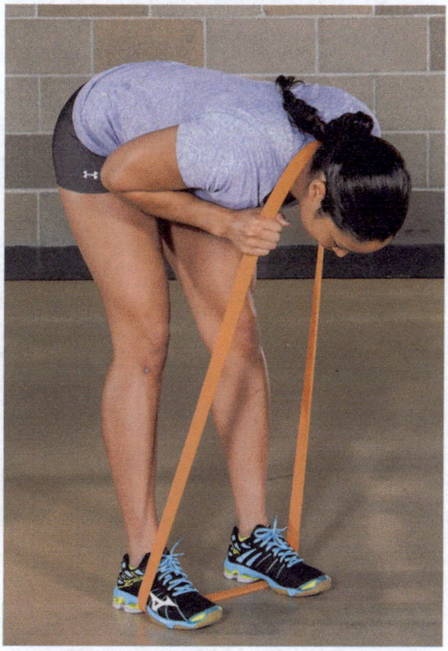

▶ 动作

3. 双脚紧贴地面，自然开立约与肩同宽，通过髋关节后坐来缩小躯干与大腿之间的夹角。
4. 向下缓慢移动躯干，直到躯干与地面接近平行时停止，或者在你感觉不能继续保持正确运动姿势时停止。在运动过程中始终保持脊柱中立位。
5. 伸展髋关节，并使用与向下运动过程相同的运动路径来返回初始位置。在运动过程中膝关节的屈曲程度应尽量保持不变。

提示

该练习的强度可以通过改变阻力带的弹性大小加以改变。阻力带弹性越大，训练强度越大。

滑垫臀桥

臀肌，腘绳肌

▶ 起始位置

1. 躺在地面上，面部朝上，双脚踩在滑垫上。
2. 双腿张开约与肩同宽，膝盖屈曲90度。滑垫应始终在脚与地面之间。
3. 通过完全伸展髋关节以及收紧臀部肌肉，向上挺起身体的中下部分使其离开地面。保持脊柱的中立位。

▼ 动作

4. 滑动滑垫，使一条腿向外完全伸直，在此过程中始终保持髋关节抬起且另一条腿固定于初始位置不变。
5. 利用相同路线回到起始位置。
6. 对侧腿进行重复训练。

提示

- 可以通过同时滑动双腿来增加练习强度。
- 除此之外，两条长阻力带也可以用来增加训练强度。将阻力带一端绕在深蹲架上，另一端套在脚上，在阻力带处于拉紧状态时开始练习。

坐姿腿弯举

腘绳肌

▶ 起始位置

1. 坐在腿弯举机上，背部紧贴靠背，膝关节位置应与器械转轴平齐。
2. 调整腿部靠垫，使其在膝盖屈伸时正好位于脚踝下方。
3. 使用配重片选择合适的阻力。
4. 上身坐直，后背紧靠在靠垫上，头部保持中立位，双手握住两侧把手。

▼ 动作

5. 控制运动速度，屈曲膝关节，将腿部靠垫下压直到踝关节到达座椅下方，膝关节屈曲约90度。
6. 控制动作缓慢地回到初始位置。重复练习之间不要让配重片完全落回原位。

坐姿髋内收

内收肌群

▶ 器械设置

1. 坐在器械座位上，脚踏踏板。膝关节屈曲约90度。
2. 调整器械初始位置，至你的大腿内侧应有轻微的拉伸感。
3. 通过配重片选择合适的阻力。
4. 身体坐直，背部靠近靠背。保持头部中立位，双手握住座椅两侧的把手。

▶ 动作

5. 用可控的方式内收髋关节，将两侧垫子向中间移动，保持膝关节、小腿与踝关节在一条直线上。
6. 以缓慢可控的方式回到初始位置。重复练习之间不要让配重片完全落回原位。

坐姿髋外展

髋外展肌

▶ 器械设置

1. 坐在器械座位上，脚踏踏板。膝关节屈曲约90度。
2. 调整器械初始位置，使双脚靠在一起，两只脚踏板处于接触或即将接触的状态。
3. 通过配重片选择合适的阻力。
4. 身体坐直，背部靠近靠背。保持头部中立位，双手握住座椅两侧的把手。

▶ 动作

5. 通过髋关节外展，以缓慢可控的方式用大腿外侧将两侧的垫子向外推动。保持膝关节、小腿与踝关节在一条直线上。
6. 以缓慢可控的方式回到初始位置。重复练习之间不要让配重片完全落回原位。

负重提踵

腓肠肌，比目鱼肌

▼ 起始位置

1. 站在深蹲架前，使杠铃与肩同高。
2. 站在杠铃下，将杠铃放置在上背部及肩部。
3. 握住杠铃，手应握在杠铃滚纹（杠铃杆上的粗糙部分）一指处或者两手间距离比肩稍宽的位置。
4. 从深蹲架上扛起杠铃，然后向后退，两脚分开与髋关节同宽。

提示

- 同样的练习也可以通过双手持哑铃于体侧来限制脊柱负载。除此之外，脚尖可以站在平稳的物体上以使脚跟悬空，这样可以增加练习时踝关节的活动范围。
- 为了更好地提高比目鱼肌活性，可以利用坐姿同时屈膝90度的姿势来进行同样的训练，同时你可在大腿上放置杠铃片或哑铃来增加训练阻力。

▼ **动作**

5. 通过踝关节跖屈抬起身体，脚后跟离开地面。
6. 在脚尖着地时，保持踝关节的完全跖屈。
7. 以相同的方式回到初始位置。

足背屈

胫骨前肌

▶ **起始位置**

1. 在深蹲架的一侧系上一条长阻力带，阻力带的两个终端均朝向训练者。
2. 坐在地上，将一个泡沫轴放在小腿下方，阻力带两端绕过双脚固定在足背处。
3. 训练者向后移动一定距离，调整阻力带张力至适合大小。

▼ **动作**

4. 抵抗阻力带提供的阻力，进行踝关节背屈练习，踝关节向胫骨背屈。
5. 利用相同方式回到初始位置。

提示

与之类似的训练是坐在长凳上，双脚之间放一个哑铃。将小腿向上抬起，与地面平行，并进行上述练习。

11

躯干训练

安德鲁·J. 加尔平
詹姆斯·R. 巴格利

躯干（或称核心）肌肉的功能多种多样，例如在复杂的运动过程（如跑、下蹲、投掷等）中和日常活动（如走路、站立、坐下等）中起到稳固脊椎与骨盆的作用[1]。图11.1所描绘的这些肌群极其重要，因为它们可以将上身与下身的肌肉连接起来，并且能够帮助力量在上肢和下肢之间的来回传递（图11.1a ~ 图11.1c）。

私人教练、体能训练专家、医务人员都建议在康复与力量训练的过程中辅以躯干训练。卷腹练习是最流行的一种躯干训练方式，尽管有一定的效果，但由于这项训练只有一个肌群参与（即腹直肌），其效果有一定局限性。因此，一套完整的躯干训练计划应该包含多种训练，并涉及多个肌群（如骨盆处、下腰背、中背部、侧腹部以及肋骨周围等）。

本章为训练者提供了多种不同难度的训练方法。在此我们建议大家结合自身条件对运动的方式以及难度进行选择。还要引起大家重视的是，如果这些训练操作不当，训练效果会大打折扣，甚至会引起身体损伤。因此，在训练中要始终保持头部、脊柱以及髋关节处于中立位，不应过度屈曲或过度伸展。请记住，质量比数量重要得多！

作者对在本章中做出杰出贡献的迈克尔·巴恩斯和基思·E. 西内亚表示由衷的感谢。

1. 核心肌肉训练应当与核心举重进行区别，例如深蹲、硬拉以及其他使用大肌肉群的复合训练等。

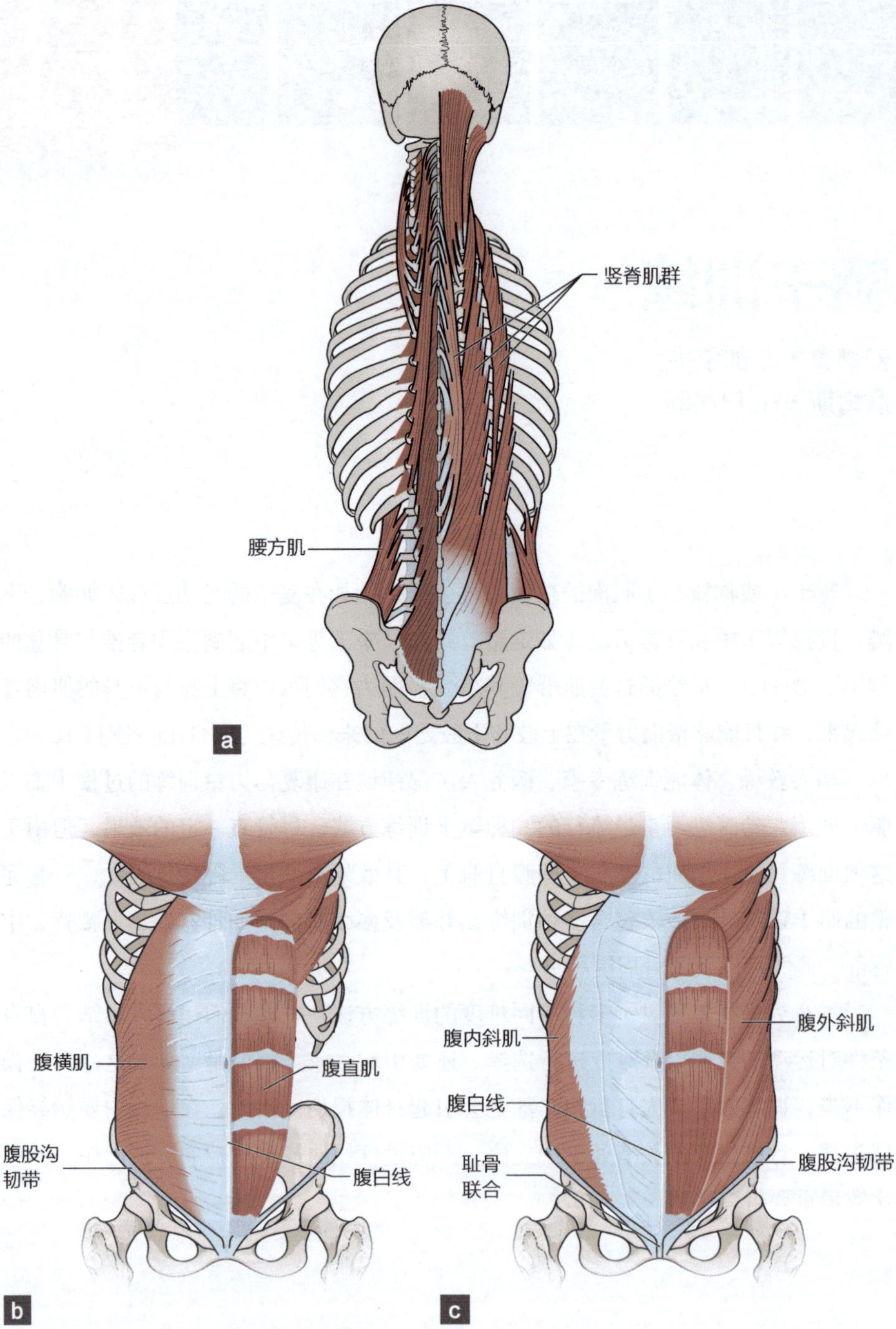

图11.1 躯干中的主要肌肉：a. 腰背部肌肉；b. 和c. 腹部肌肉

屈膝仰卧起坐

腹直肌

▼ 起始位置

1. 平躺于地面，面部朝上，双手指尖轻触头部两侧。
2. 屈膝使双脚平放于地面上，抬起头部离开地面。

▼ 动作

3. 运动中始终保持双脚平放于地面，卷曲上身使背部离开地面，头部及肩部向大腿方向移动，直到上背部完全离开地面为止。
4. 按照相同路线回到初始位置。

提示

- 在上背部离开地面之前应始终保持卷曲。
- 整个运动过程中要保持双脚始终平放于地面。
- 尽量避免在运动中让躯干摆动或使用手臂摆动产生惯性的借力行为。

卷腹练习

腹直肌

▶ 起始位置

1. 平躺于地面，面部朝上，双脚置于长凳上，膝关节与髋关节均屈曲90度。
2. 双手指尖轻触头部两侧，抬起头部离开地面。

▼ 动作

3. 保持双脚在长凳之上，卷曲上身使之离开地面，头部及肩部向大腿方向移动，直到上背部完全离开地面为止。
4. 按照相同路线回到初始位置。

提示

- 在上背部离开地面之前应始终保持卷曲。
- 整个运动过程中要保持双脚始终放在长凳上。
- 尽量避免躯干摆动或使用手臂摆动产生惯性的借力行为。

触踝卷腹

腹直肌

▼ 起始位置

1. 平躺于地面，面部朝上，屈膝使双脚平放于地面。
2. 双手放在身体两侧，抬起头部离开地面。

▼ 动作

3. 保持双脚在地面上，卷曲上身使背部离开地面，移动双手至能够触摸到脚踝时或不能继续向前移动时为止。
4. 按照相同路线回到初始位置。

提示

- 在双手够到脚踝或不能继续移动双手之前应始终保持上身卷曲。
- 在整个运动过程中要始终保持双脚平放于地面上。
- 尽量避免在运动中使用躯干和手臂摆动产生惯性的借力行为。

瑞士球卷腹

腹直肌

在使用瑞士球时，要根据你的身体来选择合适的瑞士球尺寸。选择的标准就是当你坐在瑞士球上时，你的膝关节和髋关节都能屈曲90度。同时，在使用之前一定要确保瑞士球充气至合适的尺寸。如果充气不足，或者充气过度都可能使训练者遭受严重损伤。表11.1列举的一系列数据是以训练者身高为标准的瑞士球尺寸选择参考。

表11.1 瑞士球尺寸指南

训练者身高	所需瑞士球的尺寸
147.3厘米及以下	S码：45厘米
147.3 ~ 165.1厘米	M码：55厘米
165.1 ~ 182.9厘米	L码：65厘米
182.9 ~ 195.6厘米	XL码：75厘米
195.6厘米及以上	XXL码：85厘米

▼ 起始位置

1. 坐在瑞士球上，向前滚动瑞士球直到球可以支撑背部，并且使躯干与地面接近平行。
2. 保持双脚平放于地面，双手指尖轻触头部两侧。

▼ 动作

3. 双脚保持平放于地面上，通过头部以及肩部的运动来向上卷曲躯干，直到上背部离开瑞士球，而下腰背靠在瑞士球上这个状态。
4. 按照相同路线回到初始位置。

提示

- 尽量不要让瑞士球滚动。
- 整个运动过程中要始终保持双脚平放于地面之上。
- 尽量避免在运动中使用躯干和手臂摆动产生惯性的借力行为。
- 该项练习也可以锻炼腹斜肌：将躯干侧躺在瑞士球上，然后卷曲躯干。

瑞士球前滚

腹直肌

▶ 起始位置

1. 双腿跪于地面，双手放于瑞士球上，并将瑞士球置于身体正前方。
2. 双脚、双膝张开略比肩宽。

▼ 动作

3. 双手向前伸，用前臂带动瑞士球向前滚动，直到你感觉继续向前变得十分困难，或身体完全伸展时为止。注意运动过程中不要让你的髋下沉，也不要过度伸展你的下腰背。当身体完全伸展时，要保持肩部、髋部以及膝盖三者在一条直线上。
4. 按照相同路线回到初始位置。

提示

- 脊柱处于中立位。
- 在整个运动过程中收紧腹部。

瑞士球俯卧屈体（折叠力）

腹直肌

▶ 起始位置

1. 面部朝下，以平板支撑或俯卧撑的姿势支撑身体。双手撑地，张开距离约与肩同宽。
2. 将两条腿逐次置于瑞士球上，最终两条腿的小腿前侧都置于瑞士球上。

▼ 动作

3. 双脚并拢，脚与膝盖同时向躯干方向移动，直到不能继续折叠为止。屈曲膝关节和髋关节来使瑞士球向胸部滚动。在运动过程中，肩部应始终在双手正上方，保持头部中立位。臀部需轻微上提，以保证屈曲膝关节和髋关节时瑞士球向前滚动。
4. 按照相同路线缓慢地回到初始位置。

提示

- 脊椎处于中立位。
- 避免瑞士球向腿两侧方向滚动，髋部不要下沉。
- 在整个运动过程中收紧腹部。

药球过顶上举

腹直肌

▶ 起始位置

1. 坐在瑞士球前部，躯干与瑞士球呈45度。
2. 双手持一个药球于躯干正前方，伸直双臂。

▼ 动作

3. 伸直双臂，保持脊柱中立位。慢慢地向上举起药球至头部正上方，或者上举至躯干不能保持原姿势时为止。
4. 按照相同路线缓缓回到初始位置。

提示

- 注意在该运动过程中使用的药球不能太重。
- 在整个运动过程中收紧腹部。
- 尽管这项练习积极地使用了肩部肌肉，但是主要使用躯干肌群来维持身体稳定并控制此运动。

悬挂抬腿

腹直肌

▶ 起始位置

1. 双手张开握住引体向上杆，两手间距离约与肩同宽，面向前方，身体悬空，手臂完全伸直。
2. 如果你的手力度不足以抓住杆，可以调整为使用悬挂式腹肌训练带进行该项训练。将双臂放在腹肌带上，屈肘约90度以支撑身体重量。

▼ 动作

3. 收缩腹肌使双腿上提，直至膝关节屈曲90度。为增加该项训练的难度，在整个运动过程中始终保持小腿垂直地面。
4. 缓慢地放下双腿，并重复进行该动作。

提示

训练中应控制你的身体，在提腿过程中尽量减少身体的晃动。

绳索卷腹

腹直肌

器械设置

1. 将肱三头肌训练绳固定在绳索训练器上，移动绳索至最高位置固定。
2. 选择一个具有挑战性但能够以正确姿势进行练习的重量负荷。注意在刚开始运动时应先使用较轻的重量，以便熟悉训练技巧。

▶ **起始位置**

3. 双腿分开呈跪姿，双腿距离约与肩同宽。双手抓住绳索并使掌心相对，双臂弯曲约90度。

▼ **动作**

4. 运动时应保持头部和脊柱中立位，屈曲髋关节直到头部即将触地时结束。
5. 运动全程收紧核心肌肉，在返回初始位置的过程中也应收紧核心肌肉。

交替卷腹

腹直肌，腹内斜肌，腹外斜肌

▶ 起始位置

1. 平躺于地面，面部朝上。双脚放在长凳上，膝关节与髋关节屈曲90度。
2. 双手指尖轻触脑后，抬起头部，使其离开地面。

▼ 动作

3. 保持双脚置于长凳上，通过一侧肩部向另一侧膝盖的运动使躯干得以转动，直到上背部离开地面时结束。
4. 按照相同路线缓缓回到初始位置。
5. 每次重复后转换方向进行练习。

提示

- 直到上背部离开地面时方可结束躯干旋转。
- 注意在整个运动过程中双脚不要离开长凳。

俄罗斯转体

腹直肌，腹内斜肌，腹外斜肌

▼ 起始位置

1. 平躺于地面，面部朝上。屈膝使双脚平放在地面上，抬头离开地面。
2. 保持脊柱中立位，躯干与地面夹角约为45度。
3. 手臂伸直，双手合十远离身体。此外，你也可以手持一个哑铃或壶铃来增大训练难度。

▼ 动作

4. 从身体一侧转动手臂至另一侧，动作要缓慢，每次重复动作之间不要停歇。

提示

- 在整个运动过程中要始终保持双脚平放于地面上，并且要保持呼吸顺畅。
- 放慢转动的速度能够加大训练的难度。

小腿外侧触摸

腹直肌，腹内斜肌，腹外斜肌

▼ 起始位置

1. 平躺于地面，面部朝上，屈膝使双脚脚掌能够平放在地面上。
2. 双手一上一下叠放在一起，触摸膝关节。
3. 头部抬起离开地面。

▼ 动作

4. 双脚始终平放在地面上，卷曲并转动躯干使其离开地面。双手向小腿外侧移动，直到触及小腿外侧停止。
5. 按照相同路线回到初始位置。
6. 每次重复后转换方向进行练习。

提示

- 向上卷曲躯干，直到手碰到小腿外侧时为止。
- 整个运动过程中确保脚掌始终平放在地面上。

平板支撑

腹直肌，腹内斜肌，腹外斜肌

▼ 起始位置

1. 俯卧，双脚分开与髋关节同宽。

▼ 动作

2. 屈肘约90度，位于肩部正下方，双手手掌贴于地面并支撑身体。
3. 在运动过程中保持头部和脊柱中立位，并与躯干呈一条直线，踝关节、膝关节、髋关节和肩关节在一条直线上。
4. 保持这个姿势直至力竭，或达到预定时间为止。

提示

- 收紧腹肌使头部和脊柱始终保持中立位。
- 将注意力放在下腹部。

侧平板支撑

腹直肌，腹外斜肌

▼ 起始位置

1. 侧卧，双脚叠放在一起，触地一侧肘部屈曲90度，置于肩部正下方。

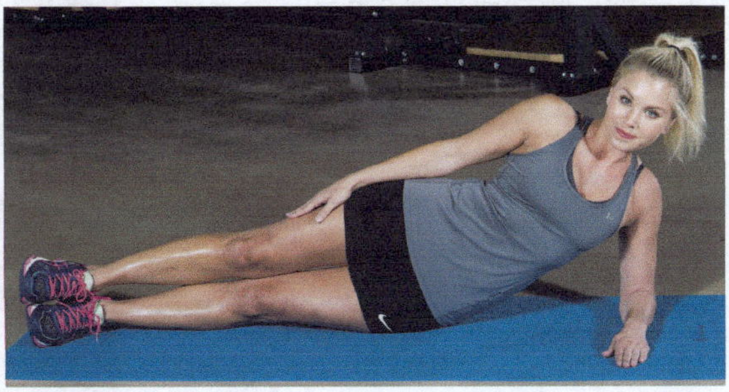

▼ 动作

2. 在运动过程中保持头部及脊柱中立位，并与躯干呈一条直线；提臀并使其离开地面，直至下踝关节、膝关节以及肩关节在一条直线上。
3. 保持这个姿势直至力竭，或达到预定时间为止。
4. 身体两侧应交替进行训练。

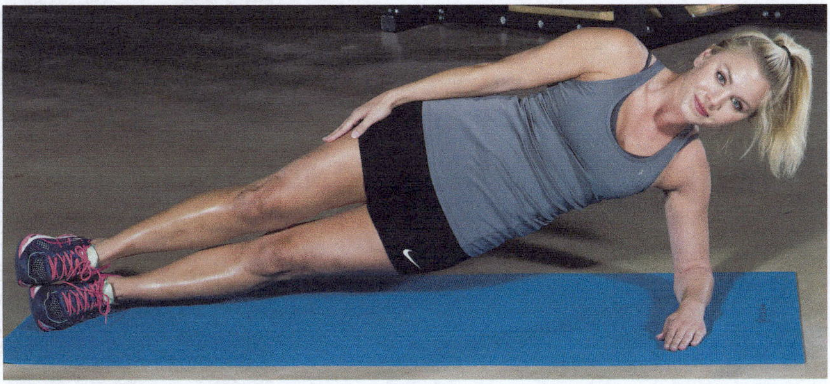

提示

在运动过程中要通过收缩腹内、外斜肌来使头部和脊柱保持中立位。

体侧屈

腹内斜肌，腹外斜肌

▶ 起始位置

1. 直立，两脚开立，距离约与肩同宽。单侧手持重物（壶铃、哑铃或杠铃片等）。

▶ 动作

2. 上身向持重物一侧倾斜，尽量避免前倾或后倾。屈曲腰椎时要保持胸椎和颈部中立位，屈曲至腹斜肌拉伸至最大程度且无不适感时为止。
3. 收缩腹斜肌，上提重物，使背部回到中立位。
4. 在完成预计次数之后，将重物放在身体的另一侧，并重复训练。

提示

选择一个稍有挑战性的重量，但是该重量不能影响你使用正确的运动技术。在训练刚开始时应选择较轻的重量来熟悉训练技术。

瑞士球肩部滚动

竖脊肌，腹直肌，腹外斜肌

▶ 起始位置

1. 坐在瑞士球上并向前滚动直至瑞士球能够完全支撑背部，且膝关节屈曲达到90度。
2. 双脚张开，脚掌平放于地面，距离约与肩同宽。
3. 双臂交叉置于胸前。

▼ 动作

4. 在运动中保持双脚平放于地面，让肩关节在球上滚动，旋转躯干，使一侧肩部从瑞士球上抬起。
5. 按照相同路线返回初始位置。
6. 每次重复后转换方向进行练习。

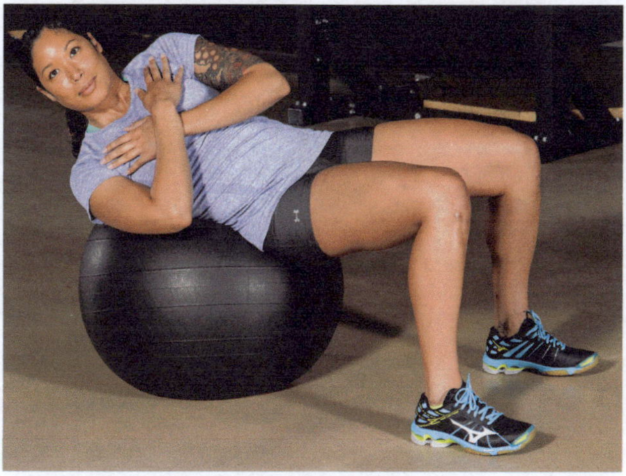

提示

- 在上背部离开瑞士球之前，卷曲动作应持续进行。
- 整个运动过程中要始终保持双脚平放在地面上。

躯干背伸

竖脊肌，臀肌，腘绳肌

▶ **器械设置**

1. 调整脚踏板至合适位置，使大腿能够贴紧靠垫。
2. 站在训练器械上，两腿保持竖直，躯干与腿部尽量保持90度，同时保持头部、脊柱中立位。
3. 双臂交叉置于胸前。

▼ **动作**

4. 伸展髋关节，缓慢地抬高你的躯干，直到躯干与大腿呈一条直线时结束。
5. 按照相同路线返回初始位置。

提示

- 在训练过程中要注意在合理的活动幅度内进行练习，避免圆肩、弓背。
- 在整个运动过程中要始终保持脊柱中立位。

四足爬行

腹直肌，竖脊肌，腹内斜肌，腹外斜肌，大菱形肌，小菱形肌

▶ 起始位置

1. 双手及双脚脚尖着地，手指和脚趾指向前方。
2. 手臂伸直，保持两膝与双脚在一条直线上。
3. 保持脊柱中立位，并与头部髋关节呈一条线。避免颈部后伸，避免圆肩，下腰背避免拱起或塌陷。

▼ 动作

4. 手脚同时运动使身体前进，重复训练时要注意两侧手脚的交替使用，如下图所示。
5. 向各个方向前进（前进、后退、朝两侧甚至以一定角度进行该运动）。

提示

在运动时要始终保持头部、肩部以及髋关节处于中立位。

侧向阻力弹力带前推

腹直肌，竖脊肌，腹内斜肌，腹外斜肌，大菱形肌，小菱形肌

▶ **起始位置**

1. 取一根弹力带（或使用器械绳索），双手持弹力带与胸前，并使弹力带垂直于器械。腿部呈站姿、半跪姿或跪姿。双手持弹力带贴紧胸部，此时双臂应保持屈曲。
2. 始终保持脊椎与颈部中立位。

▼ **动作**

3. 缓缓伸展肘部，直到手臂完全伸直时结束，之后回到起始位置。

仰卧两头起静力练习（空心体）

腹直肌，竖脊肌，腹内斜肌，腹外斜肌，臀肌

▼ 起始位置

1. 仰卧，脚趾上指，双臂上举过头。
2. 下腰背贴紧地面，并保持中立位。

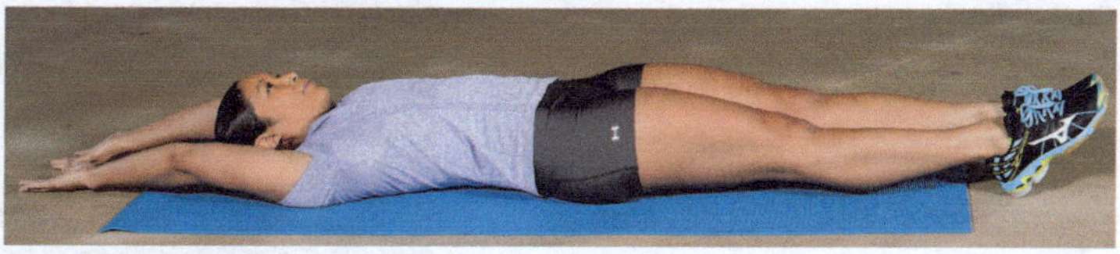

▼ 动作

3. 保持脊柱中立位，收紧臀部及躯干肌群并轻抬双脚、双臂、颈部以及上背部离开地面。在运动过程中要保持四肢伸直。
4. 保持这个姿势达到预定时间。

提示

在运动过程中臀肌要收紧且紧贴地面，避免下腰背出现过度拱起。

壶铃甩摆

腹直肌，竖脊肌，臀肌，背阔肌，三角肌，股四头肌，腘绳肌

▶ 起始位置

1. 将壶铃放于身下；双脚张开约与肩同宽，脚趾朝向正前方或稍微外展，挺胸，沉肩。
2. 保持脊柱中立位，下蹲，双手握住壶铃，双手手掌向后，大拇指握住壶铃把手，两侧食指接触或尽可能地靠近。
3. 握住壶铃后站直身体，在运动过程中保持脊柱中立位。肘部完全伸直，双肩向后，并使躯干肌群参与到该动作中。
4. 将身体重心向脚跟转移，放松膝盖和髋关节保持微蹲的姿势，在两条大腿之间摆动壶铃。

提示

- 选择壶铃时，应选一个稍有挑战性的重量，但是该重量不能影响你使用正确的运动技术。在训练刚开始的时候，应选择较轻的重量先来适应训练技术。
- 保持壶铃在双腿之间前后连续摆动。
- 依次通过足跟、臀肌、髋关节的发力使壶铃前后摆动。

▼ 动作

5. 屈髋使壶铃在两腿间从前向后摇摆。膝盖保持与起始位置相同的姿势，保持背部中立位，手臂伸直。
6. 壶铃向后运动直到躯干与地面趋近平行时为止。保证壶铃越过身体中垂线。
7. 足跟向下蹬地，收缩臀肌，伸髋伸膝将壶铃向上摆动。双臂伸直，将壶铃摆动到眼睛的高度。当达到最高点时，该练习会激活躯干肌群的整体参与。
8. 壶铃下降过程中应进行控制，然后伸髋。
9. 屈髋同时向后转移重量至脚踝，收紧腘绳肌和臀肌，为下一次壶铃的运动做好准备。

改良版超人练习

竖脊肌，腹内斜肌，腹外斜肌，大菱形肌，小菱形肌，臀大肌

▶ 起始位置

1. 俯卧于长凳之上，身体与长凳垂直。
2. 在胸前举起双手，保证在抬起双腿时只有躯干能够接触到长凳。收缩背肌以支撑四肢。

▼ 动作

3. 保持头部（不要向上看导致脖子抬高）、躯干与双脚距离地面的高度相同，保持脊柱中立位（不要过度伸展）。
4. 身体保持类似平板支撑的动作，直到力竭。

提示

- 通过腹部收紧，激活下腰背、臀部以及肩胛处相关肌群来保持脊柱中立位。
- 在保持姿势时要保证呼吸顺畅。

12

爆发力训练

安德鲁·J. 加尔平
J. 阿尔伯特·巴托利尼

爆发性力量训练对所有举重者来说都是有益的。进行爆发性的训练，能够提升举重者的快速产生和吸收力的能力。这些能力的提高对运动员来说更是受益匪浅，因为几乎所有的体育运动都需要高速的强有力的运动。例如，运动员需要加速、减速、急停、跳跃、落地和变向。通过进行本章所提及的训练，举重者爆发性运动的能力将有所提升。这种提升的能力也会对日常生活有所影响，因为日常生活中，抱小孩，或者是往车上搬东西的时候，需要一定速度才能够避免摔倒。

基于地面所进行的爆发力训练有助于在特定运动顺序的改善协调性的过程中产生爆发力。这种运动顺序被称为“三重伸展”（即踝关节、膝关节和髋关节的伸展），这是人类运动的基本功能。改善三重伸展的协调性能够提高一个运动员产生地面力量的能力，这必然会使运动员拥有更佳的运动表现。

爆发性抗阻训练有很多，它们的复杂性也不尽相同。本章所包含的大部分训练都是最基本的且常用的训练。虽然是要快速产生力，但是这些训练可安全进行，因为我们会根据训练者的能力安排相应的训练和负荷。最普遍的是让训练者利用无负荷的杆来进行训练。正确使用器材时，爆发性训练是很安全的，而且它很可能会帮助你在运动和生活中减少受伤的风险。但是，爆发性运动对于举重者来说，属于最为复杂的且在身体上会有困难的运动。当进行爆发力训练时，你需要高度的技术和足够的力量，且要咨询健身训练专家。我们强烈提倡严格遵守技术方法来进行训练。

作者对在本章中做出重要贡献的迈克尔·巴恩斯和基思·E. 西内亚表示感谢。

高翻

臀肌，腘绳肌，股四头肌，腓肠肌，比目鱼肌，三角肌，斜方肌

▼ 开始姿势

1. 俯身，采用正握的方法抓住放置于地面的杠铃，双手间距略大于肩宽。双臂应位于双膝外侧。
2. 伸直双臂，手腕稍稍弯曲，肘关节固定向外旋转。
3. 双脚张开站立，双脚间距在髋关节宽度和肩关节宽度之间。将杠铃置于小腿前约2.5厘米的位置。
4. 肩膀向后拉，挺胸，保持脊柱和头部中立位，双眼目视前方。
5. 保持双肩处于杠铃正上方或稍稍靠前的位置，身体重心在双脚的前半部分。

▼ 第一次发力

6. 保持背部中立位，伸直双臂，用可控的方式伸髋伸膝，提起杠铃至大腿中部。上提杠铃离开地面时不要抖动，避免圆肩。同时，在杠铃举至大腿中部时，还要避免完全锁死膝关节。
7. 目视前方，以相同的速度抬起肩膀和髋部。
8. 移动过程中使杠铃杆尽可能靠近小腿。

▼ 过渡

9. 当杠铃杆举过膝盖时，向前顶髋，同时微屈膝盖，使大腿靠着杆，膝盖处于杠铃下部。

   注意：过渡阶段类似罗马尼亚硬拉。事实上，举重者们通常使用罗马尼亚硬拉来加强此动作模式。

▼ 第二次发力

10. 保持双臂伸直，手腕微微弯曲，杠铃杆在大腿中部位置，快速伸髋、伸膝，踝关节跖展，提起脚跟。
11. 当双腿完成三重伸展时，快速抬高肩关节。
12. 把杠铃举至胸前时，双眼仍目视前方，不要使用手臂的肌肉发力。

>待续

▶ **抓取阶段**

13. 当杠铃杆达到了最大的高度时，屈曲肘部，转动手臂并使其位于杠铃杆下部，并降低重心呈浅蹲姿势。
14. 身体位于杠铃杆下方时，迅速抬高肘关节使上臂与地面平行。此项动作若做得标准的话，杠铃杆就会位于双肩前部的上方，与此同时你会微微下蹲。这时肩关节不能向前倾斜。

结束姿势

15. 保持肘关节处在高位，挺胸，站直身体。
16. 如果你在一个适用于举重的平面（如平台）上进行运动，并且是用橡胶杠铃片（即具有缓冲功能的杠铃片）的话，你可以直接让杠铃杆落在地上。双手小心地引导杠铃杆落地。
17. 如果既没有缓冲平台也没有橡胶杠铃片，就要将杠铃杆慢慢放下靠近大腿，同时保持脊柱中立位。逐步降低双手张力，微微屈髋屈膝以便缓解冲击力。然后在保持脊柱和颈部中立位的条件下，放下杠铃杆，或者把它放在深蹲架上。

高拉

臀肌，腘绳肌，股四头肌，腓肠肌，比目鱼肌，三角肌，斜方肌

和高翻相似，高拉是高翻的一种演变。事实上，高翻和高拉在开始动作、第一次发力、过渡阶段和第二次发力上的动作是相同的。但是，在高拉中，抓取重量时，手肘不屈曲，反而是突然拉起，并可放回大腿位置。由于没有抓取阶段，练习中的离心负荷也就随之消失，大大减轻了肘关节、腕关节和膝关节的压力。因此，尽管两个练习动作有相似之处，但是仍存在着显著的不同。

▼ 开始姿势

1. 俯身，采取正握的方法抓住放置于地面的杠铃，双手间距略大于肩宽。双臂应位于双膝外侧。
2. 伸直双臂，手腕稍稍弯曲，肘关节固定向外旋转。
3. 双脚张开站立，双脚间距在髋关节宽度和肩关节宽度之间。将杠铃位于小腿前约2.5厘米的位置。
4. 肩膀向后拉，挺胸，保持脊柱和头部中立位，双眼目视前方。
5. 保持双肩处于杠铃正上方或稍稍靠前的位置，身体重心在双脚的前半部分。

>待续

▼ **第一次发力**

6. 保持背部中立位，伸直双臂，用可控的方式伸髋伸膝，提起杠铃至大腿中部。上提杠铃离地时不要抖动，避免圆肩。同时，在杠铃举至大腿中部时，还要避免完全锁死膝关节。
7. 目视前方，以相同的速度抬起肩膀和髋部。
8. 移动过程中使杠铃杆尽可能地靠近小腿。

▼ 过渡

9. 当杠铃杆举过膝盖，向前顶髋，同时微屈膝盖，使大腿靠着杆，膝盖处于杠铃下部。

   注意：过渡阶段类似罗马尼亚硬拉。事实上，举重者们通常使用罗马尼亚硬拉来加强此动作模式。

▼ **第二次发力**

10. 保持双臂伸直，手腕微微弯曲，杠铃杆在大腿中部位置，快速伸髋、伸膝和踝关节跖展，提起脚跟。
11. 当双腿完成三重伸展时，快速抬高肩关节。
12. 把杠铃举至胸前时，双眼仍目视前方，不要使用手臂的肌肉发力。

结束姿势

13. 当杠铃杆达到位于胸前的最大高度时，让杠铃杆返回到大腿处的休息位置。
14. 一旦杠铃杆达到大腿高度，下蹲把它放到地上。保持脊柱处于中立位。

悬垂高翻

臀肌，腘绳肌，股四头肌，腓肠肌，比目鱼肌，三角肌，斜方肌

与高翻相似，悬垂高翻是高翻的一种演变。事实上，悬垂高翻的过渡、第二次发力、抓取和结束姿势和高翻有着相同的指南。但是，在悬垂高翻中，动作开始时，杠铃杆处于“悬垂”位置（即刚好在膝盖的上面）而不是在地面上。去掉把杠铃从地面抬到大腿高度这一部分动作，能够减缓下腰背的压力，同时这一变化也去掉了举重的一个比较有技术挑战的阶段，使缺乏经验的举重者能够做更好的练习。因此，尽管两个动作有相似之处，但是仍存在着显著的不同。

▶ 开始姿势

1. 俯身，采用正握的方法抓住放置于地面的杠铃，双手间距略大于肩宽。双臂应位于双膝外侧。
2. 伸直双臂，手腕微微屈曲，肘关节固定向外旋转。
3. 双脚张开站立，双脚间距在髋关节宽度和肩关节宽度之间。将杠铃位于小腿前约2.5厘米的位置。
4. 肩膀向后拉，挺胸，保持脊柱和头部中立位，双眼目视前方，重心分布在双脚中间。
5. 下蹲。保持双臂伸直，脊柱中立，双肩处于杠铃杆正上方或稍靠前的位置。控制身体，把杠铃杆从地面拉至刚刚过膝盖的位置。这就是悬垂姿势。

▼ 第一次发力

6. 保持背部中立位，伸直双臂，用可控的方式伸髋伸膝，提起杠铃至大腿中部。上提杠铃离地时不要抖动，避免圆肩。同时，在杠铃举至大腿中部时，还要避免完全锁死膝关节。
7. 目视前方，以相同的速度抬起肩膀和髋部。
8. 用身体的力量拉起杠铃（而不是使用上肢），使杠铃杆靠近身体，这样更易于控制和平衡。

过渡阶段

9. 当杠铃杆举过膝盖时，向前顶髋，同时微屈膝盖，使大腿靠着杆，膝盖处于杠铃下部。

注意：过渡阶段类似罗马尼亚硬拉。事实上，举重者们通常使用罗马尼亚硬拉来加强此动作模式。

▼ 第二次发力

10. 保持双臂伸直，手腕微微弯曲，杠铃杆在大腿中部位置，快速伸髋、伸膝，踝关节跖屈，提起脚跟。
11. 当双腿完成三重伸展时，快速抬高肩关节。
12. 把杠铃举至胸前时，双眼仍目视前方，不要使用手臂的肌肉发力。

▶ **抓取姿势**

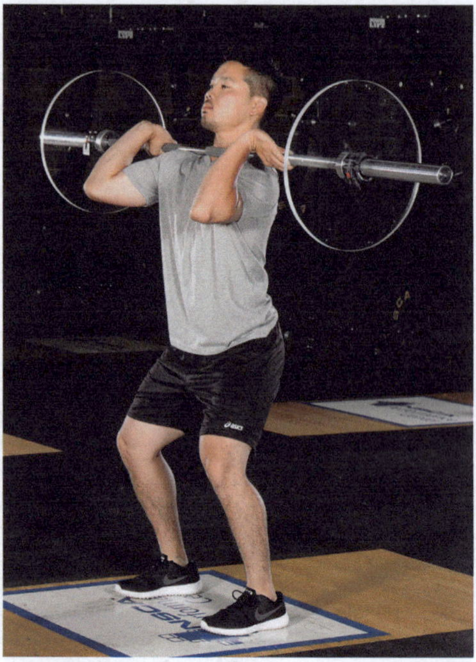

13. 当杠铃杆达到了最大的高度时，屈曲肘部，转动手臂并使其位于杠铃杆下部，并降低重心呈浅蹲姿势。
14. 身体位于杠铃杆下方时，迅速抬高肘关节使上臂与地面平行。此项动作若做得标准的话，杠铃杆就会位于双肩前部的上方，与此同时你会微微下蹲。这时肩关节不能向前倾斜，这样更加难以控制杠铃杆，而且可能加重下腰背的损伤。

结束姿势

15. 保持肘关节处在高位，挺胸，站直身体。
16. 如果你在一个适用于举重的平面（如平台）上进行运动，并且是用橡胶杠铃片（即具有缓冲能力的杠铃片）的话你可以直接让杠铃杆落在地上。双手小心地引导杠铃杆落地。
17. 如果既没有缓冲平台也没有橡胶杠铃片的话，就要将杠铃杆慢慢地放下靠近大腿，同时保持脊柱中立位。慢慢降低双手张力，微微屈髋屈膝以便缓解冲击力。然后在保持脊柱和颈部中立位的条件下，放下杠铃杆，或者把它放在深蹲架上。

借力推举

臀肌，腘绳肌，股四头肌，腓肠肌，比目鱼肌，三角肌

▼ 开始姿势

1. 握住杠铃杆放于锁骨上方和肩膀前，掌心向上，双手距离略大于肩宽。
2. 站立时保持脊柱中立位，双脚张开，间距大于髋关节的宽度，小于肩关节的宽度，目视前方。
3. 肩膀向后拉，挺胸。
4. 伸髋伸膝，将杠铃杆从支架上抬起。
5. 往后退，确保杠铃杆充分离开支架，双脚张开，间距大于髋关节的宽度，小于肩关节的宽度。

▼ **下降阶段**

6. 保持重量落在脚后跟上，杠铃位于肩膀位置。通过屈髋屈膝将身体姿势调整为浅蹲并保持挺胸。

▼ 发力阶段

7. 在下降阶段不要停留，通过伸髋、伸膝、踝跖屈，借助腿的力量上推，然后伸展肘关节。向上发力将杠铃杆举过肩膀。

▼ 抓取姿势

8. 当杠铃杆在发力阶段中达到最大高度时，继续推举直至手臂完全拉伸，且杠铃位于双耳正上方或稍偏后的位置。在抓取的过程中，双脚保持稳定。

借力挺举

臀肌，腘绳肌，股四头肌，腓肠肌，比目鱼肌，三角肌

借力挺举和借力推举是另一对有着相似之处却又不尽相同的运动。借力推举结合了下肢发力和肩部推举，但是借力挺举几乎注重于全部使用下肢发力。在借力推举的过程中，肩膀和手臂用于促使杠铃杆向上（向心收缩），将其举过头顶（等长收缩），再把它放下（离心收缩）。但是，借力挺举强调的是几乎完全使用双腿发力驱动将杠铃举过头顶；肩膀和手臂仅用于在上面抓取杠铃（离心收缩），支撑（等长收缩）和放下（离心收缩）。在借力挺举的过程中，肩膀和手臂的向心收缩是存在的，但与在借力推举中腿部、肩部和手臂产生的力量相比，是微乎其微的。

▶ 开始姿势

1. 双脚张开，双脚间距大于髋关节宽度，小于肩关节宽度。将杠铃杆置于锁骨上方和肩膀前。
2. 抓取杠铃杆时，掌心向上，双手距离略大于肩宽。
3. 肩膀向后拉，挺胸并且收回下巴。
4. 通过伸髋伸膝，抬起杠铃杆，从支架上抬起杠铃杆。
5. 往后退，确保杠铃杆充分离开支架，双脚张开，双脚间距大于髋关节宽度，小于肩关节宽度。

▼ **下降阶段**

6. 保持你的体重位于脚后跟，杠铃在肩膀上，挺胸。通过屈髋屈膝快速进入浅蹲姿势。

▼ **发力阶段**

7. 在下降阶段不要停留，通过伸髋伸膝、踝跖屈，借助腿的力量上推，然后伸展肘关节。向上发力将杠铃杆举过肩膀。

▼ **抓取阶段**

8. 当杠铃杆在发力阶段中达到最大高度时，快速屈髋、屈膝让重心下降。同时继续向上举杠铃，直至手臂完全伸直，杠铃杆举过头顶。此时杠铃杆达到了它的最大高度。
9. 在抓取过程中身体保持直立，头部处于中立位，双脚放平站在地上，膝关节和髋关节呈浅蹲姿势。同时杠铃杆略微处于头部后面，与身体形成一条直线。

药球下砸

臀肌，腘绳肌，股四头肌，腓肠肌，比目鱼肌，三角肌，肱三头肌，腹直肌

▶ 开始姿势

1. 双脚张开，距离略大于肩宽。双手位于胸部正前方，掌心相对，握住药球。肘关节屈曲，指向地面。

▶ 动作

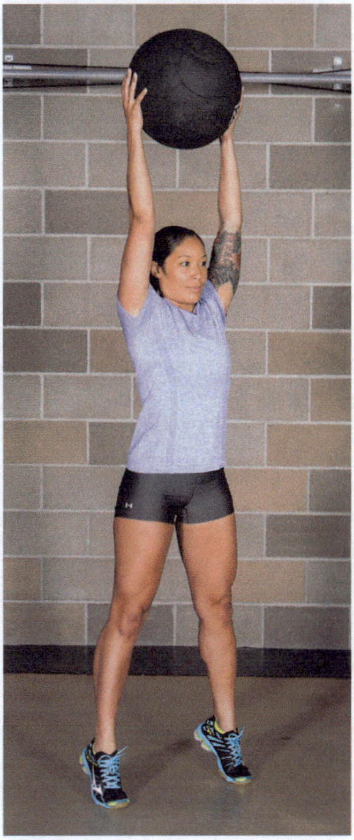

2. 通过伸展踝关节、膝关节、髋关节、躯干和上肢，将药球举过头顶，同时脚尖点地。
3. 通过使用背阔肌和三头肌放下手臂，同时屈曲躯干，开始运动。
4. 尽可能用力地把药球砸向地板，球落地的角度要稍微远离身体。

结束姿势

5. 双手抓住弹起的药球。不要让药球砸到其他的训练者。不要让球打到你的胸部、头部或者脸。在结束姿势中，身体会沿砸球的轨迹前倾，药球会竖直弹起，或者呈一个角度弹向投球者。
6. 回到开始姿势，重复训练，直到所要求的运动次数全部完成。

提示

这个动作中最重要的问题是，球的反弹可能会砸向运动员。因此，应使用橡胶药球或者没有弹性的药球，减少受伤风险。

胸前推药球

胸肌，三角肌前束，肱三头肌

此项练习只能在安全的环境中进行，也就是说附近应没有其他设备、其他训练者、镜子等，同时应该有让药球落地的空间，此时，有一面用于辅助的混凝土墙是十分理想的，不要将药球扔到石膏板墙上。

▶ 开始姿势

1. 以舒适的姿势坐在呈45度角的斜凳上，双脚平放在地上。
2. 双手相对，抓住药球。
3. 把药球放在胸前，手肘紧缩位于身体前方。

▶ 动作

4. 在没有多余动作的前提下（例如，身体或颈部前屈），通过伸展肘关节，将药球推出至最大水平距离。

转体抛药球

腹直肌，腹内斜肌，腹外斜肌

▶ 开始姿势

1. 侧向对墙或同伴站立。
2. 将药球置于左侧髋关节，弯曲手臂使其靠近躯干。

▶ 动作

3. 将重心转移到后侧的腿上（即离墙最远的腿）。
4. 后腿用力蹬地，同时旋转髋关节和肩关节使躯干朝向墙面或者同伴。
5. 当掷出药球时固定（即绷紧）前腿。后侧足跟应离地使脚尖点地。当扔出药球时，手臂应完全伸直。

结束姿势

6. 结束时，髋部和肩部朝向墙面或伙伴。

俯卧撑击掌

胸肌，三角肌前束，肱三头肌

▼ 开始姿势

1. 做出标准的俯卧撑姿势，保持脊柱和头部中立位，双脚并拢，双手位于肩膀正下方。

▼ 动作

2. 俯身，肘关节靠近躯干。一旦到了底部位置，立即尽可能快速地伸展肘关节，身体加速向上，同时要维持膝关节、髋关节和肩关节处于紧绷的状态。
3. 当上身位于空中时，双手击掌。双手回到原来位置来支撑上身，呈标准的俯卧撑姿势。

反向预备深蹲跳

臀肌，腘绳肌，股四头肌，腓肠肌，比目鱼肌

▶ **开始姿势**

1. 身体放松，自然站立，同时保持脊柱中立位，双脚张开与肩同宽，双臂位于身体两侧。屈曲肘关节，约呈90度。

▶ **动作**

2. 通过屈髋屈膝降低身体呈浅蹲姿势，同时手臂向后，这预示着动作的开始。
3. 进入浅蹲姿势后，通过伸展髋关节、膝关节及踝关节跖展，使身体迅速向上运动，同时手臂上摆，帮助产生动力。

结束姿势

4. 着地时，踝关节、膝关节和髋关节微屈。双脚平衡落地，同时让手臂回到开始的姿势。

分腿跳

臀肌，腘绳肌，股四头肌，腓肠肌，比目鱼肌

▶ 开始姿势

1. 做出分腿姿势：一条腿向前拉伸，膝盖位于脚的正上方（即屈膝约90度），然后另一条腿在身后，屈膝约90度，位于髋关节和肩关节下方。髋关节与前腿的角度应接近或稍微小于90度，与后腿的角度应接近或稍微小于180度。双脚分开，与髋关节同宽。

▶ 动作

2. 从分腿姿势跳起至尽可能的高度，同时手臂上摆，帮助产生动力。要注意身体是竖直向上的，不要屈曲髋关节和膝关节。

结束姿势

3. 着地时，踝关节、膝关节和髋关节微屈。完成要求的重复训练次数后，交替双腿的位置。

悬吊起跑训练

臀肌，腘绳肌，股四头肌，腓肠肌，比目鱼肌

▶ 开始姿势

1. 背对悬吊，采用相对握的方式抓住手柄。
2. 手臂位于外侧，拉力带在手臂和躯干之间。屈曲肘关节，使双手靠近身体。
3. 错开双脚，一只脚往前迈，双脚分开，距离约与髋关节同宽。

▶ 动作

4. 微屈踝关节、膝关节和髋关节。
5. 当后腿的膝盖强有力地蹬腿向前时，快速伸展前侧腿的踝关节、膝关节和髋关节，同时后腿踝关节背屈，髋关节屈曲。当完全伸展踝关节、膝关节和髋关节时，踝关节、膝关节、髋关节和肩关节应呈一条直线。

结束姿势

6. 着地时，踝关节、膝关节和髋关节应微屈。放平双脚，回到开始的姿势。
7. 完成要求的重复训练次数后，交替双腿的位置。

第四部分

训练计划示例

科学地参与力量训练项目能够帮助大多数成年人改善健康状况并取得健身效果。人们一度认为力量训练只是为优秀运动员准备的，然而现在，专业的健康与健身组织和研究人员都推荐大众进行力量训练，因为它能有效地帮助各个年龄段的成年人，提高和维持肌肉骨骼系统健康、机能水平和生活质量。力量训练成为一种流行的训练模式，在健身俱乐部、娱乐中心和家庭中都可以进行这种训练。安全又有效地进行力量训练的关键是制定一个精心设计的训练计划。这种计划应包括正确的运动技术（第9章到第12章所述内容）、训练变量的正确调整（第3章）和一个使训练计划既有效又有趣的合理进程（第7章）。

长久以来，教练们和训练者们在寻找一种组数、次数和训练动作的理想组合，来帮助实现力量和肌肉围度的最大增长。但现在我们得知，对一个人有效的训练项目可能并不适用于其他人。因此，力量训练项目应基于个人需求、目标和能力为个人量身定制，以便实现训练成果的最大化，伤害程度的最小化，并且提高将力量训练视为终身活动的可能性。第一步就是确认训练对象是否存在类似高血压、心脏病或糖尿病等疾病。这类人在开始力量训练项目前应获得医疗许可（第8章）。这重要的第一步会确保力量训练能够为参与者带来好处而不是对正受伤或生病的人造成伤害。一旦获取了医疗服务人员的许可，你就可以为他制定一个专属的力量训练计划了。

第二步就是为每个人明确目标和合理的起点。大多数人在力量训练开始时制定的水平都远远超过了他们实际的健身水平。这种方式不遵循力量训练科学，不仅会导致肌肉过度酸痛，还会使训练者受伤。此外，通常初学者在进行力量训练的第1周，肌肉的力量会有极大的提升。初学者再参与更多的高级训练项目是没有意义的，因为力量不会再有更大的提升，反而会提高受伤的风险。既然力量训练项目应该是有效且现实的，最佳的途径就是设计一个与个人身体现状和其个人目标相一致的训练方法。

此外，当制定你的训练计划时，要考虑你有多少训练时间，可以使用哪种器材，你的力量训练经历和你的健康史。在开始力量训练项目之前，思考一下以下几个问题。

- 在力量训练项目中，有哪些可能会限制或阻止你参与此项目的医疗问题？有类似心脏病、高血压、糖尿病和关节炎等疾病的人，应当和他们的医生或医护人员确认之后再进行力量训练。
- 你最近有参与过力量训练项目吗？没有力量训练基础的人应该选择初学者项目；而那些经常进行力量训练，且已经参与2到3周的人，应根据他们自身的训练经历和健身目标，选择从更高的级别开始。
- 家里或者健身房里有哪种适用于力量训练的设施呢？使用自由重量器械（杠铃）、训练器械和进行自重训练有利有弊，如果遵循恰当的训练准则，各种力量训练方式都可以是有效的，关键在于选择一个与你的需求、目标和能力相一致的训练模式。
- 你一周有多少进行力量训练的时间呢？一个为初学者精心设计的力量训练计划需要在30分钟内完成，然而高级的项目就可能需要多于60分钟才能完成。为满足特定时间的需求，你可以量身定制力量训练计划。
- 你特定的训练目标是什么呢？一个为想要增强肌肉力量的初学者制定的计划，与一个为想要提高运动表现（第7章）的运动员制定的计划是显著不同的。因为一份训练计划不能够让所有人获得最大收益，因此每个人都应该不只有一套适用于所有人的最优的动作和重复次数的组合。每个人必须优先考虑自身的训练目标，然后再遵循为实现那些目标而专门制定的计划。

- 一位合格的健身专家因材施教会对你有益吗？在开始阶段养成好习惯比在形成坏习惯以后再尝试改正它要简单得多。优秀的健身专家可以为训练者提供鼓励、指导和安全使用训练器材的说明。

在回答了这些问题以后，你可以制定一个安全、有效、有趣且同时适合你个人目标的力量训练计划。正如第7章所讨论的，尽管有着许多不同的训练目标（如增强肌肉力量、减重、释放压力等），许多初始训练是抱着改善身体素质、加强肌肉结缔组织（肌腱和韧带），或打造一个适合进行更多高级训练而进行健身的基础。这些计划应与更多的高级的训练计划区分开来。高级的训练计划是为了使肌肉力量、肌肉爆发力和肌肉围度最大化。力量训练计划应是持续的、进阶的，如果必要的话，应该修改力量训练计划来取得健康和健身中的持续性进步。否则，力量训练的收益将逐渐消失。

13

初学者训练计划

巴勃罗·B.科斯塔
何塞·A.阿雷瓦洛

没有力量训练经历以及几个月或几年内没有进行过训练的成年人，应该使用阻力较小的训练计划，且训练重点放在学习或再次学习正确的训练模式，以此作为基本准备训练计划来帮助进阶。通常，初学者们的训练量都超出他们的承受能力，或者过早的进行了进阶练习。你必须要给你的身体一个机会，让它逐渐适应来自力量训练身体上的压力，同时还要达成健身目标。使用本章详细讲解的长达12周的初学者训练计划，会帮助你逐渐提高身体的耐受力，伴随着最少的肌肉疼痛去忍受来自力量训练的压力。此项计划的主旨在于在力量训练的初期养成健康的习惯，这样可以让力量训练既有趣又有意义，而且会使它成为一生的健身经历。无论健身房中其他人能举起多少重量，初学者都应该在力量训练开始的前几个星期将节奏慢下来，打下一个基础以后再进行以后的高级训练项目。初学者没有必要在训练计划的初期就进行大量或者高强度的训练，因为大部分初始力量的增加是由于神经上的适应而不是肌肉肥大造成的。

尽管所有力量训练项目应遵循过量负荷、适当进阶和专项性（第3章）的基础原则，初学者对大部分力量训练计划都有良好的反应，前提是计划中的训练强度适当。当你接受充分训练以后，你的进步率趋于下降（图13.1）。对于初始者来说，在最初8到12周的力量训练中，能提高百分之四十的肌肉力量并不少见。

作者对在本章中做出重要贡献的艾弗里·费根鲍姆和杰伊·霍夫曼表示感谢。

然而对于一个训练有素的高级举重者来说，在同一段时间内，他可能只会提高5%到10%。

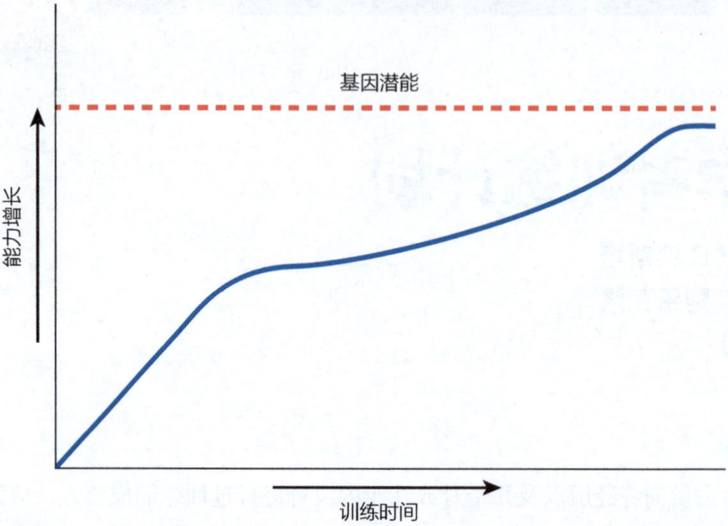

图13.1 这是一个理论上的训练曲线。在曲线的下半部分，当一个人刚开始进行训练的时候，能力增长是比较容易获得的，在逐渐达到他的基因潜能时，增长改变得就会比较缓慢

源自：S. Fleck and W. Kraemer, 2014, Designing resistance training programs, 4th ed. (Champaign, IL: Human Kinetics), 207.

随着训练经历的增长，你就越会接近你的基因潜能，同时力量的增加也逐渐变得缓慢。在你成功地完成初学者训练后，如果你还想要继续提高肌肉能力的话就需要修改你的力量训练计划。不要因继续力量训练计划而泄气，在你有了更多的训练经历时，缓慢的进步也会激励你为你设计的训练投入额外的时间和努力。而且你要计算一下，获得最大增益的目标，你需要花费多少额外时间。尽管在力量上的小进步可能和在运动项目中的成功与失败有些不同，作为一个初学者你可能只想维持你现有的健身水平，但无论如何，所有的力量训练都必须以你的需求、目标和能力为基础，同时你也要了解基础的力量训练准则。

计划设计注意事项

尽管男人和女人都可以从力量训练中受益，但力量训练本身无法保证参与训练就一定会收到最佳成果。换句话说，在一些训练中，进行一些简单的轻负荷训练并不会提高肌肉机能。个人的努力和系统的训练变量计划决定训练成果是否有效，但这并不意味着初学者应该增加器械的负荷或者进行更高级别的训练，而是计划应该设计成能够将肌肉疼痛或受伤的风险最小化的同时进行最大化的肌肉适应。在训练的早期，提高肌肉力量时无须在重复次数和组数上做过多的变化。因此，一个总体的计划会持续用于力量训练刚开始的8到12周。经过一段时间以后，力量训练计划可以在增加肌肉力量和肌肉围度方面变得更加具体。

推荐以50%强度、8到12次重复的方式来进行每个练习的热身运动（Abad et al., 2011）。热身不仅会降低受伤的风险，还可以通过让身体为力量训练的需求做准备，从而提高肌肉的效益。找一位经验丰富的训练同伴作为你的辅助者或助手是个不错的主意。他既可以为你提供帮助又可以在你需要的时候激励你。一定要回顾一下第8章中所讨论的安全保护措施和本章所述的基本力量训练指南。

正如在第一部分和第二部分中所提到的，在建立一个力量训练项目时一定要考虑一些变量，包括训练动作的选择和顺序、强度、训练量、频率和进阶。让我们来回顾一下这些变量在初学者的力量训练计划中的应用。

训练动作的选择和顺序

初学者需要进行全身训练且每个主要肌肉群都要有一到两个训练计划。为提高肌肉机能，此方法十分有效且节约训练时间。单关节运动（如哑铃肱二头

为初学者制定的基本力量训练指南

- ☐ 确保运动环境整洁。
- ☐ 在力量训练前热身5到10分钟。
- ☐ 在一般热身之后进行专项抗阻训练的热身。
- ☐ 花时间来学习正规的运动技术。
- ☐ 锻炼较小的肌肉（如肱二头肌弯举）前，先进行较大肌肉的锻炼（如杠铃仰卧推举），用一个你可以进行8到12次重复的重量负荷来开始训练。
- ☐ 刚开始时可只进行一组训练，随着能力提升逐步增加至2到4组。
- ☐ 在每组之间或每个练习动作之间安排1到2分钟休息。
- ☐ 所有的练习都在整个活动幅度内完成。
- ☐ 进行力量训练时要避免不稳定的、无法控制的动作。
- ☐ 每周进行2或3天的力量训练，但不要连续两天训练。

肌弯举和坐姿器械伸膝练习）和多关节运动（如杠铃仰卧推举和蹬腿练习）在提高肌肉力量方面都十分有效。在力量训练中你要兼顾这两方面，但为了使训练效果最大化，一段时间以后你应该侧重于进行多关节运动。多关节运动更为复杂，能够让更多肌肉参与其中，而且，还可以举起更重的负荷。此外，多关节运动与日常活动或运动项目中的动作更加类似。在一次训练当中多关节练习最好放在开始阶段进行，此时肌肉状态最佳，且疲劳感最低。

作为一个初学者，你的训练计划中既可以包含训练器械练习，也可以使用自由重量器械（如杠铃和哑铃）进行练习。许多初学者喜欢使用训练器械进行力量训练，因为这些训练动作学起来非常容易、受伤风险小、易掌握标准动作。训练器械能够使身体保持稳定，限制一些特定关节的运动。然而，由于训练器械很昂贵，还要占据较大空间，大多数人家里是不会有这些器材的。如果没有可以使用的重量器材的训练器械，你可以用杠铃和哑铃来增强所有的主要肌肉群。自由重量训练和训练器械训练相比需要更多的平衡感和协调性，因此，你就需要花费更长的时间来学习正确的训练技术。更好的平衡感和协调性会取得令人满意的结果。在任何时候，所有的初学者训练都应该在提起和放下阶段控制运动速度。这就意味着在提起或放下的动作中你要随时能够停止，不要用惯性来完成动作。不受控制的、不平稳的动作既达不到运动的效果还可能导致受伤。此外，要始终保持一个正常的呼吸方式，在训练的任何过程中都不要屏住呼吸。

训练强度

初学者不需要用过重的重量来提升肌肉力量，在学习正确的训练技术时，我们推荐在进行力量训练的第一个月，使用约60%到70%1RM的重量，8到12次的重复效果最佳。尽管15到20次的重复举重对增强局部肌肉的耐力来说很有成效，但较轻的重量通常不会对增强肌力做出什么太大贡献，但由于初学者在训练之前不会进行最大肌力1RM的测试，最佳方法就是建立一个重复范围（如8到12次），然后通过反复试验在动作标准的情况下确定能承受的最大负荷，以此来确定该训练的强度范围。要找到适用于所有练习动作的理想的训练负荷，可能需要进行两三次锻炼才能确定。

当你进行到训练的第二个月和第三个月，你可以增加训练动作组数并稍微加大一点训练负荷（约至1RM的80%）来保持有效的刺激。长时间做相同的训练项目可能会使训练进度停滞，变得无聊，或导致过度训练（表现为肌肉性能的减退）。因此，我们的最佳建议就是每个月系统性地改变你的训练项目，或者是改变项目中的一种或多种变量。与低负荷单组训练相比，高负重和多组数的训练，会使肌肉适能最大化，还可以使其他组织（如骨骼）更加适应高级的训练计划。

当进行一定重复范围内的训练时，个人的努力会很大程度地决定力量训练计划的效果。举例来说，在8RM到12RM（约是1RM的60%到70%）的区间进行训练，就意味着在动作准确、重量一定的情况下，你最多能进行12次的重复动作。简单地进行8次、9次、10次、11次或12次的动作重复并不代表你的训练就在8RM到12RM的区间里。尽管我们应该始终坚持正确的动作模式，但由于训练强度的要求，在最后的几次重复练习中，我们的肌肉会感到疲劳，甚至有时不能完全按照标准模式进行动作。如果强度不能达到这种水平，就不会获得最大的训练效果。

训练组数和组间间歇

由于在力量训练的前几个星期训练组数并不是一个关键的因素，初学者应该从一组开始再过渡到两到四组来进行每个肌肉群的训练。在训练一个月后，根据训练时间的灵活性和个人的训练目标，你可以进行更多组的训练。如果你正按照一个多重组数的训练计划进行练习，你要记住不是所有的动作都要进行相同组数的训练。

另外一个要考虑的重要因素是组间和动作之间的休息间隔，因为上一组动作所带来的疲劳会影响下一组动作的表现。有些疲劳是会这样的，但并不是所有的疲劳都会对后续动作的表现造成严重的影响。我们通常建议初学者在不同动作和组数之间进行1到2分钟的休息。

训练频率

在一周之内每次全身训练要间隔2或3天。因为只有在早期使用合适负荷，才能保证身体在训练间的48小时内完全恢复。使用更大重量的高级训练项目可能会需要更长的恢复期。对于那些有经验的力量训练者来说，每周1次的训练频率已经可以保证维持训练效果了，但如果你要将你的肌肉适能收益最大化，就要提高训练频率。

在训练中你要保持每周2至3次的训练频率。在此期间，其他项目变量可能会有些变化，但全身训练的频率没有必要增加。在成功完成初学者训练后，你就该提高训练频率来进行更多的专项训练项目。注意，如果要进行高频率的训练，特定的肌肉群一周只能进行2次训练。

训练进阶

为了继续提高肌肉适能，力量训练计划也要随时间做出改变，这样身体才会逐渐适应对新需求的挑战。改变训练计划并不意味着加大训练难度，而是为了肌肉适能长期的增加，训练计划要有一个系统性的转变。尽管初学者和有经验的举重者相比进步的速度会更快，改变训练计划变量（如组数和次数的改变）会缓解训练瓶颈的出现并增加乐趣，从而保持训练者对力量训练的热情。

除了加大举起的重量，还可以通过在保持当前的重量的同时增加重复次数、增加组数、改变休息间隔或是修改多种训练变量来实现进阶。举例来说，你可以先在训练范围内进行更多的重复，然后再增加负荷（5%到10%）。如果你做一组胸部推举要用50磅重复8次的话，下次训练你就要用50磅进行12次重复。达成后，增重至55磅，重复8次。增加特定运动的组数或添加一些更富挑战性的练习都可以使力量训练项目升级。

初学者训练计划建议

个人目标、偏好和可供选择的时间都会决定更高一级训练计划的制定。对于初学者来说，一周进行两到三天的全身训练可以很有效地提高肌肉适能。这份为期12周的初学者计划为你提供了学习正确运动技术的时间，为你进行更高级的力量训练计划建立了一个基础，而且提高了你的力量水平和自信（图13.2）。

你需要使用一个训练日志或手机软件来监控你的训练。我们建议你复制使用我们为你提供的训练日志样本。因为没有一种组数、重复次数和动作的最佳组合能够适用于所有人，所以你每周要对自己的训练计划进行评估，必要的话进行适当的修改。此外，为适应当天的状态，要做好修改既定训练内容的准备。比如，如果之前的训练让你感到疲劳或者肌肉酸痛，那么你就应该减少训练强度和次数，这就是科学训练和训练计划具体实施方法之间的结合。

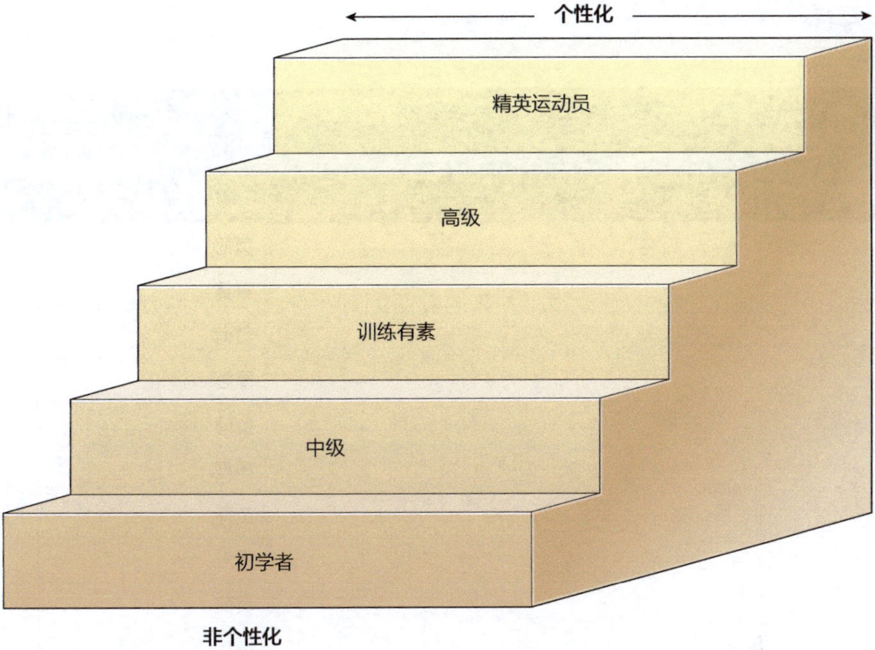

图13.2 力量训练计划的制定应由为初学者制定的一般性计划过渡到为高级训练者制定的个性化计划

源自：C. Corbin, G. Le Masurier, K. McConnell, 2014, Fitness for life, 6th ed. (Champaign, IL: Human Kinetics), 34.

训练计划大纲：第1周至第4周

在力量训练的第一个月，训练计划中应包含10到12个不同动作，每个动作重复1到3组，组间休息1分钟（表13.1）。要用适当的负荷进行训练。身体素质较差的初学者应在参与追求肌肉适能最大化的力量训练项目之前保持良好的状态。换句话说，如果你在之前从没进行过力量训练的话，建议你花些时间让肌肉适应运动。举例来说，选择一个较轻的重量做4到6个不同的动作，每个动作只做一组，而不是用一个适当的重量做8到12个动作，这会让你在力量训练中获得自信。

在学习基础（如正确的技术、运动的控制、保持正常的呼吸）的同时，这个训练阶段的主要目的是学会上肢和下肢训练的正确的姿势和技术。因此在最初选择1RM的60%到65%的重量，能让你在做多种上下肢训练时重复10到12次，这些训练也针对所有主要的肌肉群。在学习新的动作或者是纠正动作技术时，你当然可以使用轻一点的重量，但要保证进行至少一种可以锻炼所有大肌肉群的练习动作。

训练日志

姓名______

顺序	练习动作	重复次数 组数	组	第______周 第1天 1	2	3
1			负荷			
			重复			
2			负荷			
			重复			
3			负荷			
			重复			
4			负荷			
			重复			
5			负荷			
			重复			
6			负荷			
			重复			
7			负荷			
			重复			
8			负荷			
			重复			
9			负荷			
			重复			
10			负荷			
			重复			
11			负荷			
			重复			
体重						
日期						
评论						

源 自: National Strength Training and Conditioning Association (NSCA), 2017, Strength training, 2nd ed. (Champaign, IL: Human Kinetics). Reprinted from W. Westcott and T. Baechle, 1999, Strength training for seniors: Instructor guide (Champaign, IL: Human Kinetics), 207. By permission of W. Westcott.

						第______周								
第2天			第3天			第1天			第2天			第3天		
1	2	3	1	2	3	1	2	3	1	2	3	1	2	3

表13.1　初学者力量训练计划：第1周至第4周*

器械练习	页码	自由重量练习	页码	组数	重复次数
坐姿器械伸腿练习	219	颈后深蹲	210	1～3	10～12
坐姿腿弯举	235	滑垫臀桥	234	1～3	10～12
器械胸部推举	174	哑铃仰卧推举	182	1～3	10～12
器械坐姿划船	186	哑铃直立划船	167	1～3	10～12
器械肱二头肌弯举	201	哑铃肱二头肌弯举	203	1～3	10～12
绳索肱三头肌伸展	194	仰卧肱三头肌伸展	199	1～3	10～12
躯干背伸	260	改良版超人练习	266	1～3	10～12
瑞士球卷腹	246	卷腹练习	244	1～3	10～12

*注意：要进行前几周的力量训练后再过渡到这个训练计划来实现肌肉适能的最大化。

训练计划大纲：第5周至第8周

在第5周到第8周，训练应在体能上更富有挑战性。通过使训练项目的多样化来使体能完成特定的目标，而且要缓解训练的枯燥感并突破训练瓶颈，这些可能会导致无法遵守或最终放弃训练计划。这时你可以考虑一下力量训练为身体和心理带来的好处。尽管在身体能力上积极的改变很重要，力量训练同样能够为我们带来更加积极的生活方式。

在这段时期要提高训练量，以1RM的75%（8到10次重复）的训练强度进行10种练习，每种练习做3或4组，每组之间休息1到2分钟（表13.2）。在训练计划中，

表13.2　初学者力量训练计划：第5周至第8周

器械练习	页码	自由重量练习	页码	组数	重复次数
蹬腿练习	209	颈后深蹲	210	3～4	8～10
坐姿器械伸腿练习	219	杠铃登阶练习	216	3～4	8～10
坐姿腿弯举	235	器械反向腿臂起	230	3～4	8～10
器械胸部推举	174	哑铃仰卧推举	182	3～4	8～10
器械坐姿划船	186	哑铃直立划船	167	3～4	8～10
坐姿杠铃推举	170	哑铃侧平举	164	3～4	8～10
器械肱二头肌弯举	201	哑铃肱二头肌弯举	203	3～4	8～10
绳索肱三头肌伸展	194	仰卧肱三头肌伸展	199	3～4	8～10
躯干背伸	260	改良版超人练习	266	3～4	8～10
瑞士球卷腹	246	卷腹练习	244	3～4	8～10

重复的组数越多，训练效果也会越好。在这种情况下，你应该期待并欢迎努力训练给你带来的感受。训练的适应阶段的主要目标是增强你的信心来克服力量训练过程中持续增长的需求。

训练项目大纲：第9周至第12周

在前8周的力量训练后，肌肉适能的增长率逐渐放慢。带着极大的热情开始进行力量训练的初学者，在肌肉力量没有显著增长的第三个月的训练中可能会感到十分沮丧。此时你就应该明白在前几周有很大成效的力量训练可能在长期没那么有效了。为持续提高肌肉适能且达成特定的健身目标，你需要进行更高强度和更富挑战性的训练计划（按递增负荷原则）。这点对于想要在肌肉力量和体积方面有更大提升需求的人来说十分重要。

在此阶段，你要将训练强度提升到1RM的80%（重复6到8次）来做8种动作，每个动作做3或4组，每组之间休息2到3分钟（表13.3）。尽管你可以使用无数种不同变量的组合，但持续的进步需要你增加训练负荷同时减少重复次数，只要达到了最后一组的理想重复数，你就可以减少重复次数到训练范围的最低值。我们通常推荐在进行大肌群训练时比小肌群训练进行更多的组数。然而调查显示，

表13.3 初学者力量训练计划：第9周至第12周

器械练习	页码	自由重量练习	页码	组数	重复次数
蹬腿练习	209	颈前深蹲	212	3 ~ 4	6 ~ 8
坐姿髋外展	237	滑垫侧弓箭步	221	3 ~ 4	6 ~ 8
坐姿髋内收	236	滑垫侧弓箭步	221	3 ~ 4	6 ~ 8
器械胸部推举	174	杠铃仰卧推举	178	3 ~ 4	6 ~ 8
器械胸部飞鸟	175	哑铃仰卧飞鸟	176	3 ~ 4	6 ~ 8
器械坐姿划船	186	哑铃直立划船	167	3 ~ 4	6 ~ 8
背阔肌下拉	188	药球下砸	289	3 ~ 4	6 ~ 8
器械肩部推举	169	坐姿杠铃推举	170	3 ~ 4	6 ~ 8
器械肱二头肌弯举	201	哑铃肱二头肌弯举	203	3 ~ 4	6 ~ 8
器械坐姿肱三头肌下压	193	仰卧肱三头肌伸展	199	3 ~ 4	6 ~ 8
躯干背伸	260	改良版超人练习	266	3 ~ 4	6 ~ 8
瑞士球卷腹	246	卷腹练习	244	3 ~ 4	6 ~ 8

当每个动作进行多于4组的训练时，初学者不会明显的受益（Rhea, 2013a）。因此，每个训练不建议多于4组。

小结

通过遵循有设计的力量训练指导，初学者将获得显著的力量提升。以一个合理的训练重量开始，使训练过程循序渐进，由简单至复杂，这样初学者可以终生进行这种安全的、有效的而且十分享受的力量训练。那些成功完成初学者训练计划的人将会更加有自信并且随时准备进行更高级的力量训练来达到提高肌肉适能的目标。

14

中级训练计划

埃文 • E.希克
贾里德 • W.科伯恩

在前3个月的力量训练中，初学者经历了力量的迅速增长阶段。正如第一部分中所提到的，这些进步多数都与神经系统的适应性相关，肌肉的大小也有显著的改变。然而随着训练的持续进行，力量的增加速率开始减小。此时，初学者需要调整他们的计划，用一个新的训练计划来促进肌肉的锻炼。对于初学者来说足够的刺激并不能满足中级举重者（图14.1）。这章讨论了如何为中级举重者制定训练计划，中级举重者应是正在接受力量训练，且已经有了至少3个月常规力量训练经验的人。

计划设计注意事项

通过为期3个月的基础训练，举重者证明了他们能够遵守并坚持训练，这意味着他们有能力并且渴望为常规强化训练增加更多复杂的内容。初学者的训练注重于实现包括单关节（如器械肱二头肌弯举）和多关节运动（如蹬腿练习）在内的全身训练。在中级阶段提高训练频率和将分体训练结合到训练项目中是十分必要的。正如你在第3章和第7章所学到的，分体训练是把训练分成不同组来进行身体的特定部位的训练。这样你就可以在不同的日子交替训练每个身体部位。虽然在限定的时间内仍需要提高训练次数，但这种方法使肌肉可以进行必要的恢复。

作者在对本章中做出重要贡献的杰伊 • 霍夫曼和艾弗里 • 费根鲍姆表示感谢。

举例来说，你选择一个侧重于锻炼胸部、肩部和肱三头肌的计划作为第一天的训练方案；而第二天的训练则侧重于腿部、背部和肱二头肌。尽管在这个例子中每周会进行4次训练，但每个肌肉群一周只进行了2次。

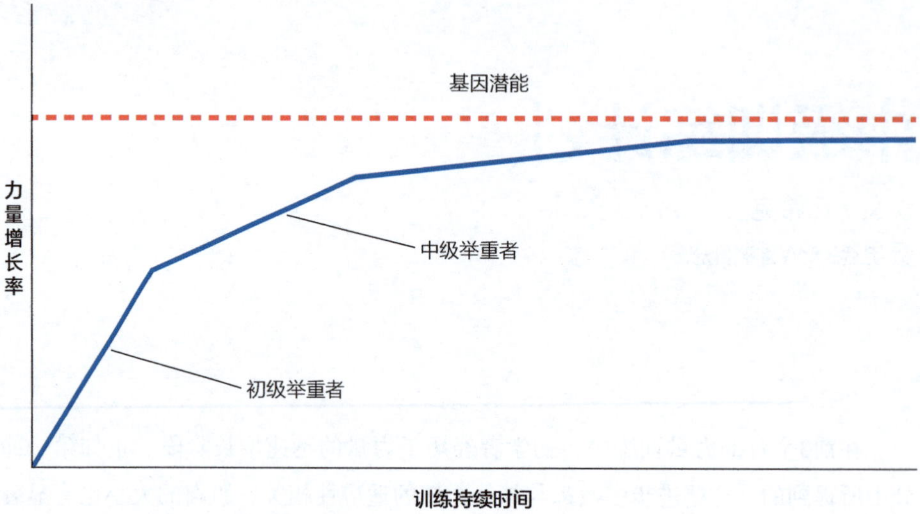

图14.1 与训练时间相关的力量增长率

源自：J. Hoffman, 2014, Physiological aspects of sports training and performance, 2nd ed. (Champaign, IL: Human Kinetics), 97.

这种分体训练法也可以被归类为一种推-拉组合。在一次训练中，练习动作主要涉及推的运动（如胸部、肩部和肱三头肌的锻炼）；另一次训练的动作应主要涉及下肢和拉的运动（如背部和肱二头肌的锻炼）。分体训练法的另一个好处是参与训练项目的肌肉组织是训练的主动肌或协同肌。例如，肱三头肌在卧推和肩部推举中起到了协同的作用，但它们是肱三头肌下拉训练的主动肌。如果连续几天进行这些训练，肱三头肌不能得到充分的休息，这会导致身体疲劳和训练成果不佳。这是以分体训练法的方式进行训练的一个重要原因。

另一个使用分体训练法的好处是，它可以让你把额外的针对身体不同部分的训练结合到训练计划中。除了核心训练之外，辅助训练对于中级举重者来说也是很重要的。人们通常认为辅助训练可以激发更深层次的生理适应，这会使肌肉在力量和围度上有很大的改变。

对于已经进行持续几周举重训练的初学者来说，在训练计划中添加辅助训练似乎不是那么重要。然而，为了获得更多的训练成果，你需要将这些类型的改变添加到你的训练计划中。其他的改变可能包括增加每个训练的组数，增加每个训练项目的练习次数（即增加训练量），或者使用较重的负荷（即增加训练强度）。

训练的选择与顺序

对于身体的各个部分来说，没有最佳的训练次数。适当的次数取决于一个人的经验水平、训练目标、可用时间以及在不同训练之间充分恢复的能力。作为一个初学者，你的训练计划可能只包括身体的一个部分，这足以为身体提供足够的刺激。然而，当你成了一个中级力量训练者，你需要增加额外的训练来锻炼身体的各部分，以有效地增加肌肉力量和围度。

例如，大多数举重初学者使用杠铃仰卧推举或器械胸部推举作为锻炼胸部的主要练习方式，因为对于身体的那一部分来说，这个训练能锻炼到的肌肉最多。然而，如果你的目标是增加肌肉力量或是肌肉的围度，那么你需要添加通过一些补充练习在不同的角度和平面来运动该区域，如杠铃上斜仰卧推举或俯身哑铃飞鸟。

一般来说，任何部位的练习，都应该先进行那些需要募集更多肌肉的练习，然后再进行那些需要较少肌肉参与的练习。这主要是为了防止进行主要举重训练时肌肉组织的疲劳。这意味着在进行辅助训练前要先进行主要训练。例如，当锻炼腿部、背部和肱二头肌时，腿部是三者中最大的肌肉群。因此，先锻炼腿部，其次是背部，最后是肱二头肌，当锻炼腿部时，训练最大肌肉群的运动（如颈后深蹲）在训练肌肉较小的运动（如坐姿腿弯举、负重提踵）之前进行。

训练强度

正如你在第13章学到的，初学者的力量训练计划通常需要1RM的60%到70%的训练强度。随着举重者训练的针对性更强，他们可以通过调整训练强度和训练变量来帮助他们实现这些目标。例如，想要增加力量的人可以用一个较高的强度开始训练（即大于1RM的70%），而首先想要增加肌肉的人就要采用相对来说较低强度的训练。此外，不同组训练之间的休息时间将根据训练计划的具体目标而有所不同。

例如，如果训练计划写作“1,3 × 6-8RM”（“1”是指开始的热身组数），表示第一组应该选择一个能够举起至少6次至多8次的重量。如果你在第一组中举100磅，重复8次，但你觉得你可以轻松地再重复几次，那么100磅的重量就太轻了，应该增加。你可能需要几次训练才能找到适合不同训练的适当的重量，但是一旦找到了适当的重量，你就要严格遵守递增负荷原则的要求。举例来说，如果在第1周训练中的深蹲动作需要中级举重者进行3组8次的练习（写作“3×8”），他可能难以使用140磅的负荷完成3组8次的要求。经过几个星期的训练以后，这个举重训练者进行3组8次的训练就没有那么困难了，此时他可能会觉得在姿势标准的情况下可以进行9次重复。这时候，举重者需要增加重量以确保训练的相对强度与之前相同，这有助于力量增长。随着肌肉力量的增加，依旧使用原有负荷就会导致相对强度的降低。这是展现递增负荷原则如何见效以及超负荷原理增加力量的经典范例。

训练组数和组间间歇

对于一些初学者来说一组训练就能起到作用，但中级举重者每次训练会想要使用多组来进行训练，这可以激励肌肉力量和围度增加。为中级举重者制定的训练计划需要包含热身组以及随后的几组训练。热身运动通常使用一个较轻的重量使训练者可以轻松地举起并至少重复10次，它为肌肉接下来应对更大强度的训练做好了准备。还应该注意的是，不同的人在热身动作的量和强度上有着很大的差异。能充分进行热身且不会导致疲劳的动作的选择是因人而异的，每个动作都要做到规定的组数。一般来说，对于主要举重训练（如颈后深蹲、杠铃仰卧推举）来说，每个动作要做三到五组，而辅助训练则通常只需2到4组（如上斜杠铃仰卧推举、坐姿腿弯举）。总的来说，随着强度（即举起的重量）的增加，训练量（即组数和重复次数）会减少。

与训练强度相似，组间休息时间在训练成果上体现出了显著的差异。高强度的训练间（大于为发展力量的1RM的85%）要有至少两分钟的休息时间。这为肌肉恢复在上一组动作所消耗的能量提供了足够的时间，从而能最大限度地恢复并且为下一组动作提供最佳的表现。

相反，当目标为增加肌肉时，不同组动作之间休息间隔较短（30到90秒）。低强度训练和较短的休息时间所带来的疲劳似乎是刺激合成代谢激素分泌的一个重要因素。这种生理反应有助于肌肉的增加（第2章）。这样的训练计划对于想要增加肌肉的健美运动员来说是很常见的。对于开始专注于具体训练目标的举重运动员来说，训练强度和休息时间的适当结合为实现这些目标提供了机会。

训练频率

与初学者相似，中级举重运动员每周仍要训练2或3天，每个身体部位都要进行一次训练（即使这样，如上文所述还是建议进行更多的训练）。这个训练计划可能基于个人的需要（即时间限制）或追求。中级举重者可以加入能够锻炼大肌肉或多关节肌肉的辅助训练，并仍保留一些用来锻炼小肌肉或单关节肌肉群的运动。举例来说，中级举重运动员每周锻炼2或3天，可能需要将杠铃上斜仰卧推举加到锻炼上肢或胸部常规动作上，并将坐姿腿弯举加到下身常规运动中。

中级训练计划建议

本章接下来的内容提供了各种中级力量训练计划的示例和说明。选择一个适合你的训练计划应基于以下几个因素。最重要的是，你必须明确你的目标是什么，以及你有多少时间用于训练。训练计划列表为你提供了一系列的选项。

你需要限制你在任何一个计划上所花的时间，任何计划都应该执行两到三个月且在该时间段内保持不变。设置这个限制可以防止你进入训练平台期后，对训练项目感到厌倦，以及避免慢性疲劳。当一个项目进行两三个月之后，你可以选择改变你的训练目标。例如，为期两个月的肌肉常规训练后，你可以进行两到三个月的增肌计划，然后进行两到三个月的肌肉力量训练。根据你的目标或需要，训练计划可以继续专注于力量的发展，在不进行举重运动但是参与其他形式的活动时进入一个休息期，或者进行更高级的抗阻训练计划。

一般肌肉训练

第一个计划（表14.1）是一个每周进行3天训练的全身肌肉训练计划，每堂训练课都应涵盖全身各个部位的训练。在整个训练周期内，每堂训练课都会使用不同的练习来刺激身体的各个部位，以缓解每次进行相同练习的枯燥感。另外，训练的变化为肌肉组织提供了不同的刺激。每组之间的休息时间应该为30至90秒，两堂训练课之间应至少休息48小时。值得注意的是，训练的强度规定为8至10RM，这要求运动员选择一个他至少可以重复8次但不超过10次的负荷。

表14.1　一般肌肉训练计划（每周3天）

练习动作	页码	组数×重复次数
星期一		
颈后深蹲	210	3×8-10RM
器械胸部推举	174	3×8-10RM
器械肩部推举	169	3×8-10RM
背阔肌下拉	188	3×8-10RM
躯干背伸	260	3×8-10RM
坐姿腿弯举	235	3×8-10RM
器械坐姿肱三头肌下压	193	3×8-10RM
哑铃肱二头肌弯举	203	3×8-10RM
卷腹练习	244	3×20
星期三		
后脚悬吊抬高分腿蹲	218	3×8-10RM
杠铃上斜仰卧推举	180	3×8-10RM
哑铃直立划船	167	3×8-10RM
绳索坐姿划船	187	3×8-10RM
躯干背伸	260	3×8-10RM
罗马尼亚硬拉	224	3×8-10RM
仰卧肱三头肌伸展	199	3×8-10RM
曲杆弯举	205	3×8-10RM
卷腹练习	244	3×20
星期五		
杠铃登阶练习	216	3×8-10RM
哑铃仰卧推举	182	3×8-10RM
哑铃侧平举	164	3×8-10RM
哑铃单臂划船	191	3×8-10RM
躯干背伸	260	3×8-10RM
坐姿腿弯举	235	3×8-10RM
窄握仰卧推举	197	3×8-10RM
器械肱二头肌弯举	201	3×8-10RM
屈膝仰卧起坐	243	3×20

对于那些对一般身体训练感兴趣但希望每周能锻炼4天的个人来说，表14.2提供了一个分体训练法的例子。腿部、背部和肱二头肌训练于一周的第1天（星期一）和第3天（星期四）；胸部、肩部和肱三头肌则在第2天（星期二）和第4天（星期五）训练。与每周3天的训练模式相比，这个为期4天分体训练法允许你在计划中加入额外的辅助练习。虽然连续几天进行锻炼，但至少要保证经过训练的特定身体部位有72小时的休息时间，以保证在训练之间可以进行充分的恢复。组间休息时间应为30到90秒。

表14.2　一般肌肉训练计划（每周4天）

星期一			星期二		
练习动作	页码	组数 × 重复次数	练习动作	页码	组数 × 重复次数
蹬腿练习	209	1,4×8-10RM	哑铃仰卧推举	182	1,4×8-10RM
坐姿器械伸腿练习	219	3×8-10RM	哑铃上斜胸前推举	184	3×8-10RM
坐姿腿弯举	235	3×8-10RM	器械肩部推举	169	1,4×8-10RM
负重提踵	238	3×8-10RM	哑铃直立划船	167	4×8-10RM
背阔肌下拉	188	1,4×8-10RM	器械坐姿肱三头肌下压	193	4×8-10RM
躯干背伸	260	3×8-10RM	仰卧肱三头肌伸展	199	3×8-10RM
哑铃肱二头肌弯举	203	4×8-10RM	触踝卷腹	245	3×20
卷腹练习	244	3×20			
星期四			星期五		
练习动作	页码	组数 × 重复次数	练习动作	页码	组数 × 重复次数
侧弓箭步	220	1,4×8-10RM	杠铃仰卧推举	178	1,4×8-10RM
杠铃登阶练习	216	3×8-10RM	哑铃上斜胸前推举	184	3×8-10RM
罗马尼亚硬拉	224	3×8-10RM	站姿肩部推举	172	1,4×8-10RM
负重提踵	238	3×8-10RM	哑铃前平举	165	4×8-10RM
杠铃俯身划船	192	1,4×8-10RM	窄握仰握推举	197	4×8-10RM
背部伸展	260	3×8-10RM	坐式肱三头肌下压	193	3×8-10RM
哑铃锤式弯举	204	4×8-10RM	侧平板支撑	257	3×20
瑞士球俯卧屈体	249	3×20			

注：在所选的运动的组数和重复次数之前的“1”是指在进行这组动作之前应进行一组热身动作。

你可以用各类训练器械、自由重量器械或两者结合来进行为期4天的锻炼。如果你使用自由重量，你可以用颈后深蹲或是侧弓箭步来替代蹬腿练习。同样，杠铃仰卧推举和站式肩部推举分别可以取代器械胸部推举（表14.2）和器械肩部推举。

决定是使用训练器械还是使用自由重量器械是很重要的。就舒适性和易用性来说，通常推荐可以更改负荷的训练器械。然而，想要增加力量转换能力的人会希望尽可能多地进行自由重量训练。力量转换是指在训练中力量的提高，反映在另一项活动（即日常生活或体育活动）中运动表现的提高。例如，如果一个运动员提高了他深蹲能力的20%，这并不一定转化为运动绩效提高20%。为了保证最大限度的力量转换，选择的练习应该尽可能地模拟日常活动。训练项目中的训练可以由一般练习（如蹬腿练习）过渡到更专项化（如颈后深蹲）再到高度专项化（如分腿蹲）的练习。在大多数的体育活动中，运动员常保持直立，因此，提高腿部力量的最佳方法是将颈后深蹲训练纳入下肢训练中。此外，有研究表明，自由重量训练可以增加稳定肌的激活，从而使训练更加有效。

循环训练

表14.3和表14.4展示了每周可以进行2或3天的训练计划（注意，每次锻炼之间至少休息48小时）。该计划能够开发一般的肌肉适能，增强局部肌肉耐力，并改善心血管健康。这个计划已经十分全面，尤其适合那些从事体育活动时间有限的人。虽然它没有说明耐力训练（如慢跑或骑自行车）在心血管方面改善的程度，但是这个项目已经证明在一些人身上，特别是那些训练级别较低的人中，有氧代谢能力提高了5%到8%。

循环训练要求进行一组训练期间，交替进行上半身锻炼和下半身锻炼，不同训练之间少休息（约30秒或者更少）。如果需要的话，你可以重复进行循环训练。训练中为了最大限度地消耗热量，要尽可能结合多关节运动。为了保持上下肢运动的轮流进行，并确保身体各部分之间的持续血液流动，需要将一些辅助练习包含在内。在每一轮的结束是一个心血管静止状态，此时你进行三到五分钟的功率自行车或跑步机运动是较为合适的。

对那些在运动上时间有限的人来说，循环训练是很理想的。这是许多特许经营健身中心为了迎合那些想进行快速力量锻炼的人设置的基本计划。根据他们的可用时间和训练水平，一个人可以一次完成多达3组的训练。这种类型的训练能提高有氧训练的效果。

表14.3　循环训练项目：器械（每周进行2或3天）

练习动作	页码	组数×重复次数
蹬腿练习	209	1×12-15RM
器械胸部推举	174	1×12-15RM
坐姿腿弯举	235	1×12-15RM
器械肩部推举	169	1×12-15RM
坐姿器械伸腿练习	219	1×12-15RM
背阔肌下拉	188	1×12-15RM
坐式肱三头肌下压	193	1×12-15RM
躯干背伸	260	1×12-15RM
器械肱二头肌弯举	201	1×12-15RM
瑞士球前滚	248	1×12-15
功率自行车	148	5分钟

表14.4　循环训练计划：自由重量训练（每周进行2或3天）

练习动作	页码	组数×重复次数
杠铃登阶练习	216	1×12-15RM
哑铃仰卧推举	182	1×12-15RM
罗马尼亚硬拉	224	1×12-15RM
哑铃直立划船	167	1×12-15RM
侧弓箭步	220	1×12-15RM
哑铃单臂划船	191	1×12-15RM
仰卧肱三头肌伸展	199	1×12-15RM
壶铃甩摆	264	1×12-15RM
哑铃肱二头肌弯举	203	1×12-15RM
卷腹练习	244	1×12-15
功率自行车	148	5分钟

最大力量训练

对于那些训练目标是尽可能地增加力量的人来说，表14.5和表14.6所列举的抗阻训练方案可能是最好的选择。表14.5是一个每周进行3天训练的计划，能最大限度地提高中级举重运动员的力量。而表14.6提供了一个每周进行4天的最大力量训练计划。每周进行3天训练的计划在每个训练期之间需要有48小时的休息时间。为期4天的计划是分体训练法，训练部位需要至少72小时的休息。第1天和第2天的训练要连续进行，第3天和第4天的训练要连续进行。因为力量的发展是主要目的，所以你应该在每一组训练间歇中至少休息2分钟。

表14.5　力量发展计划（每周3天）

练习动作	页码	组数 × 重复次数
	星期一	
颈后深蹲	210	1, 3×4-6RM
哑铃仰卧推举	182	1, 3×4-6RM
器械肩部推举	169	1, 3×4-6RM
背阔肌下拉	188	1, 3×4-6RM
坐姿腿弯举	235	3×6RM
器械坐姿肱三头肌下压	193	3×6RM
哑铃肱二头肌弯举	203	3×6RM
卷腹练习	244	3×20
	星期三	
蹬腿练习	209	1, 3×4-6RM
杠铃上斜仰卧推举	180	1, 3×4-6RM
哑铃直立划船	167	1, 3×4-6RM
绳索坐姿划船	187	1, 3×4-6RM
坐姿器械伸腿练习	219	3×6RM
仰卧肱三头肌伸展	199	3×6RM
曲杆弯举	205	3×6RM
触踝卷腹	245	3×20
	星期五	
分腿蹲	214	1, 3×4-6RM
哑铃仰卧推举	182	1, 3×4-6RM
哑铃侧平举	164	1, 3×4-6RM
哑铃单臂划船	191	1, 3×4-6RM
罗马尼亚硬拉	224	3×6RM
窄握仰卧推举	197	3×6RM
器械肱二头肌弯举	201	3×6RM
瑞士球卷腹	246	3×20

注：在所选的运动的组数和重复次数之前的“1”是指在进行这组动作之前应进行一组热身动作。

表14.6　力量发展计划（每周4天）

星期一			星期二		
练习动作	页码	组数×重复次数	练习动作	页码	组数×重复次数
颈（前后）深蹲	212/210	1，4×4-6RM	杠铃仰卧推举	178	1，4×4-6RM
坐姿器械伸腿练习	219	4×6RM	杠铃上斜仰卧推举	180	4×4-6RM
罗马尼亚硬拉	224	4×6RM	器械肩部推举	169	1，4×4-6RM
负重提踵	238	4×6RM	哑铃直立划船	167	4×4-6RM
绳索坐姿划船	187	1，4×4-6RM	器械坐姿肱三头肌下压	193	4×6RM
哑铃肱二头肌弯举	203	4×6RM	卷腹练习	244	3×20
躯干背伸	250	4×6RM			
卷腹练习	244	3×20			
星期四			星期五		
练习动作	页码	组数×重复次数	练习动作	页码	组数×重复次数
蹬腿练习	209	1，4×4-6RM	哑铃仰卧推举	182	1，4×4-6RM
杠铃登阶练习	216	4×6RM	哑铃上斜胸前推举	184	4×4-6RM
硬拉	222	4×6RM	站姿肩部推举	172	1，4×4-6RM
负重提踵	238	4×6RM	哑铃前平举	165	4×4-6RM
杠铃俯身划船	192	1，4×4-6RM	窄握仰卧推举	197	4×6RM
躯干背伸	260	4×6RM	侧平板支撑	257	3×20
哑铃锤式弯举	204	4×6RM			
药球过顶上举	250	3×20			

注：在所选的运动的组数和重复次数之前的“1”是指在进行这组动作之前应进行一组热身动作。

正如之前所述，保持适当的训练强度是发展最大力量的关键。如果训练计划需要用4至6RM的力量做3组，那么你需要选择一个你可以提起至少4次但不超过6次的阻力，同时要保持正确的姿势。一旦你能完成3组6次的训练，为了保持适当的训练强度和负重，你将需要在下一次训练中增加阻力。大多数中级力量计划（包括上文所提供的两个计划）侧重于自由重量训练。这两个计划的主要区别在于，你可以在为期4天的计划中加入更多的辅助训练。

增肌训练

表14.7为对肌肉增长感兴趣的人展示了计划内容。这是一种常规的分体训

练法方案，每周进行4天。为了最大限度地增肌，在常规训练中必须添加辅助练习，因此建议进行分体训练法。组间休息时间是增肌训练的另一个重要因素。对于这些项目来说，举重运动员一般会减少组与组之间的休息时间到30到90秒以使肌肉疲劳，这个方法能够有效地促进合成代谢激素的分泌。

表14.7　增肌训练计划（每周4天）

星期一			星期二		
练习动作	页码	组数 × 重复次数	练习动作	页码	组数 × 重复次数
颈前深蹲	212	1，4×10-12RM	上斜哑铃胸前推举	184	1，4×10-12RM
滑垫侧弓箭步	221	4×10-12RM	器械胸部飞鸟	175	4×10-12RM
罗马尼亚硬拉	224	4×10-12RM	俯身哑铃飞鸟	166	1，4×10-12RM
负重提踵	238	4×10-12RM	杠铃耸肩	173	4×10-12RM
哑铃单臂划船	191	1，4×10-12RM	屈臂伸	196	4×10-12RM
器械肱二头肌弯举	201	4×10-12RM	悬挂抬腿	251	3×20
躯干背伸	260	4×10-12RM			
俄罗斯转体	254	3×20			
星期四			星期五		
练习动作	页码	组数 × 重复次数	练习动作	页码	组数 × 重复次数
蹬腿练习	209	1，4×10-12RM	杠铃仰卧推举	178	1，4×10-12RM
侧弓箭步	220	4×10-12RM	器械胸部推举	174	4×10-12RM
坐姿腿弯举	235	4×10-12RM	坐姿杠铃推举	170	1，4×10-12RM
负重提踵	238	4×10-12RM	绳索侧平举	163	4×10-12RM
引体向上	190	1，4×10-12RM	器械坐姿肱三头肌下压	193	4×10-12RM
躯干背伸	260	4×10-12RM	小腿外侧触摸	255	3×20
曲杆弯举	205	4×10-12RM			
平板支撑	256	3×20			

注：在所选运动的组数和重复次数之前的“1”是指在进行这组动作之前应进行一组热身动作。

尽管本计划中的运动强度远低于力量训练计划，但超负荷原理仍然是促进肌肉生长的一个重要概念。想要使肌肉增长最大化的举重者仍然需要在所需的刺激水平上锻炼肌肉。因此，对这类举重练习者来说，当有了一个既定的训练计划时，他要增加负荷是非常重要的。例如，如果举重者注重最大化力量发展的话，要用10到12RM的力量做3组动作。

增肌训练与肌肉力量发展训练之间最重要的区别在于训练强度和训练量之间的关系。训练量通常被定义为组数乘以每组的重复次数。那些追求增肌最大化训练的人注重高训练量和低强度，这在健美运动员的阻力训练中是十分典型的。另一方面，那些追求最大肌力发展的人则注重低训练量和高强度。有趣的是，训练强度和训练量之间天生就存在着反比关系。随着练习强度的增加，在动作标准的情况下重复的次数减少（即训练量减少）；同样，随着训练强度的降低，重复次数就要增加（即训练量增加）。除了运动强度和训练量外，组间休息时间对于激发训练的适应能力也是很重要的。表14.8简要介绍了各种训练所使用的强度、训练量和休息间隔范例。

表14.8 适用于中级举重者的不同训练项目的比较

训练样例	训练强度	训练量	组与组之间的休息间隔
肌耐力	> 12RM	2 ~ 3组	< 30秒
增肌	6 ~ 12RM	3 ~ 6组	30 ~ 90秒
最大肌力	< 6RM	2 ~ 6组	2 ~ 5分钟

小结

与初学者相比，中级举重练习者可以在肌肉力量和肌肉的大小上获得更显著的成果，同时可以通过设计具体的训练范例来帮助中级力量训练练习者达到其训练目标。本章重点介绍了在制定这些具体的训练计划时需要注意的训练变量，并为中级举重练习者提供了各种练习方案示例。

15

高级训练计划

克里斯汀·C.科克伦-斯奈曼
贾里德·W.科伯恩

当你变得更有经验且你更习惯于举重施加给身体的压力时，你进一步接受生理变化刺激的能力就会降低。如果不修改训练以加大刺激，训练效果就会大打折扣，运动表现也会开始变差。对于一些中级举重者来说，进步速率降低是可以接受的，但对于另一些人来说，这种改变会使他们变得沮丧。

本章论述的是高级抗阻训练计划的设计与开发。它描述了如何进一步改变训练变量，来最大限度地提高你在训练中所期待的表现，同时在期望的时间内达到顶峰，例如比赛或生活事件（如婚礼）。

慢性计划适应

从中级项目过渡到高级项目训练者的力量训练计划可能会变得有点像一个竞技运动员的训练计划一样。高级举重者和竞技运动员训练的根本区别在于竞技运动员有明确的比赛时期。而对非竞技的高级举重者来说，他可以在一个自己选择的时间通过训练达到巅峰状态，而不是在比赛日程的既定时间内最大限度地发挥运动员的潜力。

然而，在很长一段时间内维持巅峰状态而不出现疲劳或过度训练是很难的。一位高级举重者通过系统地调整训练强度和训练量，可以在适当的时期为达到巅

作者对在本章中做出重要贡献的杰伊·霍夫曼和艾弗里·费根鲍姆表示感谢。

峰状态而形成必要的生理适应。此外，通过调整在适当时间的训练量和训练强度，缩短（1到2周）负荷降低阶段，高级举重者将尽可能减少他疲劳的风险或是经历平台期。疲劳的感觉和无法达到理想的水平往往与过度训练综合征有关，它的出现是由于训练强度和训练量增加时，训练周期中没有穿插合理的休息和恢复时间。这最终会导致训练表现变差，甚至在某些情况下会使人生病或受伤。

众所周知，运动员不能在保持竞技状态和生理状态的前提下长期进行高强度训练。为了降低这种事情发生的风险，体育科学家研究采用周期训练计划来将一年的计划（即大周期）分开，它分成4个不同的训练阶段（参见第3章和第7章提到的周期训练计划）。这些阶段被称为中周期，每个中周期约持续两到三个月，这与训练者本人和他特定的目标有关。我们回顾一下第3章，周期训练是部分基于因研究应激工作而为人熟知的捷克内分泌专家汉·塞里博士开发的一般适应综合征的相关原则。一般适应综合征原则（图15.1）表明身体对于施加的压力有3个不同的反应阶段。第一阶段被称为警觉期，是身体对刺激（如运动）的最初反应。这个阶段由对一种新的运动刺激反应的震惊和痛苦组成，并且经常导致运动表现下降。第二阶段是对这一新刺激的适应期。在这个阶段，身体已经适应训练刺激，导致在表现上有了可以观察到的提高。第三个阶段是衰竭期。在这个阶段，身体无法对训练刺激再做出任何进一步的适应。除非减少这种刺激，否则会导致长期疲劳（即过度训练）。另外，如果身体得到足够的恢复，它可以进行进一步的适应且会有更好的表现。周期训练的目的是维持一个有效的训练刺激，使运动表现在有着长期稳定增强能力的同时，减少疾病、损伤或倦怠的风险。

周期训练是根据对训练量和训练强度的控制来实施。在一个线性周期模型的第一个小周期中，通常被称为筹备或增肌阶段，训练量（即重复总数）较大，训练的强度（即特定训练中个人最大负荷的百分比）较低。此外，训练者不必把精力浪费在选择特定的体育训练还是跟他正在进行的相似的体育训练。对于高级举重运动员来说，训练周期的这一阶段着重于增加肌肉质量和提高肌耐力。第二个目标是帮助训练者准备在接下来的训练计划中更激烈的训练周期。在接下来的两个中周期——主要是力量和爆发力——训练强度增加，而训练量减少了。在这两个中周期中，高级举重者主要关注的是力量和爆发力的发展并且进行更多与专项相关的练习。一年中最后一个中周期是巅峰阶段。这个阶段是针对想要达到巅峰状态有竞争力的运动员进行特定的比赛或是一年中重要的赛事而设计的。在这一周期中，训练量又一次减少，而训练的强度达到了最高水平。表15.1说明了训练量和强度在一个训练周期的各个小周期中的不同之处。

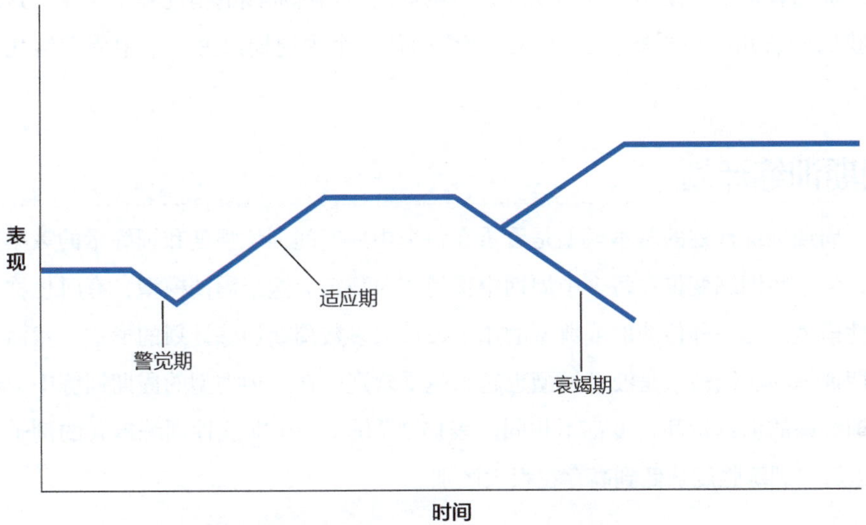

图15.1 塞里博士提出的一般适应综合征

源自：H. Selye, 1956, The stress of life (New York: McGraw-Hill Companies).

表15.1 周期训练中适合高级力量或爆发力运动员的典型训练强度和训练量的高级计划示例

	训练阶段				
				爆发力*	
	肌耐力	增肌	力量	单次努力项目	多次努力项目
组数	2～3	3～6	2～6	3～5	3～5
重复次数	＞12	6～12	＜6	1～2	3～5
强度（%1RM）	＜67	67～85	＞85	80～90	75～85

*单次努力项目＝例如推铅球和跳高等体育运动；多次努力项目＝例如篮球和排球等体育运动。

虽然周期训练计划的目的是帮助运动员为在特定赛事中达到巅峰状态做准备，但许多高级训练者会参与到一些重要的赛季性体育运动中，如橄榄球、棒球和篮球。对于这些运动员来说，他们必须在比赛年开始时达到巅峰状态并在整个比赛季维持这个状态。这些运动员的巅峰期通常出现在季前赛的前几周。然而，一旦赛季开始，运动员进入一个额外的周期，称为维持阶段，来维持在力量、爆发力以及在淡季中增长的肌肉质量。在这一阶段的训练过程中，训练强度往往降低至在力量周期时的水平，通过减少每个训练中的辅助训练来减少训练量。对于高级训练者来说，使用至少为期几天至两周的短训练周期的情况并不罕见，这就是我们所熟知的小周期，通过小周期作为从一个中周期向另一个中周期转化的过渡。

周期训练计划

周期训练计划的基本模型是看重在每个中周期间训练强度和训练量的策略变化，但这些训练变量在每个中周期中保持相对稳定。这个周期模型，有时也称为线性模型，是一种传统的或典型的用于设计大多数周期训练计划的形式。然而，周期训练的非线性或是波动模型也越来越受欢迎。在这种类型的周期训练中，不同训练课的训练量和强度都不相同。表15.2提供了一个非线性训练模式的例子，可以看出训练强度从低到高存在很大区别。

表15.2 非线性训练计划示例

天数	计划类别	组数	重复次数（RM）	组与组间的休息时间（分钟）
1	爆发力	3 ~ 5	1 ~ 5	2 ~ 5
2	力量	2 ~ 6	<6	2 ~ 5
3	增肌	3 ~ 6	6 ~ 12	0.5 ~ 1.5

这种非线性训练模式适合高级举重者，对于在一周内参加不同比赛或运动的人来说，如篮球、冰球、棒球或足球运动，是很有利的。此外，它对那些进行不规定时间的多样性体育活动的训练者来说也十分有效。一些教练和运动员喜欢在比赛前或比赛日使用相对较轻的训练强度。在波动的周期性项目中，运动员仍可以进行高强度训练项目，但要在一个他既定的比赛日程一周中更合适的时间进行。

总体肌肉适应训练

对于高级举重者来说，他们的主要训练目标是改善整体肌肉状况，如此，设计一个变量波动的计划可能是最合适的。他们不是在为一个特定的比赛或者一个赛季做准备，所以计划不必为了在一段时间内达到巅峰状态而设计。表15.3描绘了一个为目标是锻炼总体肌肉的高级训练者设定的波动训练计划。仔细查看这一计划的话，它和为中级举重者（表14.1）制定的每周3天的一般肌肉训练计划是十分相似的。一个人在长期训练中能够坚持下来，且期间没有经历过度训练综合征引起的状况下滑和运动表现降低是几乎不可能的。因此，当这些人转向高级举重训练计划时，他们需要控制每周的训练周期。在星期一，举重者要侧重于基本力量。每一个练习都要使用能够至少重复4次但不超过6次的负荷，每组之间要休息2到5分钟。星期三，集中训练增肌，此时要使用一个较轻的阻力来使训练者能够进行更多的重复，每组10到12次，每组之间休息30到90秒。在星期五，训练要采用低强度（15RM）和高训练量，每组之间休息30秒。高级训练者应该在锻炼特定肌肉群的训练课期间应保证休息约48小时。

表15.3 总体肌肉发展的波动计划

练习动作	页码	组数 × 重复次数
星期一		
蹬腿练习	209	3×4-6RM
器械胸部推举	174	3×4-6RM
坐姿杠铃推举	170	3×4-6RM
背阔肌下拉	188	3×4-6RM
躯干背伸	260	3×4-6RM
坐姿腿弯举	235	3×4-6RM
器械坐姿肱三头肌下压	193	3×4-6RM
哑铃肱二头肌弯举	203	3×4-6RM
屈膝仰卧起坐	243	3×20
星期三		
侧弓箭步	220	3×10-12RM
杠铃上斜仰卧推举	180	3×10-12RM
哑铃直立划船	167	3×10-12RM
绳索坐姿划船	187	3×10-12RM
躯干背伸	260	3×10-12RM
罗马尼亚硬拉	224	3×10-12RM
仰卧肱三头肌伸展	199	3×10-12RM

续表

练习动作	页码	组数 × 重复次数
曲杆弯举	205	3×10-12RM
瑞士球俯卧屈体	249	3×20
星期五		
杠铃登阶练习	216	3×15RM
哑铃仰卧推举	182	3×15RM
哑铃侧平举	164	3×15RM
哑铃单臂划船	191	3×15RM
躯干背伸	260	3×15RM
坐姿腿弯举	235	3×15RM
窄握仰卧推举	197	3×15RM
器械肱二头肌弯举	201	3×15RM
屈膝仰卧起坐	243	3×20

力量和爆发力训练

表15.4描述了一个为竞技运动员设计的每周3天的波动（非线性）训练计划。在每个训练期间都会进行全身锻炼。不同训练之间的区别在于训练内容、训练强度、训练量以及组间休息时间的差别。这些训练变量与训练目标相对应。一周的第一次训练注重力量和爆发力，而第二次和第三次训练分别侧重于最大肌力和增肌。在前两个训练期间，组与组之间的休息时间应该为两到三分钟，而增肌训练期的休息时间为30到90秒。通常，两堂训练课之间应有48小时的休息时间。正如本章前面所讨论的，处于赛季的运动员也可以使用这个训练计划。

表15.5为注重提高最大肌力和爆发力发展的高级训练者提供了一个波动（非线性）训练计划示例。这一计划适用于注重力量和爆发力的运动员，如举重运动员、橄榄球运动员和篮球运动员。对于那些不需要在特定时间内达到最佳状态的运动员或举重者来说，这不是一个理想的训练计划。本项目采用每周4天的分体训练法。类似于已经提及的其他的为期四天的分体训练法计划，第1天和第2天的训练是连续进行的，第3天和第4天的训练也是如此。然而，为了给特定肌肉群提供充分的休息时间，在训练1和3之间以及训练2和4之间，要有至少72小时的休息时间。休息间隔取决于个人训练的中周期。在增肌（或准备）阶段，组与组之间的休

息时间为30至90秒。在力量、爆发力训练期间，组间的休息间隔为2到5分钟。

表15.4　为竞技运动员制定的波动训练计划

练习动作	页码	组数 × 重复次数
星期一		
借力推举	281	3×1-2RM
高拉	273	3×1-2RM
颈后深蹲	210	3×3-5RM
杠铃仰卧推举	178	3×3-5RM
背阔肌下拉	188	3×3-5RM
器械坐姿肱三头肌下压	193	3×3-5RM
哑铃肱二头肌弯举	203	3×3-5RM
星期三		
杠铃登阶练习	216	3×4-6RM
哑铃上斜胸前推举	184	3×4-6RM
哑铃直立划船	167	3×4-6RM
绳索坐姿划船	187	3×4-6RM
躯干背伸	260	3×4-6RM
罗马尼亚硬拉	224	3×4-6RM
仰卧肱三头肌伸展	199	3×4-6RM
曲杆弯举	205	3×4-6RM
卷腹练习	244	3×20
星期五		
杠铃登阶练习	216	3×10-12RM
哑铃仰卧推举	182	3×10-12RM
哑铃侧平举	164	3×10-12RM
哑铃单臂划船	191	3×10-12RM
壶铃甩摆	265	3×10-12RM
坐姿腿弯举	235	3×10-12RM
窄握仰卧推举	197	3×10-12RM
器械肱二头肌弯举	201	3×10-12RM
瑞士球卷腹	246	3×20

表15.5　力量和爆发力的周期训练*

阶段Ⅰ：准备阶段或增肌阶段	页码	阶段Ⅱ：基础力量	页码	阶段Ⅲ：力量－爆发力	页码	阶段Ⅳ：巅峰阶段	页码
第1天和第3天							
颈后深蹲（1,4×8-10RM）	210	颈后深蹲（1,4×8-10RM）	210	颈后深蹲（1,4×8-10RM）	210	颈后深蹲（1,4×8-10RM）	210
坐姿器械伸腿练习（3×8-10RM）	219	硬拉（4×5-6RM）	222	硬拉（3×3-5RM）	222	硬拉（3×1-2RM）	222
坐姿腿弯举（3×8-10RM）	235	坐姿腿弯举（3×8-10RM）	235	坐姿腿弯举（3×8-10RM）	235	坐姿腿弯举（3×8-10RM）	235
负重提踵（3×8-10RM）	238	负重提踵（3×5-6RM）	238	背阔肌下拉（1,3×3-5RM）	188	背阔肌下拉（1,3×3-5RM）	188
背阔肌下拉（1,4×8-10RM）	188	背阔肌下拉（1,4×5-6RM）	188	绳索坐姿划船（3×5-6RM）	187	绳索坐姿划船（5×4-6RM）	187
绳索坐姿划船（4×8-10RM）	187	绳索坐姿划船（4×5-6RM）	187	哑铃肱二头肌弯举（3×5-6RM）	203	哑铃肱二头肌弯举（3×4-6RM）	203
哑铃肱二头肌弯举（3×8-10RM）	203	哑铃肱二头肌弯举（3×5-6RM）	203	曲杆弯举（3×5-6RM）	205	躯干背伸（3×30）	260
曲杆弯举（3×8-10RM）	205	曲杆弯举（3×5-6RM）	205	躯干背伸（3×5-6RM）	260	卷腹练习（3×20）	244
躯干背伸（3×8-10RM）	260	躯干背伸（3×5-6RM）	260	卷腹练习（3×20）	244		
卷腹练习（3×20）	244	卷腹练习（3×20）	244				
第2天和第4天							
杠铃仰卧推举（1,4×8-10RM）	178	高拉（1,4×5-6RM）	273	高拉（1,3×3-5RM）	273	高翻（1,3×1-2RM）	268
杠铃上斜仰卧推举（3×8-10RM）	180	杠铃仰卧推举（1，4×5-6RM）	178	借力推举（1,3×3-5RM）	281	借力挺举（1,3×1-2RM）	285
哑铃仰卧飞鸟（3×8-10RM）	176	杠铃上斜仰卧推举（3×5-6RM）	180	杠铃仰卧推举（1,3×3-5RM）	178	杠铃仰卧推举（1,3×1-2RM）	178

续表

阶段 I：准备阶段或增肌阶段	页码	阶段 II：基础力量	页码	阶段 III：力量－爆发力	页码	阶段IV：巅峰阶段	页码
坐姿杠铃推举（1,4×8-10RM）	170	哑铃仰卧飞鸟（3×5-6RM）	176	杠铃上斜仰卧推举（3×3-5RM）	180	杠铃上斜仰卧推举（3×1-2RM）	180
哑铃直立划船（3×8-10RM）	167	坐姿杠铃推举（3×5-6RM）	170	哑铃直立划船（3×5-6RM）	167	哑铃直立划船（3×5-6RM）	167
哑铃侧平举（3×8-10RM）	164	哑铃前平举（3×5-6RM）	165	仰卧肱三头肌伸展（3×5-6RM）	199	仰卧肱三头肌伸展（3×5-6RM）	199
器械坐姿肱三头肌下压（3×8-10RM）	193	仰卧肱三头肌伸展（3×5-6RM）	199	助力屈臂伸（3×5-6RM）	195	助力屈臂伸（3×5-6RM）	195
仰卧肱三头肌伸展（3×8-10RM）	199	器械坐姿肱三头肌下压（3×5-6RM）	193	卷腹练习（3×20）	244	卷腹练习（3×20）	244
卷腹练习（3×20）	244	药球过顶上举（3×20）	250				

*在所选的运动的组数和重复次数之前的“1”是指在进行这组动作之前应进行一组热身动作。

在线性周期训练计划中，每个训练阶段应持续6到8周，每个阶段之间应有一周的无负荷期。在无负荷的期间，个人不进行任何阻力训练，但可以进行一些娱乐性活动（如球类运动、慢跑等）。无负荷期间应减少训练量（即少训练，低负重，少组数，少重复次数），但不要不进行训练。在此期间巅峰期可能会持续4到6周。一些高级举重者会循环进行这些练习来让一年中的训练变量更加丰富。例如，橄榄球运动员可以在春季橄榄球赛事完成这些循环，然后再在春季橄榄球赛事后重复同样的训练模式，并参加赛季前训练营。

增肌训练

对于那些想要尽可能使肌肉变大的高级举重者来说，最重要的是改变中级水平增肌计划中的运动次数和练习动作。因为想要增加肌肉量的举重者通常使用训练强度低、训练量大、休息时间短（30到90秒）的训练计划，你可以发现这些训练变量的变化程度是有限的。尽管一些以这种方式训练的人可能会结合一些高强度的运动项目，但在大多数情况下，这些训练方案在训练量、训练强度和休息时间方面往往是大同小异的。

高级训练者能做的就是改变他们对训练计划中的选择和顺序。例如，一些健美运动员会改变运动的顺序，先进行一些辅助训练来给肌肉进行热身，而不是先锻炼大肌肉群。虽然这可能看起来和前几章所述内容有所矛盾，但这些举重者的目的是增加肌肉而不是增加力量。通过预先使肌肉纤维变得疲惫，举重者就可以使肌肉合成作用的效果变得更显著。运动者还可以通过改变超级组和复合组来进行运动顺序的改变。回想一下第3章的超级组所含主动肌和拮抗肌（如器械肱二头肌弯举和器械坐姿肱三头肌下压）的交替训练在训练期间有很少或者几乎没有休息时间。复合组则会对同一肌肉群进行多种不同的训练（如杠铃上斜仰卧推举和俯身哑铃飞鸟）的交替练习，练习之间很少休息或不休息。

许多想要塑形的高级训练者可能会进行每周4到6天的分体训练法。表15.6和表15.7提供了这两种训练计划的示例。

表15.6　增肌的高级计划（每周4天）*

星期一			星期二		
练习动作	页码	组数×重复次数	练习动作	页码	组数×重复次数
颈后深蹲	210	1,4×8-10RM	杠铃仰卧推举	178	1,4×8-10RM
蹬腿练习	209	3×8-10RM	哑铃上斜胸前推举	184	3×8-10RM
超级组： 坐姿器械伸腿练习 坐姿腿弯举	 219 235	3×8-10RM	哑铃仰卧飞鸟	176	3×8-10RM
负重提踵	238	3×8-10RM	坐姿杠铃推举	170	4×8-10RM
背阔肌下拉	188	1,4×8-10RM	**复合组：** 哑铃直立划船 哑铃侧平举	 167 164	3×8-10RM
绳索坐姿划船	187	4×8-10RM	杠铃耸肩	173	3×8-10RM
躯干背伸	260	4×8-10RM	器械坐姿肱三头肌下压	193	4×8-10RM
曲杆弯举	205	4×8-10RM	仰卧肱三头肌伸展	199	4×8-10RM
哑铃肱二头肌弯举	203	4×8-10RM	交替卷腹	253	4×20
卷腹练习	244	4×20			

一些高级举重者倾向于每周进行6天的训练方案主要原因是，每堂训练课上会有更多机会集中训练单一肌肉群。此外，它为在选定的计划中所添加的辅助训练提供了充足的时间。为期6天的训练计划的另一个特点是通过增加额外的复合组和超级组，可以使每堂训练课的疲劳程度变得更大。然而，对于大多数人——甚至高级运动员——来说，保持一个月内每周都进行6天的训练是十分困难的。若没有充分的恢复时间，这样的训练方案会引发多种问题。

与其他常规训练计划相似，表15.6和表15.7中的两个示例在锻炼同一个身体部位期间至少要休息72小时。对于为期6天的训练方案，第1、2和3天的锻炼可以连续进行，这样在开始第4次训练前有一天的时间可以进行充分休息。你可以通过交换所列举的训练计划中的练习动作来减少训练中的单调性，尽管不是必须这样做。

星期四			星期五		
练习动作	页码	组数 × 重复次数	练习动作	页码	组数 × 重复次数
颈前深蹲	212	1,4×8–10RM	哑铃仰卧推举	182	1,4×8–10RM
滑垫侧弓箭步	221	3×8–10RM	哑铃上斜胸前推举	184	3×8–10RM
杠铃登阶练习	216	3×8–10RM	器械胸部推举	174	3×8–10RM
罗马尼亚硬拉	224	3×8–10RM	站姿肩部推举	172	1,4×8–10RM
负重提踵	238	3×8–10RM	**复合组：** 哑铃前平举 俯身哑铃飞鸟	 165 166	3×8–10RM
杠铃俯身划船	192	1,4×8–10RM	窄握仰卧推举	197	4×8–10RM
器械坐姿划船	186	4×8–10RM	器械坐姿肱三头肌下压	193	4×8–10RM
哑铃锤式弯举	204	4×8–10RM	小腿外侧触摸	255	4×20
器械肱二头肌弯举	201	4×8–10RM	侧平板支撑	257	4×20
体侧屈	258	4×20			

*在所选的运动的组数和重复次数之前的“1”是指在进行这组动作之前应进行1组热身动作。

表15.7　增肌的高级计划（每周6天）

第1天			第4天		
胸部和肱三头肌					
练习动作	页码	组数×重复次数	练习动作	页码	组数×重复次数
杠铃仰卧推举	178	4×6-12RM	哑铃仰卧推举	182	4×6-12RM
上斜哑铃卧推	184	4×6-12RM	杠铃上斜仰卧推举	180	4×6-12RM
器械胸部推举	174	4×6-12RM	器械胸部飞鸟	175	4×6-12RM
屈臂伸	196	4×6-12RM	助力屈臂伸	195	4×6-12RM
仰卧肱三头肌伸展	199	4×6-12RM	窄握仰卧推举	197	4×6-12RM
器械坐姿肱三头肌下压	193	4×6-12RM	器械坐姿肱三头肌下压	193	4×6-12RM
卷腹练习	244	3×20	平板支撑	256	3×20
第2天			第5天		
背部和肩部					
练习动作	页码	组数×重复次数	练习动作	页码	组数×重复次数
器械肩部推举	169	4×6-12RM	坐姿肩部推举	170	4×6-12RM
哑铃直立划船	167	4×6-12RM	俯身哑铃飞鸟	166	4×6-12RM
复合组： 哑铃前平举 哑铃侧平举	165 164	3×6-12RM	绳索侧平举	163	4×6-12RM
助力引体向上	189	4×6-12RM	哑铃单臂划船	191	4×6-12RM
背阔肌下拉	188	4×6-12RM	绳索坐姿划船	187	4×6-12RM
杠铃俯身划船	192	4×6-12RM	器械坐姿划船	186	4×6-12RM
改良版超人练习	266	4×6-12RM	壶铃甩摆	264	4×6-12RM
第3天			第6天		
腿部和肱二头肌					
练习动作	页码	组数×重复次数	练习动作	页码	组数×重复次数
颈后深蹲	210	4×6-12RM	蹬腿练习	209	4×6-12RM
杠铃登阶练习	216	4×6-12RM	颈前深蹲	212	4×6-12RM
超级组： 坐姿器械伸腿练习 坐姿腿弯举	219 235	3×6-12RM	**超级组：** 坐姿腿弯举 坐姿器械伸腿练习	235 219	3×6-12RM
负重提踵	238	3×6-12RM	负重提踵	238	3×6-12RM
复合组： 哑铃肱二头肌弯举 曲杆弯举	203 205	3×6-12RM	**复合组：** 哑铃锤式弯举 器械肱二头肌弯举	204 201	3×6-12RM

小结

高级训练者计划对于那些进行长期抗阻训练的人来说是非常有益处的。虽然与在描述中级训练计划章节中的目标仍有关联，但高级举重者仍可以通过控制训练变量来实现并维持这些目标。随着年度训练计划也就是周期性训练的开展，系统关键的变量设置也有所不同。

对于一个目标是在特定时期内达到最佳状态的业余举重训练者来说，周期性训练计划应与竞技运动员的训练计划相似。一个经验丰富的业余举重训练者可能最主要的兴趣还是健身，他可能会进行这种周期性的训练，也可能觉得没有必要从中级训练方案转向高级训练方案。本章所关注的还是在一个年度训练计划或周期性训练计划中，通过设置关键的训练变量来满足有经验的高级训练者的需求，从而实现其个体的训练目标。

16

青少年训练计划

巴勃罗·B.科斯塔
大卫·H.福田

从传统意义上来讲，人们鼓励儿童和青少年定期参加有氧运动，如游泳和骑自行车，以增强并保持他们的心血管健康。然而，强有力的证据表明，只要遵循适当的训练准则，对于7岁左右的男孩和女孩来说，力量训练也可以是一种安全、有效且有趣的锻炼方法。在过去的10年中，力量训练已经成为一种流行的训练方式，对那些想要改善他们的健康、身体和运动表现的儿童和青少年来说有很大的益处。如今，在体育课、课后活动、娱乐中心和运动训练营中，男孩和女孩们的力量训练已经成为整体健身项目的一部分。此外，十家主要的专业运动医学、运动科学和儿科组织联合认可了关于青少年抗阻训练的立场声明（Lloyd et al., 2014a），声明概述了力量训练的好处，并且为在青少年中实施此项训练提供了总体指南。2016年，美国国家体能协会联合发布了一份《关于长期发展体育和参与锻炼的立场声明》，其中包含了力量训练的优点和指南。该声明澄清，青少年和青少年运动员均代表儿童（女生年龄到11岁，男生年龄到13岁）和少年（通常包括12到18岁的女生和14到18岁的男孩）。

尽管过去人们认为力量训练对儿童来说是不合适的或不安全的，但现在人们普遍接受了经专业组织认可的青少年力量训练。事实上，《美国身体活动参与指南》（Physical Activity Guidelines Advisory Committee, 2008）建议儿童和青少年从

作者对在本章中做出重要贡献的杰伊·霍夫曼和艾弗里·费根鲍姆表示感谢。

事中度至剧烈的身体活动，其中包含至少每周3次的抗阻训练和骨骼载荷活动。《全球身体活动健康指南》（World Health Organization, 2010）将儿童的抗阻训练纳入其中。事实上，强健的肌肉骨骼系统被认为是与健康相关的身体锻炼（包括有氧健身、柔韧、平衡和合理体成分）的重要组成部分。遗憾的是，只有不到一半的儿童和青少年遵循了这些标准。像骑自行车和打篮球一样，青年力量训练计划的参与为男孩和女孩们提供了另一个改善他们健康、身体和生活质量的机会。

越来越多的男生和女生参加了学校、训练营、基督青年会和健身房的力量训练计划，但是一些家长和教练对青少年力量训练的安全性的担忧却挥之不去。而另一些人都不确定青少年力量训练的潜在好处是否大于它的风险。

打破谣言

如今青少年力量训练被许多谣言所围绕。以下列出流传最广的谣言和反驳它们的真相如下。

谣言： 力量训练阻碍儿童的成长。

真相： 力量训练阻碍儿童成长的谣言是没有科学依据的。尽管有许多与这种训练有关的担忧，但进行适度的力量训练并不会给年轻运动员的骨骼带来太大的压力。此外，与青少年通常进行的接触性运动不同，在力量训练中，并没有典型的侧向冲击。体育活动是正常生长发育所必需的。因此，定期参加力量训练活动可能会对儿童和青少年的成长产生有利的影响，因为它对骨骼产生的是纵向负重刺激。本章后面会讨论关于此谣言的其他问题。

谣言： 儿童不能增加肌肉力量，因为他们没有足够的睾酮。

真相： 睾酮对于力量的增加并不是必要的，在力量训练方面有显著成果的女人证明了即使她们只有很少的睾酮也能够成功。此外，根据神经的适应理论，不通过肌肉量的增加也可以提升力量。从相对角度而言，儿童时进行力量训练导致的力量增长不亚于成年后进行的力量训练增长。

谣言： 力量训练对儿童来说是不安全的。

真相： 力量训练的风险并不比那些儿童经常参加的其他体育运动的风险大。最重要的是要提供合理的监督、对特定年龄儿童的指导、规划和一个安全的训练环境。然而，与所有类型的体育活动一样，如果教练、父母或孩子不遵守既定的训练准则与安全规则，事故随时可能发生。

谣言：力量训练只适用于年轻的运动员。

真相：定期参加青年力量训练计划对不同能力的男孩和女孩来说都是安全、有效并且有价值的经历。力量训练当然能使年轻运动员变得更快、更强，但也能让久坐不动或超重的年轻人对体育活动产生兴趣，他们往往不喜欢进行长期连续的有氧运动。

谣言：力量训练会使孩子的肌肉变得僵硬且不灵活。

真相：在整个运动范围内进行力量锻炼不会降低柔韧性。事实上，结合拉伸练习的力量训练反而可以提高儿童和青少年的柔韧性。

青少年力量训练的好处

经过适当的设计和恰当的监督，青少年力量训练计划可以为男孩和女孩们带来可观的身体健康上的好处，主要包括以下几项。

- 肌肉力量和爆发力增强。
- 局部肌肉耐力增加。
- 骨密度增加。
- 血脂的改善。
- 身体成分的改善。
- 运动技能表现的改善（平衡、跳跃、投掷、短跑）。
- 运动能力的提升。
- 防止运动造成伤害的能力增加。
- 身体形象和自信的提高。
- 对终身体育运动有一个更积极的态度。

除了增加肌肉力量爆发力，力量训练还能够积极地影响局部肌肉耐力（即在既定的重量下执行更多重复的能力）、身体成分、骨密度和如短跑、跳跃和投掷的运动技能。此外，力量训练能激励参加季前赛训练计划的年轻运动员。季前赛训练计划包括了为没有经过力量训练的儿童和青少年准备的在训练与比赛中减少运动受伤风险的方案。

在美国，大约70%在第3至第12年级的儿童和青少年参加体育队或是参与体育运动（Sabo & Veliz, 2008）。不幸的是，随着人们对青年体育兴趣的显著增加，因运动而受伤的人数也随之增加，这可能是因为年轻运动员准备不充分或是训练不当。虽然如不合适的鞋和较硬的地面等都视为造成身体损伤的风险因素（如应力性骨折和肌腱炎），我们也需要考虑到目前想要进行竞技性体育的男孩和女孩们的体育运动水平。一般来说，如今的年轻人在体育锻炼上花费的时间较少，久坐的时间较多，比如使用电脑或玩电子游戏。家长们应该认识到参加体育活动不应该从竞技体育开始，相反，它应该从预备性的条件，如玩耍、日常锻炼和力量训练转变而来。为了获得力量训练那特殊的益处，男孩和女孩们需要定期执行力量训练计划。

因此，如果儿童和青少年在参加体育运动之前花更多的时间发展身体的基本能力（如肌肉健康），他们的肌肉骨骼系统将能更好地为练习和比赛做准备。虽然彻底避免运动导致的损伤是一个不切实际的目标，但力量训练能够通过改善支撑结构（韧带、肌腱、骨骼）的强度来减少青年体育中的运动损伤、增强肌肉适能，平衡关节周围的肌肉。建议有抱负的年轻运动员在参与竞技性体育之前参加为期6周的赛前训练（包括力量、有氧运动和柔韧性训练）（图16.1）。这种练习能使男孩和女孩们能够更好地为满足练习和比赛的要求做准备，并可能减少因挫折、窘迫、失败或受伤而退出体育运动的可能性。

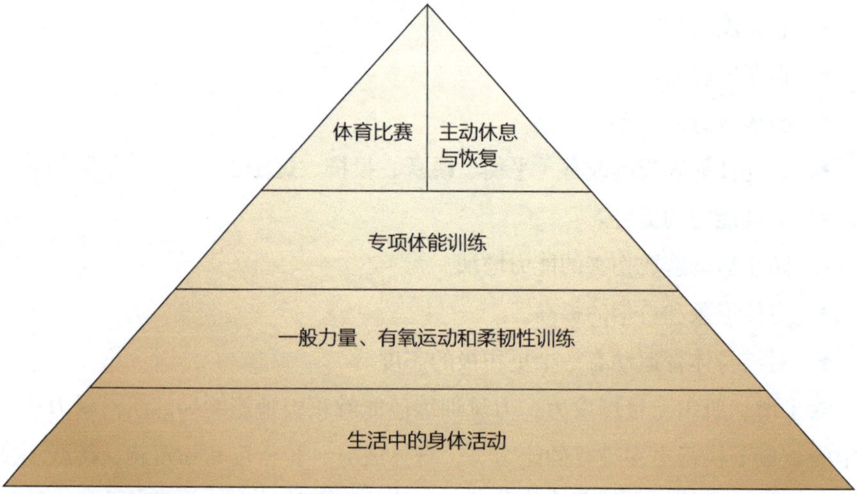

图16.1 身体活动金字塔

源自：A. Faigenbaum, 2001, "Progression conditioning for high school athletes," Strength and Conditioning 23(1): 70-72.

除了能够帮助年轻运动员，力量训练从健康角度来看也是有益的。虽然有规律地进行有氧运动可以减少身体脂肪，但定期参加力量训练计划对超重青年的身体组成同样有着有利的影响。此外，不习惯体育运动的年轻人更喜欢力量训练，因为它不需大量氧气，而且力量训练容易适应的特征给了所有参与者机会来体验成功，感受他们外在表现改变带来的愉悦，无论他们的体形和身体能力如何。在家人和朋友的支持下，经常参加包括力量训练在内的体育活动项目可能成为超重的男孩和女孩们长期减肥和管理体重的一个好的方法。然而，青年力量训练计划需要经过合理的设计才能变得有效和安全。

风险因素和关注要点

一般来说，青少年的力量训练带来的风险与成年人相似。然而，一个与力量训练有关的特殊的问题涉及骨骺损伤的可能性，或长骨（如手臂的桡骨和腿部的股骨）的生长板。儿童长骨的生长是从长骨末端的软骨，亦称骨骺板（生长板）开始的（图16.2）。这一区域是骨骼发育中的薄弱之处，因为生长软骨没有骨骼坚硬。虽然儿童和青少年容易患生长板骨折，但这种类型的损伤在任何有关青年力量训练项目的研究中都没有报道过，而这些项目应由有资质的成年人进行精心设计和监督。如果男孩和女孩们被教导如何进行正确的力量训练和使用适当的负重，那么生长板骨折的风险将会是较小的。事实上，在足球和篮球等运动中常见的横向冲击更容易造成生长板的损伤。

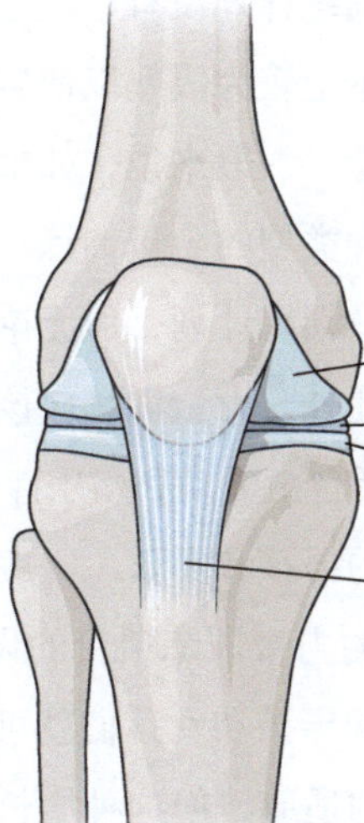

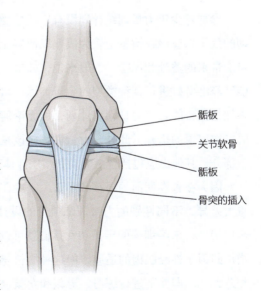

图16.2 膝盖的生长板软骨结构

从事力量训练的儿童和青少年最关心的是肌肉、肌腱和韧带软组织由于重复或过度使用造成的损伤风险。由于这类损伤后并非所有人都会前往医院寻求医疗帮助，这种类型的损伤的发生很难确定，但有限的证据表明，这种损伤的风险仍值得注意。在青少年运动员的研究中，由于力量训练而发生的损伤大约一半发生在下腰背。虽然这些年轻运动员可能使用过大的重量或不适当的训练技术进行训练，但参加学校训练营或娱乐项目的男孩和女孩们也可能受到类似的伤害。这些发现强调了以下安全标准（如成年人的监管、协助、安全的设备）和使用适当的锻炼方法、适当的重量以及合理的计划设计。因此，青少年力量计划需要经过认真设计和合理制定，因为如果不遵循安全准则，就会发生严重的事故。

没有任何正当的安全理由能妨碍儿童和青少年参与力量建设活动。此外，一些年轻人花费过多的时间锻炼自己的“镜子肌肉”（如胸部和肱二头肌），却没有足够的时间或根本没有时间来加强腹部和下腰背肌肉。因此，我们往往需要额外的指导来帮助青少年制定一个平衡的力量训练项目。事实上，由于存在之前提到的下腰背受伤的潜在可能性与普遍存在的下腰背的疼痛，所以在总体的健身计划中为所有的男孩和女孩们（以及成年人）加入腹部和下腰背的锻炼是合理的。最后，由于儿童一般不会像成年人那样有良好的散热系统，因此应特别注意水合状态。因为孩子们在玩的时候不会停止运动，所以要安排专门的饮水时间来保证身体摄入足够的水分。

计划设计注意事项

参加青少年力量训练计划没有广泛接受的最低年龄要求。然而，所有参加活动的孩子都应该在情感上较为成熟以便接受和遵循指导，并且应该理解这种训练可能带来的益处和风险。一般来说，如果一个孩子准备参加体育运动，那么他可能已经准备好进行某种类型的力量训练。虽然年龄在七岁或八岁以下的儿童已经参加经监督的青年力量训练计划，但无论何种年龄的青年都需要在参加力量训练时采取谨慎的措施。此外，力量训练应该是儿童和青少年全面体育活动项目中的一部分，其他也应包括自由活动和娱乐性体育活动。

因为在青春期前的男孩和女孩（一般在13岁以下）之间的相对力量中不存在重大差异，不同性别的力量训练项目的设计可以是相似的。在很短的时间内（8至12周），未经训练的男孩和女孩们就可以提高40%的力量。虽然大部分的这种增加归因于神经肌肉的适应，但这种增长与青少年和成年人能达成到的相对增长相差无几。即使不进行练习，男孩和女孩也会因自然成长各自变得强壮，一个精心设计的力量训练计划仍有助于优化青少年通过训练产生的力量，这种优化远超过通过发育和自然生长所获得的力量。

无论孩子有多大或多强壮，成年人的训练理念（如“一分耕耘，一分收获”）不应该强加给那些生理上和心理上都不太成熟的男孩和女孩们。在为青少年设计力量训练计划时，最好先低估他们的体能，再逐渐增加训练强度或训练量，而不是过高地估计他们的能力会使他们受伤的风险增大。一些初学者在训练的第一天可能会想知道他们能提起多少重量。如果发生这种情况，试着将他们那份热情和兴趣转移到多种多样的力量训练计划中，这种项目应使用较轻的负荷并注重使用正确的动作和技巧。无论如何，青少年应该在增加杠铃重量之前学习使用较轻重量杠铃（或是使用木棒）的正确姿势与技术。

可见的训练成果，如肌肉力量的增加是重要的，但他们不是与青少年力量训练计划有关的唯一好处。在指导孩子时，要注重内在的成功，如技能的提高、个人的成功和享受乐趣。在整个计划中，教孩子和青少年如何使用正确的举重技术和安全的训练步骤（例动作的控制和正确的呼吸）应置于首位。此

青少年力量训练指南

- ☐ 提供有资质的成年人进行监督和指导。
- ☐ 确保运动环境安全无隐患。
- ☐ 每个训练开始前要有5到10分钟的一般热身时间。
- ☐ 为每个练习动作安排专项热身运动（负荷约一半的起始重量）。
- ☐ 以小于1RM的60%的负荷进行1或2组，1～3次重复，来学习动作技能。
- ☐ 根据个人的需求和目标过渡到2到4组，重复6到12次（1RM的60%～80%）。
- ☐ 上肢、下肢和腹部一共做6到10个动作。
- ☐ 随着力量的提升，逐渐增加（5%到10%）阻力，减少重复次数。
- ☐ 重点不是提起多少重量而是要注意使用正确的运动技术。
- ☐ 每周进行非连续的2到3次的力量训练。
- ☐ 使用个人的训练日志来监测进展。
- ☐ 为没能完成重复组的青少年提供适当的协助。
- ☐ 通过系统地改变训练计划来保持训练方案的新鲜度和挑战性。

外，不要忽视青少年对力量训练和其他体育运动的积极态度的重要性。在适当的指导和监督下，男孩和女孩们可以学会包容他们自我进步和对自己成就的满足，而不是在力量房里互相竞争。使用个人训练卡可以帮助每个孩子或青少年专注于自己的表现。在设计一个有效的儿童和青少年力量训练计划时需要解决的其他问题包括教学质量、训练模式、练习动作的选择和顺序、合理进阶以及青少年力量训练指南内所指定的内容。

教学质量

儿童和青少年只有在有资质的成年人的监督下才能训练。虽然没有指导经验成年人的努力值得赞赏，但他们不大可能达到安全有效的培训所需的教学质量。父母、青年教练和健身教练应该对青少年力量训练指导方针和安全程序有透彻的了解。因此，监督青少年进行力量训练的成年人应该关注保护程序的正确性，在儿童和青少年能够理解的水平上与他们交谈，并建立适当的行为模式。他们也应该使训练计划有趣且富有挑战性，同时认识到遵守安全训练程序的重要性。我们必须向所有的参与者解释清楚并适当地阐述所有的训练项目。易于遵循的说明和言语上的提示（如“背挺直”“向前看”）可以促进所需技能或动作的学习。

在任何情况下都不能容忍力量训练区域中的不安全行为。我们不建议青少年在家进行力量训练，除非有能力的成年人愿意提供监督和指导，以确保在训练过程中遵循适当的训练指导和练习技术。一些家用健身器材，如用于卧推的器材，若使用不当或没有同伴时发生事故将会造成严重伤害。有了有能力的指导和有效的练习时间，儿童和青少年可以学习为完成一个成功且愉快的青少年力量训练计划所需的技能。第一步就是让男孩和女孩们对力量训练产生兴趣，使之成为他们每周例行活动的常规部分。

在给年轻人介绍力量训练时，要记住和成年人相比，他们在许多方面都很活跃并且原因各有不同。通过向孩子说明力量训练将提高他们的生活质量来推荐此项目。因此，了解他们进行力量训练的动机和适当的目标设定是必要的。男孩和女孩们应该意识到常规力量训练带来的与健康和健身相关的好处，但有了热情的带领、积极的强化和有效的教学，年轻人更有可能精力充沛地参加力量训练计划。为儿童和青少年提供一个有趣的、能够与朋友进行社交的、能够与乐观的成年人互动的环境，并且他们能够提供适合各个年龄的训练的窍门。对于成年人来说，告诉他们为什么要加强训练以及如何保持健康和强壮应作为过程的一部分。下面列出了为训练年轻人提供的一些技巧。

- 听取他们关心的问题并且回答他们的问题。
- 用他们能够理解的语言和他们交谈。
- 展示每个练习的正确动作。
- 在有需要的情况下提供有建设性的反馈。
- 着重于使用正确的运动技术，而不是提起多少重量。
- 强调个人的成功并且重视享受乐趣的重要性。
- 要提醒他们学习新的运动与塑形需要时间。
- 提供各种各样的训练并避免一成不变。
- 可以在力量训练时播放音乐，但要注意音量（为了减少注意力的分散）和节奏（为了与训练课程的目标相一致）。

训练模式

不同的训练模式在青少年力量训练项目中可以是有效的，包括使用自身重量作为阻力，使用弹力管、药球、自由重量器械和儿童尺寸的训练器械。在评估男孩和女孩们的力量训练设备时，要考虑成本、教学质量、适应性、适当配合和配重片增量等因素。有时，为成年人设计的运动器械初始的最小重量或重量的增加量对儿童来说可能太多了。

大多数儿童太小，不能使用成年人大小的训练器械，使用额外的垫子可以使许多青少年适应这些器械。值得注意的是，成年人器械有个常见的问题，配重片的增量太大——10到20磅。对于大多数的年轻人而言，他们通常会增加2到5磅的重量。特制的儿童重量器械是一种可行的选择，对于青少年来说，这被证明是安全有效的，但与大多数其他模式的训练相比，成本比较昂贵。自由重量器械、弹力管和药球相对来说比较廉价，并且适用于各年龄段和各种水平的青少年。

如果没有可以用的器材，你可以使用自重的循环训练。然而，这种类型的训练对于久坐或超重的男孩和女孩们来说可能太难了，他们可能没有肌肉力量和局部肌肉耐力来做俯卧撑或引体向上的练习。如果有可用的器材的话，通过辅助减阻系统来减轻身体重量的辅助设备可以用来进行引体向上和屈臂伸等练习。

当儿童和青少年有机会参加不同的力量训练计划并在不同训练中使用正确的动作和技术时，往往能达成最好的训练效果。然而，年轻人也需要适当的热身，并根据每个人的需要和能力，使用适当的重量和负荷开始力量训练。这是为了让年轻人了解健身训练可以增强他们的力量并且给他们信心，从而会进行更多的力量训练。

练习动作的选择和顺序

单关节（如器械肱二头肌弯举）、多关节（如颈后深蹲）或爆发力练习（如高翻）可以纳入青少年力量训练计划中（Sadres et al., 2001)。在需要激活特定的肌肉群时单关节运动相对来说适合初学者，而多关节和爆发力训练需要许多肌肉群的协调配合。当为年轻运动员参与体育运动做准备时，你应该在力量训练项目中结合多关节和爆发力训练，因为它们更特定于体育活动。这类运动也需要更多的平衡与稳定性，而且能促进运动员在进行运动时多关节协调使用。此外，项目中多样的训练应注重上肢、下肢和腹部的锻炼。

我们可以用多种方式来安排训练过程中的练习顺序。专家往往建议，锻炼小肌肉群之前先锻炼大肌肉群，进行单关节训练前先进行多关节训练。遵守此训练顺序使青少年在多关节或爆发力训练中能够使用更重的重量，因为肌肉不会因之前的运动而感到疲劳。而且它能帮助青少年在训练早期神经肌肉系统不太疲劳时进行更有挑战性的项目。没有必要在每个训练中使用相同的运动顺序。有时在训练的早期加强较弱的肌肉组织也是合理的，此时肌肉不太疲劳。这种训练方法被称为优先系统。

训练强度

大多数专家建议青少年在每个练习动作中重复6到12次。然而，男孩和女孩们参与力量训练时，让他们用一个较轻至中度的重量（小于1RM的60%）开始，并进行10到15次的重复是比较适宜的。即使孩子们可以举起10到15次的既定重量，仍应降低重复的范围。这使肌肉的性能有了积极的变化，并且为年轻人提供了一个专注于技术且能对自己表现感到满意的机会。最好的方法是首先建立训练重复的范围（如6到12次），然后通过保守的试验和经历失败来决定符合重复范围的适当的重量。

当学习多关节运动（如颈后深蹲、高翻）的爆发力训练时，年轻的举重者开始时应用木棒来代替负重的杠铃。此外，重复次数可以减少（1到3次），以便力量训练的专业人士提供适当的反馈。这更加安全，而且能够帮助年轻人学会如何正确地进行锻炼，这比后期改掉坏习惯要容易得多。在特定训练中获得技术能力后，青少年可以使用更大的强度，约1RM的80%（Faigenbaum et al., 2012; Harries et al., 2016)。

另一个需要注意的问题是训练速度。虽然改变运动速度对力量的发展是很有效的，但对于针对青少年的一般的力量训练来说，我们不建议提升速度。建议儿童和青少年采用一致的速度来控制举重速度。

训练组数与间歇时间

青少年在不同训练动作上应该重复1到3组。但是，每组不需要做相同的次数。用1组练习开始力量训练，然后根据个人的需要、目标和可用的训练时间来增加额外的组数，这是一个很好的方法。

一般来说，青少年应该在组间和不同训练之间休息约1分钟。对于正在进行更高级力量训练计划的年轻运动员来说，更长的休息（2到3分钟）可能是合适的，但对于注意力没有成年人集中的青少年来说，如果要保持不动然后等待下一个训练的开始，可能会使他们感到无聊。尽管如此，还是要保证充足的休息时间以确保使用正确的举重技术。

训练频率

建议参加入门级力量训练计划的男孩和女孩们每周进行2或3天不连续的力量训练。这能够使训练之间有足够的恢复时间，对于最大限度地适应训练来说是必不可少的。进行更高级力量训练的青少年可能会增加训练的频率，但特定肌群的训练每周只能进行2或3次。

进阶效率

力量训练的一个基本原则是当肌肉适应力量训练的刺激时，要求肌肉为维持相对的训练强度面对更大的挑战。正如你在前几章所学到的，这并不意味着每一次力量训练程度都要比前一次更加强烈。然而，在过去的几周，要通过逐渐提高阻力和组数来提高训练刺激。通常来说，增加5%到10%的训练负荷是增加大多数训练强度的适当方法。记住，年轻运动员在增加重量之前都应该首先学会使用正确的姿势与技术。

年轻人应该在前4周用相对较轻的重量训练来开始训练，并且着重学习正确的技术。这个重要的入门期给肌肉、肌腱和韧带提供了适应力量训练的时间。没有掌握正确的训练技术就开始用比较重的力量进行力量训练，是人们普遍会犯的错误。这种错误的力量训练方法会导致受伤和疲劳。此外，在之后的训练计划中也很难纠正错误的技术。

一旦青少年在各种练习中能够使用正确的姿势和技术，并能够理解进阶的概念，他们就可以进行更具挑战性的训练。这可能包括更重的重量、额外的组数，或者在训练计划中增加高级练习。只有有了合格的指导，且不同年龄使用不同的重量，成功完成初学者项目的青少年才可以过渡到本书所讨论的适合他们能力的更高级项目。然而，由于青少年在接受高级力量训练能力上的个体差异，每个儿童和青少年必须被视为一个独立的个体，并需要仔细观察是否有疲劳感或训练过度的倾向，从而在频率、强度和训练量上有所调整。

其他注意事项

由于力量训练应该成为一个孩子或青少年们每周日常体育活动的一部分，推荐没有经验的男孩和女孩们采用一个每周进行2或3次的非连续性全身体能训练。有力量训练经验的儿童和青少年可以进行本书中提到的更高级的训练方案（Sadres et al., 2001）。然而，他们要在进行更加复杂的训练项目前，先学习关于上下肢动作模式的正确姿势和技术。此外，如果这种运动能成为终身体育活动的话，青少年需要真正地认识到力量训练带来的潜在好处和隐患。

记住，无论孩子有多大或多强壮，孩子仍在成长，并可能是第一次体验游戏或活动。在男孩和女孩们介绍力量增强练习时，你必须尊重他们的感受，并理解他们与你的思维方式的不同。而且你要记得孩子从事体育活动的主要原因是享受快乐和期望成功。如果男孩和女孩们认为力量训练的经历是积极的，那么在他们成年以后就很可能经常进行力量训练。

尽管人们对青少年力量训练有些过时的担忧和误解，有资质且有声望的专业组织如今建议男孩和女孩们遵守特定的训练指南。有了合格的监督和适当的训练计划，不同能力水平的男孩和女孩们——从不爱活动的儿童到青少年运动员——都可以受益于定期参加力量训练计划。与其他类型的体育活动一样，力量训练为男孩和女孩们提供了另一个增进健康、塑造身体和提高生活质量的机会。

适用于不同年龄和能力的训练计划

由于青春期的自然规律及其对肌肉力量发展的影响，年龄是在为青少年进行训练计划设计的过程中主要的考虑因素。然而，生理年龄应区别于生物年龄，生理年龄才能真正考虑到儿童的成熟状况（Lloyd et al., 2014a, 2014b）。因此，力量训练在整个儿童期和青春期的不同发育过程中也应该不同。关于这一概念我们有一些解决方法，包括运动员的长期发展和青少年身体发展模型（Lloyd et al., 2012, 2015）。

一般来说，年幼的孩子（男性：6到9岁；女性：6到8岁）在学习力量训练运动模式之前，应先注意未经结构性设计的基本动作技术。一般情况下，当这个年龄段的儿童受益于脑成熟时，使用较轻重量（小于1RM的60%）或自重练习以确保安全和允许技术性发展。表16.1提供了这个年龄段儿童的训练样例。

在青春期（男性：12到16岁；女性：11到15岁）的前后，身高和体重的增长率是最大的，提升技术能为青少年培养适当的举重爱好并战胜青春期的尴尬。力量训练的另一个目标就是提升运动表现。表16.2提供了这个年龄组的训练样例。最后，当增长率开始下降时（男性：16岁以上；女性：15岁以上），我们可以将通过增加训练强度和利用更快的运动速度来提升运动表现的高度结构化训练计划可以列入考虑范围（参见第15章的高级训练计划）。

表16.1　儿童训练*

练习动作	页码	组数	重复次数	强度
仰卧两头起静力练习或改良版超人练习	263或266	1	10	BW
颈后深蹲	210	1	10	＜60% 最大肌力/BW
药球下砸	289	2	8	1～2千克，直径约为25.4厘米
反向预备深蹲跳或分腿跳	293或294	2	8	BW
哑铃仰卧推举	182	1	10	＜60% 1RM/BW
哑铃单臂划船	191	1	每侧10	＜60% 1RM
分腿蹲	214	2	每侧8	BW
旋转抛药球	291	2	每侧8	1～2千克，直径约为25.4厘米
器械反向腿臀起	230	2	10	BW

*男性＜12岁；女性＜11岁。BW＝自重；RM＝最大反复次数。

表16.2　青少年训练*

练习动作	页码	组数	重复次数	强度
仰卧两头起静力练习或改良版超人练习	263或266	1	10	BW
颈后深蹲或颈前深蹲	210或212	2	6	＜80% 1RM
哑铃仰卧推举	182	2	6	＜80% 1RM
反向预备深蹲跳或分腿跳	293或294	3	6	BW+
坐姿杠铃推举	170	2	6	＜80% 1RM
俄罗斯转体	254	3	6	BW+
引体向上或高拉	190或273	3	6	BW+＜80% 1RM
臀冲练习	232	3	每侧8	BW

*男性＞12岁；女性＞11岁。BW＝自重；RM＝最大反复次数。

小结

虽然生理年龄和生物年龄出现在这些指导准则中，但我们仍要关注训练年龄以及参与特定活动的儿童或青少年的运动时间（Myer et al., 2013)。不管孩子的生理年龄或成熟状态是怎样的，应确定其力量训练的经验，并相应地调整训练计划。

17

老年人训练计划

巴勃罗·B.科斯塔
瑞恩·T.麦克玛纳斯

美国人现在的寿命几乎是100年前的两倍。65岁及以上的人可被定义为老年人（Nelson et al., 2007）。65岁以上的男性和女性的数量不断增加，到2050年，年龄超过65岁的美国人可能会达到8 400万（Ortman, 2014）。美国人口的老龄化促进了健康优化和降低保健费用的干预措施的发展。

虽然散步和游泳这类有氧运动早已成为提倡中老年人进行的运动，但最近的研究和临床观察表明，力量训练也能为老年人提供多种保健益处。力量训练可以在很大程度上逆转或抑制身体恶化，特别是在肌肉力量、功能性能力、功能独立性和整体生活质量方面。这些好处可以抵消由于衰老而导致的肌肉骨骼健康的自然衰退。因此，对许多人来说，这等于降低了自然老化所导致的机能下降率。

由于缺乏运动会导致总体健康和日常活动的能力（如爬楼梯和搬运杂货）衰退，显而易见，定期进行力量训练有助于维持和增强肌肉骨骼健康。对老年人来说尤为重要的是，定期参加精心设计的力量训练计划可以降低摔倒和髋部骨折的风险。每100 000名老年人中，有369到1051人髋部曾骨折过，这取决于其年龄和性别（Brauer et al., 2009）。此外，大约30%的老年人髋关节骨折一年后死亡（Brauer et al., 2009）。考虑到髋部骨折具有潜在的导致长期功能丧失甚至死亡的威胁，力量训练能够降低这种威胁，这便是力量训练的一个重大益处。

作者在对本章中做出重要贡献的艾弗利·费根鲍姆和杰伊·霍夫曼表示感谢。

老年人进行力量训练是没有必要、无效的或者是不安全的，这个观点已经过时了。现有研究清楚地展示了老年人可以从力量建设训练中获得很大的益处。事实上，超过90岁的人都可以通过力量训练来提高肌肉质量。世界上主要的健康和健身组织，包括美国国家体能协会在内，都建议老年人进行力量训练，以帮助维持和提高肌肉骨骼健康和身体健康。当进行包含有氧运动和拉伸运动的综合运动项目时，力量训练有助于抵消老龄化导致的骨密度、肌肉质量和力量的下降，这些性能的衰退通常会致使老年人日常活动更加困难。

老年人力量训练的好处

众所周知，如散步和游泳这类有氧运动可以有效地燃烧能量和改善心血管健康。然而，力量训练对老年男性和女性的好处同样非凡卓著。众所周知，力量训练是用来提高专项体育健身能力的训练，但在个人的健康和功能性能力上也有着深远的影响。除了增强力量和保持肌肉质量，经常参与力量训练计划可以减少体内脂肪，提高代谢率，降低血压，降低胆固醇含量，改善血糖耐受性和抗胰岛素性，提高睡眠质量，减轻背部疼痛，降低患骨质疏松症和结肠癌的风险。总体来说，当肌肉力量与功能得到改善时，这些好处可以帮助个人保持长期的独立性并增强自信心。因此，这些潜在的好处可以成为重要的激励措施，激励老年人开始进行包含安全且适宜的力量训练在内的综合训练计划。

年龄的增长会带来一些对健康和身体性能有害的因素。老年人因年龄的增长，肌肉质量和力量逐渐降低，这被称为“肌肉衰减征”。肌肉衰减征会导致四肢无力，体力活动减少，并提高跌倒或受伤的风险。研究表明，在人生的第60年至第70年，肌肉力量每10年下降约15%，此后的每10年下降约30%。肌肉力量和质量的下降使走路和从椅子上站起这类活动变得更加困难，并可能导致身体残疾和丧失独立生活的能力。此外，随着年龄的增长，肌肉的减少会导致静息代谢率下降，此时如果热量消耗量低于热量摄入量，就会导致脂肪的增长。

力量训练是一种可以延缓老年人肌肉衰退的强大的刺激因素。由于肌肉代谢活跃并且消耗热量，定期参加肌肉锻炼活动可以提高静息代谢率。这还有助于维持理想的体重和身体状态。这些潜在的好处对于老年人来说尤为重要，因为年龄的增长通常伴有肌肉萎缩和脂肪暴增的现象（图17.1）。

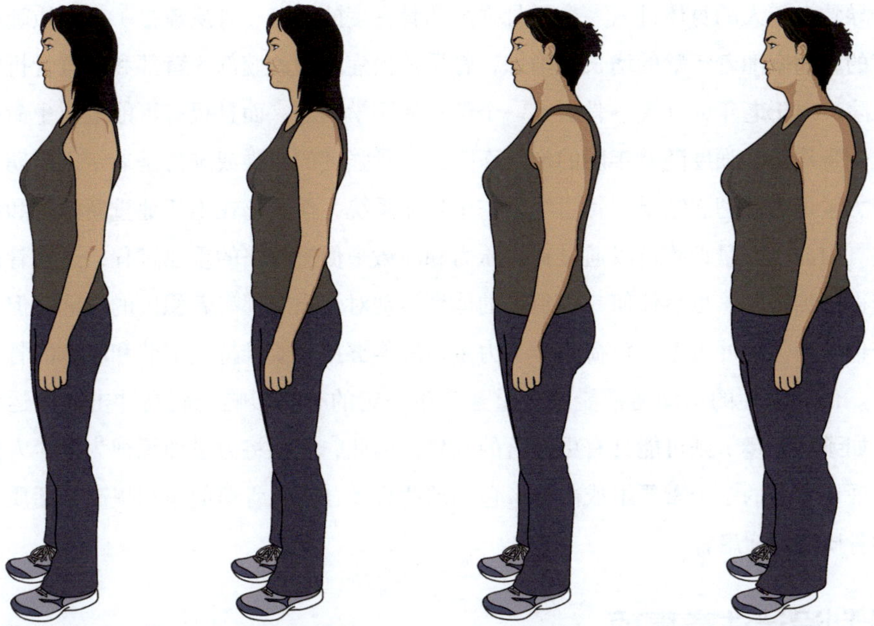

年龄:	20	30	40	50
BW	126	136	146	156
MW	45	40	35	30
FW	29	44	59	74
%脂肪	23	32	40	47

缩写：BW，自重；MW，肌肉重量；FW，脂肪重量；%脂肪，体脂率。

图17.1 体重与身体成分在40年间的变化样例

源自：W. Westcott, 2003, Building strength and stamina, 2nd ed. (Champaign, IL: Human Kinetics), 9.

因缺少体育锻炼和常规力量训练已经萎缩的肌肉有可能被重塑吗？可以，而且肌肉发育的速度在老年人中相当可观。研究表明，肌肉结构和功能随年龄增长而下降的比率并不是衰老的必然结果，而主要是由久坐不动的生活方式和不适当的营养补充（特别是蛋白质和热量的不平衡）导致。老年人可以对经过适当设计和规划的力量训练方案做出积极回应。因此，力量锻炼可能有助于增强老年人的肌肉力量、质量和运动表现。事实上，肌肉无力是许多老年人都存在的问题，那些提高肌肉力量的人也更倾向于参加如游泳和网球这类有氧运动。

另一个关于肌肉骨骼健康的主要问题是骨量逐渐流失（骨量减少），这最终会导致老年人的身体进入一个低骨强度和骨密度的状态（骨质疏松）。骨质疏松症的患病率随着年龄的增长而增加，骨质疏松症伴随着髋部、背部和前臂骨折的风险。对于老年人来说，骨折是一个严重的医学问题，而且很有可能危及生命。由于骨质量和强度随着年龄的增长而降低，骨强度的增强或维持是老年人定期进行力量训练的理想结果。骨组织是一个生命系统，而且它在不断地重新吸收和形成。因此，力量训练可以通过提供压力和应激来促进骨骼的重建过程，这使骨骼变得更加坚固。虽然任何一种负重的体育运动对骨强度都有着积极的影响，但一个包含高强度冲击循环负荷的全身力量训练能够提高或维持上下肢和腹部的骨强度。低冲击性的运动通常能对骨重建产生一定的有利影响，而高冲击性的运动（如颈后深蹲）则可能具有更显著的效果。因此，应该将力量训练视为老年人全面锻炼计划的一个重要组成部分，包括那些想增强肌肉骨骼健康和提高生活质量的骨质疏松症患者。

计划设计注意事项

为了最大限度地增加老年人力量训练的益处，必须遵循超负荷、循序渐进和专项性的基本原则，并且为保持训练计划的有效性进行锻炼。训练变量必须随着时间的推移而适当调整。此外，训练引起的健康和运动表现的改善将取决于训练的设计以及个人的训练状态或健身水平。例如，一个从未受过训练的老年人在力量训练的前八个星期里肌肉力量和表现都会有显著的提高，而一个受过几个月或几年力量训练的老年人在前八个星期内的进步速度会慢得多。这些差异强调了正确设计训练、合理进阶和现实期望的重要性。在某些情况下，达到一定健身级别的老年人可能希望训练能够维持身体现有状态而不期盼有所进步。此外，老年人可能从多关节运动中获益，因为多关节训练促进改善身体平衡性和稳定性并能够降低跌倒的风险。下一节详细介绍了当设计老年人力量训练项目时应考虑的因素。

安全要素

在任何锻炼项目中，应首要考虑安全问题，对于老年人来说更是如此。对于一些有身体或精神问题的老年人而言，他们无法参加传统的力量训练。因此，第一步是获得医生或医疗服务人员的特殊许可来进行抗阻训练，如果需要

老年人力量训练指南

- □ 在参加训练之前接受医生或服务人员的健康检查。
- □ 先进行一个预项目的评估来记录基础水平。这会评估老年人对特定运动形式的反馈。
- □ 在每次力量训练前要专门进行5到10分钟的热身运动。
- □ 设计8到10个不同动作，每个动作都进行一组10到15次的重复作为热身。
- □ 一周进行不连续的两或三次的力量训练。在无痛苦的活动幅度下进行每个动作的重复训练。
- □ 在力量训练时注意正确的呼吸方式。
- □ 如有需要，请找一位有资质的健身专家进行指导。

的话，也可以获取建议或者对训练进行调整。如果老年人已经患病（如心脏病、高血压或糖尿病），必须特别留意，因为训练项目可能会需要密切的监管或一些调整。若运动造成任何不良反应，如头晕、胸痛或关节不适，应立即停止训练，尽快就医。

为了确保力量训练过程的安全性和有效性，老年人应接受以下安全建议。

- 确保训练场地光照充足，通风良好，宽敞，器械之间有足够的空间。
- 避免训练场地过于杂乱，这会提高绊倒或摔倒的风险。
- 为了能够进行自由运动，需穿着舒服、轻便的服装。
- 穿着运动鞋可以提供充分的支撑和良好的附着摩擦力来避免滑倒。

综上所述，最重要的是，力量训练时要运用常识，并且始终尊重你的身体。例如，要正确选择重量器械上的负荷，并且在进行如杠铃仰卧推举等自由重量训练时，保证旁边有助手进行辅助。如果在最后的训练中感到疲劳或肌肉酸痛，要通过使用较轻的重量、改变训练的肌肉群或是跳过该练习动作来调整训练方案。

因为年龄的增长与肌肉的僵硬和支撑结构的弹性降低密切相关，老年人必须在每次力量训练前进行适当的热身。这样可以降低受伤的风险，甚至可以提高整体运动表现。5到10分钟的热身应当包括低强度有氧运动，如快速步行（能够保持交谈的强度水平）、健美操或特定的力量训练，但如果需要的话也可以调整为更长时间的热身。在每次力量训练阶段之后，都要进行整理运动。以几分钟的缓慢行走和静态伸展来结束你的训练。因为已经通过锻炼进行热身，所以运动后的拉伸会更容易，此时你的肌肉、肌腱和韧带在热身过程中变得更加适应动作。

训练技术

安全和成功力量训练的关键是以正确的姿势和技术进行每一项练习。除了第三部分讨论的技术指南外，老年人还需要特别注意他们的运动速度、活动幅度和呼吸运动。

力量训练应以一种受控制的速度进行，抬起阶段约需要两秒，放下阶段需要至少3秒。虽然可以接受不同的运动速度，但老年人应该控制每一次动作的重复。若老年人进行为增加力量而设定的力量训练时，就有例外了。

此外，我们的目标是在一个无痛苦的动作范围内进行每一次重复。老年人应该尽可能让每个关节都进行一次重复，但一些老年人可能受到关节炎、关节疼痛或其他身体状况的限制。因此，老年人应在不超过正常关节极限或导致疼痛的运动范围内进行力量锻炼。避免伸展过度或关节锁死，如果关节疼痛或出现炎症请停止运动。例如，如果你不能在全动作范围内完成一个颈后深蹲动作，那么通过屈曲膝关节和髋关节缩小范围来调整训练。当你继续进行调整后的深蹲练习，且你的力量和柔韧性得到改善时，你可以逐渐增加运动范围。此外，老年人还可以选择针对不疼痛的局部进行的训练。无论如何，老年人应该停止任何引起疼痛的运动。

老年人也必须避免“瓦尔萨尔瓦”现象（即在用力时屏住呼吸）。每次重复练习时使用正确的呼吸方式对老年人来说是很重要的，因为屏住呼吸可能会导致血压升高和心率反应，这可能对老年人有害。通常的做法是，当你举起重量时呼气，放下时吸气。

练习的选择和顺序

老年人可以使用不同类型的健身器材，包括负重训练器械、自由重量器械（杠铃和哑铃）和如踝关节沙袋等简单设备或是装满水的塑料牛奶罐那样的家用物品。无论使用什么类型的设备，训练计划应包含所有日常生活中使用的主要肌肉群，并且要特别注意发展肌肉的平衡。例如，如果进行胸部肌肉的锻炼，那么你也应该进行背部肌肉的锻炼。如果你不注意兼顾上下肢和腹部的肌肉群，你可能会养成姿势不良的习惯，从而导致肌肉不平衡，还可能增加受伤的风险。

你可以将单关节练习（如哑铃肱二头肌弯举）和多关节练习（如颈后深蹲）都纳入训练计划。要记住，对老年人来说，在某些负重训练器械上，最轻的负荷可能太重或者增量可能太大（如10磅的增量）。此外，负重训练器械上的线性运动可能无法解决一些需要平衡和协调性的日常生活运动。然而，如果你能够使用负重训练器械的话，你可能想用它们进行起初的力量训练，并逐步发展到进行需要更多平衡、技能和协调的自由重量训练。

与年轻人一样，老年人最好先锻炼大肌肉群，然后再锻炼较小的肌肉群。这个锻炼顺序可以使你在锻炼早期使用更大的重量，此时的肌肉最为活跃。训练完腿部后，你可以进行胸部、背部、肩部和手臂的锻炼。在你的锻炼快结束时，训练腹部和腹部附近的背部肌肉。然而，你不必在每次的训练中遵循同样的锻炼顺序。有时，在训练的早期你还不是很疲劳的时候，锻炼较弱的肌肉是十分有意义的。这被称作使用优先法。记住，改变练习顺序可以改变你能举起的重量和你能重复的次数。如果训练中含有力量和有氧运动，你可能需要从力量训练开始，然后进行有氧运动。

训练强度

经证实，多样化的训练项目对老年人是有效的。关键是，选择一个你可以用正确的姿势进行指定重复次数的负荷来开始训练，然后逐渐增加对肌肉锻炼的要求。总之，训练计划的目标应该是为你的肌肉提供挑战，使它们适应训练计划，变得更强。

老年人应该在开始力量训练时，使用8到10个动作进行10到15次重复来锻炼所有主要肌群（American College of Sports Medicine, 2009）。开始力量训练计划时要注意安全，而且动作高重复次数的计划意味着运动负荷（1RM的40%到50%）相对较低。

然而，随着力量的增加，你应该过渡到高阻力、低重复的动作，因为训练强度一定程度上决定了肌肉力量和围度的增长程度。一个可接受的负荷范围可能会扩大至1RM的60%到85%，相应地重复8到12次。如果训练强度太低（即可以提起20次以上的重量），局部肌肉耐力很有可能增加，但肌肉力量或肌肉围度的增加将受到限制。

正如总体指南中提到的，老年初学者可以用最大阻力（10到15次重复）的40%到50%进行训练。有几个月力量训练经验的老年人可以用最大阻力的75%到90%（6次重复或更少）进行大型肌肉群的锻炼，以增强力量的发展。训练的多样性可以提高力量发展且减少过度训练的风险。因此，适合有经验的老年人的最好的方法是周期性地改变训练强度，通过使用较高的负荷进行较少的重复，较低的负荷进行多次重复。比较重的重量通常用于腿部练习，而非手臂练习，因为人体的腿部拥有更多的肌肉。

训练组数和休息

老年人应该以每个练习进行一组锻炼来开始力量训练。这是能在最初的6到8周的训练中提高肌肉力量一个收益大且有效的方法。然而，当你越来越有经验，你可能希望做2至3组既定练习，以便通过循序渐进地增加负荷来保持训练程序的有效性。如果进行多组训练，一定要保证在每组之间有1到3分钟的休息时间，并保持训练计划的平衡。例如，如果你做了两组胸部运动，你也应该做两组背部运动。此外，在不同动作的转换时期，要有充足的时间来适应姿势的变化并保持平衡。

记住，并不是所有的练习都需要做相同的组数。如果时间允许的话，你可能想要进行2或3组大型肌肉群的练习和1组小肌肉群的练习。如果进行多组动作，可以使用相同的重量，你也可以在第2或第3组中更改重量和重复次数。例如，有经验的老年人在第1组训练中进行使用100磅的10次重复的蹬腿练习、第2组用120磅重复8次、第3组用140磅重复6次。如果你选择的重量较重，你应该在每组之间休息大约2分钟，以便你有足够的时间进行恢复。

训练频率

就训练频率而言，老年人应该在每周不连续的2或3天进行力量训练，每个训练期间进行全身锻炼（大部分的主肌肉群）。另一种方法是使用分体式训练，或在连续的训练日中进行不同身体部位的训练。这种方法尤其有益于那些喜欢经常进行训练的老年人。不管如何选择，每次力量训练之后，目标肌肉需要48到72小时的恢复与重建时间来适应且变得更强壮。因此，连续两天进行同一组肌肉的力量训练可能适得其反。对老年人来说，建议每隔一天进行一次力量训练，这样能够更好地增强力量和肌肉维度。这种训练频率也增加了训练一致的可能性，这对长期获益是至关重要的。短期项目可能会增加肌肉力量，然而，长期（终身）的训练是必要的，以确保持续改善肌肉力量和其他与身体疾病和机能退化相关的生理因素。

老年人训练计划的制定

定期参加力量训练是增强和保持肌肉健康的必要条件，肌肉健康能够帮助老年人进行独立生活。训练负荷必须充分，并且训练必须循序渐进。此外，老年人需要学会如何正确地从一开始就训练力量。不良的运动技术和训练计划的随意制定将会提高受伤的风险，削弱了力量训练的目的。我们也建议你仔细记录你的力量训练过程。这些信息为你将来的训练计划设计提供了重要的素材，可以作为强有力的激励工具。从一开始养成良好的习惯总比事后改掉坏习惯要好。

老年人可以从表17.1、表17.2或表17.3中概述的训练计划或是13章所讨论的初学者训练计划开始。目标应该是开发一个在不同的锻炼中使用适当技术且使用所有主要肌肉群的项目。从1组的8到12次重复开始，老年人应先增加重复次数（最多15次），然后随着力量的提高逐渐增加重量。健康恶化严重或体弱的老年人可以从一个较低的阻力（1RM的40%到50%）开始训练。随着老年人从一个训练过渡到另一个训练，他们可能需要一些额外的时间来适应姿势的变化，比如从仰卧姿势或坐姿到站立。考虑到这些因素，老年人可能会觉得有必要从合格的健身教练那里学习适当的健身技术，因为教练可以了解他们的个人需求、目标和病史。

表17.1　老年人：一般性肌肉训练计划

练习动作	页码	组数	重复次数	训练强度
蹬腿练习	209	1 ~ 2	8 ~ 12	65% ~ 80%
坐姿腿弯举	235	1 ~ 2	8 ~ 12	65% ~ 80%
坐姿器械伸腿练习	219	1 ~ 2	8 ~ 12	65% ~ 80%
器械胸部推举	174	1 ~ 2	8 ~ 12	65% ~ 80%
器械坐姿划船	186	1 ~ 2	8 ~ 12	65% ~ 80%
触踝卷腹	245	1 ~ 2	10	BW
躯干背伸	260	1 ~ 2	10	BW
侧平板支撑	257	2	每侧8秒	BW
平板支撑	256	2	15 ~ 30秒	BW

BW = 自重。

越来越多的娱乐中心和健身设施为老年人提供监督下的力量训练服务。在这些设置中，经认证的体能方面的专家和健身教练可以为技术的改正和能力的改善提出积极的建议。与健身教练或朋友进行力量训练可以使锻炼变得更愉快、增加安全性而且你更有可能坚持进行训练。

与朋友和家人进行力量训练是一个能够一起度过美好时光且保持健康和强壮的最佳机会。和其他类型的锻炼相比，力量训练的优势是在其过程中老年人可以和他们的朋友交流。

表17.2　老年人：力量训练计划

练习动作	页码	组数	重复次数	训练强度
杠铃登阶练习	216	1 ~ 3	2 ~ 5	85% ~ 95%
哑铃仰卧推举	182	1 ~ 3	2 ~ 5	85% ~ 95%
哑铃直立划船	167	1 ~ 3	2 ~ 5	85% ~ 95%
哑铃肱二头肌弯举	203	1 ~ 3	2 ~ 5	85% ~ 95%
绳索肱三头肌伸展	194	1 ~ 3	2 ~ 5	85% ~ 95%
卷腹练习	244	1 ~ 3	10	BW
平板支撑	256	1 ~ 3	15 ~ 30秒	BW

BW = 自重。

表17.3　老年人：爆发力训练计划

练习动作	页码	组数	重复次数	训练强度
高拉	273	1 ~ 3	2 ~ 5	BW
借力推举	281	1 ~ 3	2 ~ 5	30% ~ 60%
胸前推药球	290	1 ~ 3	2 ~ 5	30% ~ 60%
药球下砸	289	1 ~ 3	2 ~ 5	30% ~ 60%
蹬腿练习（爆发力）	209	1 ~ 3	2 ~ 5	30% ~ 60%

BW = 自重。

小结

很明显，各个年龄段的男人和女人都保有适应力量训练的能力。由于肌肉和骨骼的衰退是年龄增长的共同特征，老年人可以从能够保持或增强肌肉素质和强度的体育运动项目中获益。定期进行力量训练可以改善肌肉功能，增加骨骼力量，改善平衡性和协调性，而且对老年人维持高质量的生活方式有重要影响。虽然力量训练的原则对于所有年龄和能力的人来说都是相似的，但是在设计力量训练计划时，必须考虑到老年人特定的因素。也许对那些想要优化当前和未来健康的老年人来说，最佳的建议就是开始进行一个符合他们当前需要、能力和病史的科学力量训练计划。

参考文献

Abad, C.C., M.L. Prado, C. Ugrinowitsch, V. Tricoli, and R. Barroso. 2011. Combination of general and specific warm-ups improves leg-press one repetition maximum compared with specific warm-up in trained individuals. J. *Strength Cond.* Res. 25:2242-2245.

Ahtiainen, J.P., A. Pakarinen, W.J. Kraemer, and K. Häkkinen. 2004. Acute hormonal responses to heavy resistance exercise in strength athletes versus nonathletes. Can. J. *Appl. Physiol.* 29(5):527-543.

Alway, S.E., W.H. Grumbt, W.J. Gonyea, and J. Stray-Gundersen. 1989. Contrasts in muscle and myofibers of elite male and female bodybuilders. J. *Appl. Physiol.* 67(1):24-31.

American College of Sports Medicine. 2009. American College of Sports Medicine position stand. Progression models in resistance training for healthy adults. *Med. Sci. Sports Exerc.* 41(3):687-708.

Atkins, S.J., I. Bentley, D.B. Brooks, M.P. Burrows, H.T. Hurst, and J.K. Sinclair. 2015. Electromyographic response of global abdominal stabilizers in response to stable- and unstable-base isometric exercise. J. *Strength Cond. Res.* 29(6):1609-1615.

Blaauw, B., and C. Reggiani. 2014. The role of satellite cells in muscle hypertrophy. J. *Muscle Res. Cell Motil.* 35(1):3-10.

Brauer, C.A., M. Coca-Perraillon, D.M. Cutler, and A.B. Rosen. 2009. Incidence and mortality of hip fractures in the United States. *J. Amer. Med. Assoc.* 302(14):1573-1579.

Brown, L.E., and J.P. Weir. 2001. ASEP procedures recommendation I: Accurate assessment of muscular strength and power. *JEPonline* 4(3):1-21.

Bruusgaard, J.C., I.B. Johansen, I.M. Egner, Z.A. Rana, and K. Gundersen. 2010. Myonuclei acquired by overload exercise precede hypertrophy and are not lost on detraining. *Proc. Nat. Acad. Sci. USA* 107(34):15111-15116.

Camera, D.M., D.W. West, N.A. Burd, S.M. Phillips, A.P. Garnham, J.A. Hawley, and V.G. Coffey. 2012. Low muscle glycogen concentration does not suppress the anabolic response to resistance exercise. *J. Appl. Physiol.* 113(2):206-214.

Campos, G.E., T.J. Luecke, H.K. Wendeln, K. Toma, F.C. Hagerman, T.F. Murray, K.E. Ragg, N.A. Ratamess, W.J. Kraemer, and R.S. Staron. 2002. Muscular adaptations in response to three different resistance-training regimens: Specificity of repetition maximum training zones. *Eur. J. Appl. Physiol.* 88(1-2):50-60.

Cramer, J.T., T.J. Housh, G.O. Johnson, J.M. Miller, J.W. Coburn, T.W. Beck. 2004. Acute effects of static stretching on peak torque in women. *J Strength Cond Res.* 18(2):236-41.

Damas, F., S. Phillips, F.C. Vechin, and C. Ugrinowitsch. 2015. A review of resistance training-induced changes in skeletal muscle protein synthesis and their contribution to hypertrophy. *Sports Med.* 45(6):801-807.

Dudley, G.A., P.A. Tesch, B.J. Miller, and P. Buchanan. 1991. Importance of eccentric actions in performance adaptations to resistance training. *Aviation Space Environ. Med.* 62:543-550.

Faigenbaum, A.D., J.E. McFarland, R.E. Herman, F. Naclerio, N.A. Ratamess, J. Kang, and G.D. Myer. 2012.

Reliability of the one-repetition-maximum power clean test in adolescent athletes. *J. Strength Cond. Res.* 26(2):432-437.

Fleck, S.J., and W.J. Kraemer. 2014. *Designing resistance training programs.* 4th ed. Champaign, IL: Human Kinetics.

Fragala, M.S., W.J. Kraemer, C.R. Denegar, C.M. Maresh, A.M. Mastro, and J.S. Volek. 2011. Neuroendocrine-immune interactions and responses to exercise. *Sports Med.* 41(8):621-639.

Haff, G., and N.T. Triplett, eds. 2016. *Essentials of strength training and conditioning.* 4th ed. Champaign, IL: Human Kinetics.

Hansen, S., T. Kvornign, M. Kajaer, and G. Sjogaard. 2001. The effect of short-term strength training on human skeletal muscle: The importance of physiologically elevated hormone levels. *Scand. J. Med. Sci. Sports* 11:347-354.

Harman, E.A., M.T. Rosenstein, P.N. Frykman, R.M. Rosenstein, and W.J. Kraemer. 1991. Estimation of human power output from vertical jump. *J. Appl. Sports Sci. Res.* 5:116-120.

Harries, S.K., D.R. Lubans, and R. Callister. 2016. Comparison of resistance training progression models on maximal strength in sub-elite adolescent rugby union players. *J. Sci. Med. Sport* 19(2):163-169.

Hatfield, D.L., W.J. Kraemer, B.A. Spiering, K. Häkkinen, J.S. Volek, T. Shimano, L.P. Spreuwenberg, R. Silvestre, J.L. Vingren, M.S. Fragala, A.L. Gómez, S.J. Fleck, R.U. Newton, and C.M. Maresh. 2006. The impact of velocity of movement on performance factors in resistance exercise. *J. Strength Cond. Res.* 20(4):760-766.

Hather, B.M., P.A. Tesch, P. Buchanan, and G.A. Dudley. 1991. Influence of eccentric actions on skeletal muscle adaptations to resistance training. *Acta Physiol. Scand.* 143:177-185.

Hawke, T.J. 2005. Muscle stem cells and exercise training. *Exerc. Sport Sci. Rev.* 33:63-68.

Hoeger, W.W.K., S.L. Barette, D.F. Hale, and D.R. Hopkins. 1990. Relationship between repetitions and selected percentages of one repetition maximum. *J. Appl. Sport Sci. Res.* 4(2):47-54.

Hoffman, J. 2006. Norms for fitness, performance, and health. Champaign, IL: Human Kinetics.

Huxley, H.E. 2004. Fifty years of muscle and the sliding filament hypothesis. Eur J Biochem 271(8):1403-15. Johnson, D.L., and R. Bahamonde. 1996. Power output estimates in university athletes. *J. Strength Cond. Res.* 10(3):161-166.

Kadi, F., and L.E. Thornell. 2000. Concomitant increases in myonuclear and satellite cell content in female trapezius muscle following strength training. *Histochem. Cell Biol.* 113:99-103.

Kalamen, J.L. 1968. Measurement of maximum muscular power in man. PhD diss., Ohio State Univ., Columbus.

Knuttgen, H.G., and W.J. Kraemer. 1987. Terminology and measurement in exercise performance. *J. Strength Cond. Res.* 1(1):1-10.

Kraemer, W.J., C. Dunn-Lewis, B.A. Comstock, G.A. Thomas, J.E. Clark, and B.C. Nindl. 2010. Growth hormone, exercise, and athletic performance: A continued evolution of complexity. *Curr. Sports Med. Rep.* 9(4):242-252.

Kraemer, W.J., and S.J. Fleck. 2007. Optimizing strength training. Champaign, IL: Human Kinetics. Kraemer, W.J., S.J. Fleck, and M.R. Deschenes. 2016. *Exercise physiology: Integrating theory and applications.* 2nd ed. Philadelphia: Kluwer/Lippincott, Williams & Wilkins.

Kraemer, W.J., S.E. Gordon, S.J. Fleck, L.J. Marchitelli, R. Mello, J.E. Dziados, K. Friedl, E. Harman, C. Maresh, and A.C. Fry. 1991. Endogenous anabolic hormonal and growth factor responses to heavy resistance exercise in males and females. Int. *J. Sports Med.* 12:228-235.

Kraemer, W.J., L. Marchitelli, S.E. Gordon, E. Harman, J.E. Dziados, R. Mello, P. Frykman, D. McCurry, and S.J. Fleck. 1990. Hormonal and growth factor responses to heavy resistance exercise protocols. *J. Appl. Physiol.* 69:1442-1450.

Kraemer, W.J., and N.A. Ratamess. 2005. Hormonal responses and adaptations to resistance exercise and training. *Sports Med.* 35:336-361.

Kvorning, T., M. Andersen, K. Brixen, and K. Madsen. 2006a. Suppression of endogenous testosterone production attenuates the response to strength training: A randomized, placebo-controlled, and blinded intervention study. *Am. J. Physiol. Endocrinol. Metab.* 291(6):E1325-E1332.

Kvorning, T., M. Bagger, P. Caserotti, and K. Madsen. 2006b. Effects of vibration and resistance training on neuromuscular and hormonal measures. *Eur. J. Appl. Physiol.* 96(5):615-625.

Kvorning, T., M. Andersen, K. Brixen, P. Schjerling, C. Suetta, K. Madsen. 2007. Suppression of testosterone does not blunt mRNA expression of myoD, myogenin, IGF, myostatin or androgen receptor post strength training in humans. *Physiol.* Jan 15; 578 (Pt 2): 579-93.

Lake, J.P., and M.A. Lauder. 2012. Kettlebell swing training improves maximal and explosive strength. *J. Strength Cond. Res.* 26(8):2228-2233.

Lewis, P.B., D. Ruby, and C.A. Bush-Joseph. 2012. Muscle soreness and delayed-onset muscle soreness. *Sports Med.* 31(2):255-262.

Lloyd, R.S., A.D. Faigenbaum, M.H. Stone, J.L. Oliver, I. Jeffreys, J.A. Moody, C. Brewer, K. Pierce, T.M. McCambridge, R. Howard, L. Herrington, B. Hainline, L.J. Micheli, R. Jaques, W.J. Kraemer, M.G. McBride, T.M. Best, D.A. Chu, B.A. Alvar, and G.D. Myer. 2014a. Position statement on youth resistance training: The 2014 International consensus. *Br. J. Sports Med.* 48(7):498-505.

Lloyd, R.S., J.L. Oliver, A.D. Faigenbaum, R. Howard, M.B.D.S. Croix, C.A. Williams, T.M. Best, B.A. Alvar, L.J. Micheli, D.P. Thomas, D.L. Hatfield, J.B. Cronin, and G.D. Myer. 2015. Long-term athletic development-Part 1: A pathway for all youth. *J. Strength Cond. Res.* 29(5):1439-1450.

Lloyd, R.S., J.L. Oliver, A.D. Faigenbaum, G.D. Myer, and M.B.D.S. Croix. 2014b. Chronological age vs. biological maturation: Implications for exercise programming in youth. *J. Strength Cond. Res.* 28(5):1454-1464.

Lloyd, R.S., J.L. Oliver, R.W. Meyers, J.A. Moody, and M.H. Stone. 2012. Long-term athletic development and its application to youth weightlifting. *Strength Cond.* J. 34(4):55-66.

Ma, S., G.R. Neto, P.B. Costa, T.M. Gomes, C.M. Bentes, A.F. Brown, and J.S. Novaes. 2015. Acute effects of different stretching techniques on the number of repetitions in a single lower body resistance training session. *J. Hum. Kinet.* 45:177-185.

MacDougall, J.D., D.G. Sale, S.E. Alway, and J.R. Sutton. 1984. Muscle fiber number in biceps brachii in bodybuilders and control subjects. *J. Appl. Physiol. Respir. Environ. Exerc. Physiol.* 57(5):1399-1403.

Malliaropoulos, N., S. Papalexandris, A. Papalada, and E. Papacostas. 2004. The role of stretching in rehabilitation of hamstring injuries: 80 athletes follow-up. *Med. Sci. Sports Exerc.* 36(5):756-759.

Manocchia, P., D.K. Spierer, A.S. Lufkin, J. Minichiello, and J. Castro. 2013. Transference of kettlebell training to strength, power, and endurance. *J. Strength Cond. Res.* 27(2):477-484.

Margaria, R., P. Aghemo, and E. Rovelli. 1966. Measurement of muscular power (anaerobic) in man. *J. Appl. Physiol.* 21(5):1662-1664.

Matheny, R.W., Jr., B.C. Nindl, and M.L. Adamo. 2010. Mechano-growth factor: A putative product of IGF-I gene expression involved in tissue repair and regeneration. *Endocrinology* 151(3):865-875.

McBride, J.M., T. Triplett-McBride, A. Davie, and R.U. Newton. 2002. The effect of heavy- vs. lightload jump squats on the development of strength, power, and speed. *J. Strength Cond. Res.* 16(1):75-82.

McCall, G.E., W.C. Byrnes, A. Dickinson, P.M. Pattany, and S.J. Fleck. 1996. Muscle fiber hypertrophy, hyperplasia, and capillary density in college men after resistance training. *J. Appl. Physiol.* 81(5):2004-2012.

Miranda, F., R. Simão, M. Rhea, D. Bunker, J. Prestes, R.D. Leite, H. Miranda, B.F. de Salles, and J. Novaes. 2011. Effects of linear vs. daily undulatory periodized resistance training on maximal and submaximal strength gains. *J. Strength Cond. Res.* 25(7):1824-1830.

Moritani, T., and H.A. deVries. 1979. Neural factors versus hypertrophy in the time course of muscle strength gain. Am. J. Phys. Med. 58:115-130.

Myer, G.D., R.S. Lloyd, J.L. Brent, and A.D. Faigenbaum. 2013. How young is "too young" to start training? *ACSM Health Fitness J.* 17(5):14-23.

Nelson, M.E., W.J. Rejeski, S.N. Blair, P.W. Duncan, J.O. Judge, A.C. King, C.A. Macera, and C. Castaneda-Sceppa. 2007. Physical activity and public health in older adults: Recommendation from the American College of Sports Medicine and the American Heart Association. *Med. Sci. Sports Exerc.* 39(8):1435-1445.

Nindl, B.C., W.J. Kraemer, J.O. Marx, A.P. Tuckow, and W.C. Hymer. 2003. Growth hormone molecular heterogeneity and exercise. *Exerc. Sport Sci. Rev.* 31(4):161-166.

Nindl, B.C., and J.R. Pierce. 2010. Insulin-like growth factor I as a biomarker of health, fitness, and training status. *Med. Sci. Sports Exerc.* 42(1):39-49.

Noakes, T., J.S. Volek, and S.D. Phinney. 2014. Low-carbohydrate diets for athletes: What evidence? *Br. J. Sports Med.* 48(14):1077-1078.

Ortman, J.M., V.A. Velkoff, and H. Hogan. 2014. An aging nation: *The older population in the United States.* Washington, DC: U.S. Census Bureau.

Paoli, A., A. Rubini, J.S. Volek, and K.A. Grimaldi. 2013. Beyond weight loss: A review of the therapeutic uses of very-low-carbohydrate (ketogenic) diets. *Eur. J. Clin. Nutr.* 67(8):789-796.

Peterson, M.D., M.R. Rhea, and B.A. Alvar. 2004. Maximizing strength development in athletes: A meta-analysis to determine the dose-response relationship. *J. Strength Cond. Res.* 18(2):377-382.

Peterson, M.D., M.R. Rhea, and B.A. Alvar. 2005. Applications of the dose-response for muscular strength development: A review of meta-analytic efficacy and reliability for designing training prescription. *J. Strength Cond. Res.* 19(4):950-958.

Peterson, M.D., M.R. Rhea, A. Sen, and P.M. Gordon. 2010. Resistance exercise for muscular strength in older adults: A meta-analysis. *Ageing Res. Rev.* 9(3):226-237.

Physical Activity Guidelines Advisory Committee. 2008. *Physical activity guidelines for Americans.* Washington, DC: U.S. Department of Health and Human Services.

Plisk, S.S., and M.H. Stone. 2003. Periodization strategies. *Strength Cond.* J. 25(6):19-37.

Ratamess, N.A., B.A. Alvar, T.K. Evetoch, T.J. Housh, W.B. Kibler, W.J. Kraemer, and N.T. Triplett. 2009. Progression models in resistance in healthy adults. American College of Sports Medicine position stand. *Med. Sci. Sports Exerc.* 41(3):687-708.

Reed, J.L., J.L. Bowell, B.R. Hill, B.A. Williams, M.J. De Souza, and N.I. Williams. 2011. Exercising women with menstrual disturbances consume low energy dense foods and beverages. *Appl. Physiol. Nutr. Metab.* 36(3):382-394.

Rhea, M.R., B.A. Alvar, and L.N. Burkett. 2002. Single versus multiple sets for strength: A meta-analysis to address the controversy. *Res. Q. Exerc. Sport* 73(4):485-488.

Rhea, M.R., B.A. Alvar, L.N. Burkett, and S.D. Ball. 2003a. A meta-analysis to determine the dose response for strength development. *Med. Sci. Sports Exerc.* 35:456-464.

Rhea, M.R., W.T. Phillips, L.N. Burkett, W.J. Stone, S.D. Ball, B.A. Alvar, and A.B. Thomas. 2003b. A comparison of linear and daily undulating periodized programs with equated volume and intensity for local muscular endurance. *J. Strength Cond. Res.* 17(1):82-87.

Robergs, R.A., F. Ghiasvand, and D. Parker. 2004. Biochemistry of exercise-induced metabolic acidosis. *Am. J. Physiol. Regul. Integr. Comp. Physiol.* 287(3):R502-R516.

Rønestad, B.R., H. Nygaard, and T. Raastad. 2011. Physiological elevation of endogenous hormones results in superior strength training adaptation. *Eur. J. Appl. Physiol.* 111(9):2249-2259.

Sabo, D., and P. Veliz. 2008. *Go out and play: Youth sports in America.* New York: Women' s Sports Foundation.

Sadres, E., A. Eliakim, N. Constantini, R. Lidor, and B. Falk. 2001. The effect of long-term resistance training on anthropometric measures, muscle strength, and self concept in pre-pubertal boys. *Pediatr. Exerc. Sci.* 13:357-372.

Schoenfeld, B.J. 2012. Does exercise-induced muscle damage play a role in skeletal muscle hypertrophy? *J. Strength Cond. Res.* 26(5):1441-1453.

Schuenke, M.D., J. Herman, and R.S. Staron. 2013. Preponderance of evidence proves "big" weights optimize hypertrophic and strength adaptations. *Eur. J. Appl. Physiol.* 113(1):269-271.

Selye, H. 1956. *The stress of life.* New York: McGraw-Hill Companies.

Selye, H. 1976. *The stress of life.* Rev. ed. New York: McGraw-Hill Companies.

Selye, H. 1950. Stress and the general adaptation syndrome. *Br Med J.* Jun 17;1(4667):1383-92.

Shimano, T., W.J. Kraemer, B.A. Spiering, J.S. Volek, D.L. Hatfield, R. Silvestre, J.L. Vingren, M.S. Fragala, C.M. Maresh, S.J. Fleck, R.U. Newton, L.P. Spreuwenberg, and K. Häkkinen. 2006. Relationship between the number of repetitions and selected percentages of one repetition maximum in free weight exercises in trained and untrained men. *J. Strength Cond. Res.* 20(4):819-823.

Snijders, T., L.B. Verdijk, M. Beelen, B.R. McKay, G. Parise, F. Kadi, and L.J. van Loon. 2012. A single bout of exercise activates skeletal muscle satellite cells during subsequent overnight recovery. *Exp. Physiol.* 97(6):762-773.

Spiering, B.A., W.J. Kraemer, J.M. Anderson, L.E. Armstrong, B.C. Nindl, J.S. Volek, D.A. Judelson, M. Joseph, J.L. Vingren, D.L. Hatfield, M.S. Fragala, J.Y. Ho, and C.M. Maresh. 2008a. Effects of elevated circulating hormones on resistance exercise-induced Akt signaling. *Med. Sci. Sports Exerc.* 40(6):1039-1048.

Spiering, B.A., W.J. Kraemer, J.M. Anderson, L.E. Armstrong, B.C. Nindl, J.S. Volek, and C.M. Maresh. 2008b. Resistance exercise biology: Manipulation of resistance exercise programme variables determines the responses of cellular and molecular signalling pathways. *Sports Med.* 38(7):527-540.

Staron, R.S., D.L. Karapondo, W.J. Kraemer, A.C. Fry, S.E. Gordon, J.E. Falkel, F.C. Hagerman, and R.S. Hikida. 1994. Skeletal muscle adaptations during early phase of heavy resistance training in men and women. *J. Appl. Physiol.* 76:1247-1255.

Szivak, T.K., D.R. Hooper, C. Dunn-Lewis, B.A. Comstock, B.R. Kupchak, J.M. Apicella, C. Saenz, C.M. Maresh, C.R. Denegar, and W.J. Kraemer. 2013. Adrenal cortical responses to high-intensity, short rest, resistance exercise in men and women. *J. Strength Cond. Res.* 27(3):748-760.

Tan, B. 1999. Manipulating resistance training program variables to optimize maximum strength in men: a review. *J. Strength Cond. Res.* 13(3), 289-304.

Tharion, W.J., T.M. Rausch, E.A. Harman, and W.J. Kraemer. 1991. Effects of different resistance exercise protocols on mood states. *J. Appl. Sport Sci. Res.* 5(2):60-65.

Thomas, J.F., K.L. Larson, D.B. Hollander, and R.R. Kraemer. 2014. Comparison of two-handed kettlebell exercise and graded treadmill walking: Effectiveness as a stimulus for cardiorespiratory fitness. *J. Strength Cond. Res.* 28(4):998-1006.

Todd, J.S., J.P. Shurley, T.C. Todd, and L. Thomas. 2012. DeLorme and the science of progressive resistance exercise. *J. Strength Cond. Res.* 26(11):2913-2923.

Vingren, J.L., W.J. Kraemer, D.L. Hatfield, J.S. Volek, N.A. Ratamess, J.M. Anderson, K. Häkkinen, J. Ahtiainen, M.S. Fragala, G.A. Thomas, J.Y. Ho, and C.M. Maresh. 2009. Effect of resistance exercise on muscle steroid receptor protein content in strength-trained men and women. *Steroids* 74(13-14):1033-1039.

Vingren, J.L., W.J. Kraemer, N.A. Ratamess, J.M. Anderson, J.S. Volek, and C.M. Maresh. 2010. Testosterone physiology in resistance exercise and training: The up-stream regulatory elements. *Sports Med.* 40(12):1037-1053.

Volek, J.S., C.E. Forsythe, and W.J. Kraemer. 2006. Nutritional aspects of women strength athletes. *Br. J. Sports Med.* 40(9):742-748.

Volek J.S., D.J. Freidenreich, C. Saenz, L.J. Kunces, B.C. Creighton, J.M. Bartley, P.M. Davitt, C.X. Munoz, J.M. Anderson, C.M. Maresh, E.C. Lee, M.D. Schuenke, G. Aerni, W.J. Kraemer, S.D. Phinney. 2016. Metabolic characteristics of keto-adapted ultra-endurance runners. *Metabolism* 65(3): 100-10.

Volek, J.S., K. Houseknecht, and W.J. Kraemer. 1997. Nutritional strategies to enhance performance of high-intensity exercise. *Strength Cond. J.* 19(1):11-17.

Volek, J.S., T. Noakes, and S.D. Phinney. 2015. Rethinking fat as a fuel for endurance exercise. *Eur. J. Sport Sci.* 15(1):13-20.

Volk, B.M., L.J. Kunces, D.J. Freidenreich, B.R. Kupchak, C. Saenz, J.C. Artistizabal, M.L. Fernandez, R.S. Bruno, C.M. Maresh, W.J. Kraemer, S.D. Phinney, and J.S. Volek. 2014. Effects of step-wise increases in dietary carbohydrate on circulating saturated fatty acids and palmitoleic acid in adults with metabolic syndrome. *PLoS One* 9(11):e113605.

Wolfe, A.E., L.E. Brown, J.W. Coburn, R.D. Kersey, and M. Bottaro. 2011. Time course of the effects of static stretching on cycling economy. *J. Strength Cond. Res.* 25(11):2980-2984.

World Health Organization. 2010. *Global recommendations on physical activity for health.* Geneva: World Health Organization Press.

美国国家体能协会（NSCA）简介

美国国家体能协会是世界领先的体能协会组织。在体能训练、体育科学、运动表现研究、教育和运动医学方面，它拥有公认的最专业的资源和专家，因此它是世界上非常值得信任的为教练和运动员们提供知识与训练指导的来源。NSCA 架起了连接运动科学实验室和训练场的桥梁。

李·E.布朗简介

李·E.布朗，教育学博士，体能训练专家，美国国家体能协会会员，美国运动医学会会员，曾任美国国家体能协会主席。2014年荣获美国国家体能协会颁发的终身成就奖。布朗拥有运动科学硕士学位和佛罗里达大西洋大学教育学博士学位。他曾是高中体育老师和众多体育项目的教练，现居住在加利福尼亚州布埃纳帕克，担任加州州立大学运动人体科学系的教授。

译者简介

王雄

清华大学运动人体科学专业硕士，体育教育训练学博士；国家体育总局训练局体能训练中心创建人、负责人；国家体育总局备战2012伦敦奥运会身体功能训练团队召集人，备战2016里约奥运会身体功能训练团队体能训练组组长；为游泳、排球、乒乓球、羽毛球、跳水和帆板等十余支国家队提供过体能测评和训练指导服务；《身体功能训练动作手册》主编；译有《精准拉伸：疼痛消除和损伤预防的针对性练习》《整体拉伸：3步提升全身柔韧性、灵活性和力量（全彩图解第2版）》《拉伸致胜：基于柔韧性评估和运动表现提升的筋膜拉伸系统》《功能性训练：提升运动表现的动作练习和方案设计》《体育运动中的功能性训练（第2版）》《50岁之后的健身管理》《儿童身体素质提升指导与实践（第2版）》《青少年运动员力量训练（第2版）》《女性健身全书》《自由风格训练：4个基本动作优化运动和生活表现》等，在《体育科学》、*Journal of Sports Sciences* 等中外期刊发表文章十余篇；研究方向包括身体训练（专业体能和大众健身）、健康促进工程、青少年体育等。

贡献者简介

何塞·A. 阿雷瓦洛：理科硕士，出生于危地马拉，在美国东洛杉矶长大。他在加州州立大学富勒顿分校运动学系获得理科硕士学位。其硕士论文研究的是腿部优势与肌肉纤维类型构成之间的关系。在安迪·加尔平博士手下工作的何塞，还是生物化学与分子运动生理学实验室的主任。在富勒顿分校，他还执教于人类解剖学和生理学课程。他本科毕业于加州大学伯克利分校。他决定深入研究自己比较感兴趣的运动和肌肉生理学领域，并希望继续修完博士课程。

詹姆斯·R. 巴格利：博士，是旧金山州立大学运动学助理教授（终身教职）及肌肉生理学实验室主任、运动生理学实验室共同主任。他拥有加州州立理工大学圣路易奥比斯波分校的运动学学士学位，加州州立大学富勒顿分校的运动学硕士学位，同时在位于印第安纳州曼西的鲍尔州立大学获得了人体生物能量学博士学位。他在担任旧金山州立大学教职前，曾在加州州立大学富勒顿分校的生物化学与分子运动生理学实验室做过为期一年的访问学者。他的研究兴趣包括以下几个方面：肌肉生理学（过度生长机制与萎缩机制）、细胞成像以及运动表现。巴格利博士是美国运动医学院、美国生理学会以及美国国家体能协会的活跃成员。

J. 阿尔伯特·巴托利尼：理科硕士，是加州州立大学富勒顿分校运动学系的一位讲师，他在该校获得了心理学的文科学士学位和运动学的理科硕士学位。他加入了加州州立大学富勒顿分校的运动表现中心，这使他有机会收集（美国）国家冰球联盟的赛季前数据，同时还让他得以为一些全国性的（运动）服装公司开展研究工作。阿尔伯特曾经当过田径教练，主要执教短跑项目。他还曾经接触过团队项目，包括棒球、橄榄球、篮球和足球。他执教过的运动员十分广泛，从青少年运动员到精英运动员都有。他曾经出席过几次由美国运动医学院和国家体能协会主办的会议。他的研究方向是“为提升运动表现而训练”。

凯瑟琳·E. 巴斯盖特：理科硕士、认证体能训练专家，她在加州州立大学富勒顿分校获得运动学学士学位（以最优异的成绩），并在该校获得运动学硕士学位。还是一名本科生时，凯瑟琳就在加州州立大学富勒顿分校的全美大学体育协会一类径赛与越野田径队中参加了3 000米和5 000米障碍赛跑。在攻读研究生期间，她还担任了多项职务：她是运动学系的助教，加州州立大学富勒顿分校越野田径队的助理教练，还是获得过15次全国冠军的加州州立大学富勒顿分校舞蹈队的体能教练。她主要研究肌肉生理学和为提高运动表现而训练。她还是美国运动医学院和国家体能协会的活跃成员。

贾里德·W. 科伯恩：博士、荣誉认证体能训练专家、美国国家体能协会训练师，加州州立大学富勒顿分校运动学教授，所教课程包括：体能（力量与训练）、运动生理学及其研究方法。2005年，他在内布拉斯加大学林肯分校获得运动生理学博士学位。他主要研究的是采用肌电图和肌动图来分析力量与爆发力表现背后的生理学原理。除了编写教科书的部分章节外，科伯恩博士还曾经为包括*Journal of Strength and Conditioning Research*（*JSCR*）在内的期刊写过大量文章。他是教科书 *NSCA's Essentials of Personal Training* 第2版的共同编者之一。他也是*JSCR*期刊的高级编辑，还曾在美国国家体能协会工作过。

克里斯汀·C. 科克伦–斯奈曼：博士、荣誉认证体能训练专家，是加州州立理工大学波莫纳分校的运动生理学助理教授。她从内布拉斯加大学林肯分校获得运动生理学博士学位，是国家体能协会的一名活跃的认证成员，还是美国运动医学院的一位活跃成员。她的研究领域包括：与有氧运动和无氧运动相关的疲劳机制，神经肌肉的适应性，以及运动过程中对用力程度的感知。

巴勃罗·B. 科斯塔：博士、荣誉认证体能训练专家，加州州立大学富勒顿分校运动学系副教授。科斯塔博士拥有佛罗里达大西洋大学的运动生理学硕士学位和俄克拉何马大学的运动生理学博士学位。他的主要研究方向包括：对神经肌肉功能的非侵入性评估，以及运动对健康、身体健壮程度和运动表现的生理学效果。所涉及的研究领域包括：抗阻训练、运动营养学、平衡、身体成分、损伤风险、加速以及发力速度。科斯塔博士自己及与他人合作，一共撰写了150多篇研究性出版物和图书中的章节、会议讲稿以及摘要等。此外，他还是美国国家体能协会和美国运动医学院的成员，并担任30多家期刊的审稿专家。

达斯汀·D. 郑尼克：硕士，是内华达大学拉斯维加斯分校的在读博士。在进入内华达大学拉斯维加斯分校读博前，达斯汀先后在俄克拉何马大学和加州州立大学富勒顿分校取得健康与运动科学学士学位和运动学硕士学位。在加州州立大学富勒顿分校攻读硕士期间，达斯汀在李·E.布朗博士的指导下，担任了人体运动表现实验室的助理主任。他的研究领域包括运动表现和肌电图。

斯蒂芬·J. 弗莱克：博士、认证体能训练专家、美国国家体能协会训练师、美国运动医学院院士，是位于佛罗里达州微风湾的安德鲁斯研究与教育基金会的执行主席。在担任这一职务之前，他曾在多所大学担任过运动科学系和运动学系的教授。弗莱克博士主要研究的是抗阻训练在生理学方面引起的适应性变化，以及运用研究成果优化抗阻训练计划的设计。他写过几本书和大量的研究报告，还撰文论述过抗阻训练。他是美国国家体能协会和美国运动医学院的双料成员。弗莱克博士是美国国家体能协会的前任主席，并被美国国家体能协会授予了该协会的年度运动学家奖和终身成就奖。

莫伦·S. 弗拉加拉：博士、荣誉认证体能训练专家，是一位运动学家，同时还是以高分通过美国国家体能协会评选的认证体能训练专家。目前，她是奎斯特诊断公司的运动员健康与运动表现部门总监。她是从学术界加入奎斯特诊断公司的，同时她还专注于运动表现科学的研究。她曾经在哈佛大学公共卫生学院和中佛罗里达大学任职，发表了超过100篇科技文章，还在美国国立卫生研究院基金会的生物标记物分会工作过，这些经历让她成为诸多领域的领先研究者与从业者，这些领域包括：力量训练、运动营养学、骨骼肌肉适应性以及生物标记物。弗拉加拉拥有马萨诸塞大学的运动科学硕士学位和康涅狄格大学的运动学博士学位。此外，她还在康涅狄格大学卫生中心完成了肌肉生理学方面的博士后研究。她还有体操和舞蹈的运动基础，是一个热衷于力量瑜伽和力量训练的终身运动员。

大卫·H. 福田：博士、荣誉认证体能训练专家，是中佛罗里达大学体育与运动科学课程的助理教授。他在博伊西州立大学读本科期间接受的生产与操作管理方面的培训，给他提供了一种基于系统的问题解决方法，这使其在运动科学的教学和科学咨询方面形成了一套独特的见解。在他完成俄克拉何马大学的运动生理学博士课程后，他构想出一种对老年人显性身体构成要素进行分类的非侵入性方法。福田博士的研究方向包括：基于运动表现的测试方法开发，对生理学指标的分析，以及对运动训练适应性以及不同人群（包括青少年运动员与格斗项目运动员）营养干预措施的评估。在这些领域，他与别人共同撰写了100多篇文章。

安德鲁·J. 加尔平：荣誉认证体能训练专家、荣誉美国国家体能协会认证私人教练，是加州州立大学富勒顿分校运动表现中心的体能副教授。加尔平博士也是生物化学与分子运动生理学实验室的主任。在任职于加州州立大学富勒顿分校前，他获得了人体运动科学的硕士学位和人体生物能量学的博士学位。他的研究专注于人体运动表现，采用肌肉活组织检查法研究大至全身、小到基因的人体对高强度运动做出的各种急性反应和慢性反应。作为一名教育工作者，他利用很多平台传播相关方面的知识信息，这些平台包括：研究生与本科生的课堂、播客、YouTube视频、媒体采访以及他个人的网站。加尔平博士也是一位体育从业人员，他曾经参加过两个项目的全国锦标赛，并为诸多专业的运动员、体育组织和产业公司等担任过教练和顾问。他是美国运动医学院和美国国家体能协会的活跃成员。

凯莉·K. 哈蒙：硕士、认证体能训练专家，是一位拥有加州州立大学富勒顿分校运动学硕士学位的研究人员和认证体能训练专家。在加州州立大学富勒顿分校攻读硕士期间，凯莉执教过抗阻训练课程，还在李·E. 布朗博士的指导下，担任过人体运动表现实验室主任。在取得硕士学位前，她在宾汉姆顿大学获得了学士学位；她在那里从力量执教入手，开始了其运动学职业生涯。她既在大学也在私人机构（公司）执教过，既指导过青少年运动员，也指导过职业运动员。不过，她最感兴趣的研究领域是人体运动表现，她希望在不久的将来能够继续深造，攻读博士。

蒂莎·L. 哈特菲尔德：博士、荣誉认证体能训练专家，是罗得岛大学运动学系副教授。哈特菲尔德在位于圣巴巴拉的安提亚克大学获得了她的首个硕士学位（心理学），在康涅狄格大学获得了其第二个硕士学位（运动学），还在康涅狄格大学获得了博士学位。哈特菲尔德博士的研究领域包括：身体对抗阻运动做出的激素方面的反应，补充（能量、水分等）在抗阻运动中所起的作用，以及幼儿的身体活动。目前，她专注于研究通过不同的训练模式加强运动表现，以及儿童运动能力的发展。

威廉·J. 克雷默：博士、认证体能训练专家，是俄亥俄州立大学人体科学系的教授。克雷默博士是美国运动医学院、美国国家体能协会以及美国营养学院的成员。他在其职业生涯中取得的诸多成就之一就是荣获美国国家体能协会的终身成就奖。他是国家体能协会旗下*Journal of Strength and Conditioning Research* 期刊的主编，是 *European Journal of Applied Physiology* 杂志的编辑，还是 *Journal of the American College of Nutrition* 期刊的副主编。在体育运动研究领域，他还担任了其他许多编辑职务。克雷默博士在科学期刊上发表了450多篇同行评审论文，还出版了10余本书。他在哈尔辛文献资料库上被引用次数接近4万次，其学术影响力非常大。

瑞恩·T. 麦克玛纳斯：理科硕士、认证体能训练专家，是加州州立大学富勒顿分校的在读的硕士研究生，他在该校获得了学士学位。他主要的研究方向是：肌肉生理学、肌肉如何适应运动以及运动表现。他的研究领域还包括：抗阻运动、身体成分、拉伸以及分子肌肉生理学。他也是美国国家体能协会的会员。

凡妮莎·M. 罗霍：理科硕士，她于2015年在加州州立大学富勒顿分校获得运动学硕士学位，她当时研究的是：在开展运动的过程中，作为一种增添乐趣的活动，播放音乐所起到的作用。她是加州州立大学富勒顿分校的学术顾问和主要的研究协调者。她的研究领域包括：肌肉疲劳、增添（运动）乐趣的活动以及神经生理学。

罗布·W. 萨拉托：理科硕士、认证体能训练专家，2014年，他在加州州立大学富勒顿分校以优异的成绩获得运动学学士学位。2016年，他在加州州立大学富勒顿分校获得运动学硕士学位。目前，他是一名助教，为人体运动科学系指导解剖学实验室的课程。

埃文·E. 希克：博士、认证体能训练专家，是加州州立大学长滩分校运动生理学助理教授，还是运动与体育生理学实验室的共同主任。他拥有加州州立大学富勒顿分校的体能（力量训练）硕士学位，还有托莱多大学的运动科学博士学位，也是通过美国国家体能协会认证的体能训练专家。希克博士教授一系列涉及运动生物化学和体能训练的课程，有10年执教各类运动员的经历。他研究的核心课题是抗阻训练对全身以及细胞新陈代谢和激素调节的影响。

凯文·K. W. 曾：博士、运动员教练，是加州州立大学富勒顿分校运动训练课程的副教授，同时还担任人体运动科学系主任。他是获得认证的运动防护师，还是（美国）全国运动员教练协会的活跃成员。他在全国运动员教练协会研究与教育基金会的董事局任职，还参与了自由通讯与会员委员会在全国和地区层面上的工作。曾博士是运动员教练协会远西地区研究与拨款委员会的前主席。他的临场经验包括在理疗诊所，中学、大学以及大学校际体育运动指导工作。他有超过

15年的运动员培训教育课程方面的教学经验。他的研究领域是针对软组织损伤的治疗模式和干预措施。

雅各布·L. 文格伦：博士、荣誉认证体能训练专家、美国运动医学院院士，是北得克萨斯大学运动生理学副教授，还是应用生理学实验室的共同主任。他主要研究运动内分泌学、与肌肉适应性和发出信号相关的抗阻训练生理学，以及酒精对其的影响。他是美国国家体能协会和美国运动医学院的活跃成员，并已经被提名为美国运动医学院的学术委员。他自己或与他人合作写过70多篇科技论文，8个章节图书内容，以及100多篇运动生理学方面的会议讲稿。

杰夫·S. 沃莱克：博士、注册营养师，是俄亥俄州立大学人体科学系的教授。在过去的20年里，他开展了最为前沿的研究，试图说明人类如何适应局限于碳水化合物的饮食，同时还关注临床应用和运动表现的应用。他还针对一系列能提高运动表现、加快运动恢复的饮食补充物（如肌酸、乳清蛋白、咖啡因等）开展了开创性的研究。他的学术成就包括300多篇通过同行评审的科技论文，并出版了5本图书，其中一本还是 *New York Times* 评选出的畅销书。